# 吴淞江文化研究

王为国 著

苏州大学出版社

## 图书在版编目(CIP)数据

吴淞江文化研究 / 王为国著. —苏州：苏州大学出版社,2019.12
ISBN 978-7-5672-2931-0

Ⅰ.①吴… Ⅱ.①王… Ⅲ.①吴淞江-文化研究 Ⅳ.①K928.42

中国版本图书馆 CIP 数据核字(2019)第 170940 号

| | |
|---|---|
| 书　　名： | 吴淞江文化研究<br>Wusong Jiang Wenhua Yanjiu |
| 著　　者： | 王为国 |
| 责任编辑： | 周凯婷 |
| 装帧设计： | 吴　钰 |
| 出版发行： | 苏州大学出版社(Soochow University Press) |
| 出 版 人： | 盛惠良 |
| 社　　址： | 苏州市十梓街1号　邮编：215006 |
| 印　　装： | 宜兴市盛世文化印刷有限公司 |
| 网　　址： | www.sudapress.com |
| 邮　　箱： | sdcbs@suda.edu.cn |
| 邮购热线： | 0512-67480030 |
| 开　　本： | 700 mm×1 000 mm　1/16　印张：15.25　字数：274 千 |
| 版　　次： | 2019 年 12 月第 1 版 |
| 印　　次： | 2019 年 12 月第 1 次印刷 |
| 书　　号： | ISBN 978-7-5672-2931-0 |
| 定　　价： | 58.00 元 |

凡购本社图书发现印装错误，请与本社联系调换。
服务热线：0512-67481020

# 目录

## 第一章 吴淞江的变迁 ... 1
- 第一节 几个误区的厘清 ... 1
- 第二节 古吴淞江的独特之处 ... 5
- 第三节 变迁 ... 8

## 第二章 吴淞江流域水量变化的几个关键节点 ... 11
- 第一节 六朝时期 ... 11
- 第二节 唐末至五代十国时期 ... 13
- 第三节 北宋时期 ... 15
- 第四节 南宋、元时期 ... 17
- 第五节 明朝时期 ... 19

## 第三章 吴淞江水量变化对环境的影响 ... 23
- 第一节 吴淞江四鳃鲈鱼的绝迹 ... 23
- 第二节 菰之考 ... 33
- 第三节 唐宋诗文中吴淞江流域景观之变化 ... 36

## 第四章 吴淞江流域农田模式的变迁 ... 48
- 第一节 豪族庄园 ... 48
- 第二节 塘浦圩田 ... 52
- 第三节 泾浜小圩 ... 55

## 第五章 吴淞江流域水闸体系的变迁 ... 58
- 第一节 独特地形催生水闸体系 ... 59
- 第二节 五代吴越国时期完善的水闸体系 ... 61
- 第三节 宋代水闸体系遭到的毁灭性破坏 ... 62
- 第四节 重建水闸体系,各有侧重 ... 63

## 第六章 吴淞江流域市镇的产生 ... 69
- 第一节 由军镇形成的市镇 ... 69
- 第二节 由港口形成的市镇 ... 71
- 第三节 由寺庙集市形成的市镇 ... 72
- 第四节 由"草市"形成的市镇 ... 78

## 第七章 摇城与三江口的关系 ... 85
- 第一节 考古发现摇城遗址 ... 85
- 第二节 有"稻田三百顷"的摇城位于古三江口 ... 87
- 第三节 两江淤塞形成三江口的内涝,使得摇城由陆成湖 ... 88

## 第八章 沈万三家族的第一桶金从何而来? ... 93
- 第一节 沈万三家族的富有 ... 93
- 第二节 在沈万三之孙沈庄墓志铭中发现线索 ... 94
- 第三节 沈万三家族的第一桶金从何而来? ... 95
- 第四节 元朝政府放任地方豪强占水为田 ... 98
- 第五节 补充说明 ... 100

## 第九章 娄江的变迁 ... 104
- 第一节 古娄江的埋塞成陆 ... 104
- 第二节 新娄江是如何产生的? ... 106
- 第三节 新娄江的重要作用 ... 109

## 第十章 苏州米市何以形成于明清? ... 111
- 第一节 宋元时期何以没有著名米市? ... 111

第二节 "粮仓"之地何以成了"缺粮"地区？ ……………………… 112

第三节 外粮大量进入,贸易兴旺,进而形成了米市 …………… 121

第四节 明清时期苏州几个重要米市简介 ……………………… 124

**第十一章 对吴淞江来说,宋朝是最坏的朝代** ……………………… 126

第一节 现实的引发 ………………………………………………… 126

第二节 宋朝的窘境 ………………………………………………… 128

第三节 吴越国钱氏统治时期的吴淞江流域水利建设 ………… 129

第四节 入宋时的吴淞江流域水利现状 ………………………… 134

第五节 入宋以后,吴淞江流域"占水为田"肆无忌惮 ………… 138

第六节 宋朝在吴淞江流域水利治理上的权宜举措 …………… 141

第七节 "占田"重于"治水"所导致的严重后果 ………………… 146

**第十二章 吴淞江流域市镇与乡村行政设置之间的关系** ………… 148

第一节 "十六图"是个什么"图"？ ……………………………… 148

第二节 "横扇"是个什么"扇"？ ………………………………… 151

第三节 "七都""八都"何以成镇？ ……………………………… 154

**第十三章 吴淞江与古代苏州赋税征收之间的相互关系** ………… 157

第一节 吴淞江流域的成功开发使古代苏州成为赋税重地 …… 158

第二节 明朝重税导致逋逃严重,使得吴淞江流域水利遭到致命性破不

……………………………………………………………… 165

**第十四章 吴淞江流域的文化有多悠久？** …………………………… 170

第一节 吴淞江流域的远古文化 ………………………………… 170

第二节 吴淞江流域的隐逸文化 ………………………………… 182

**第十五章 另类样本** …………………………………………………… 193

第一节 江河湖汇五龙桥 ………………………………………… 194

第二节 "五龙戏珠"五淤泾 ……………………………………… 197

第三节 众湖环抱王渌泾 ………………………………………… 200

| 第四节 "谜"雾重重车坊镇 | 204 |
| 第五节 命运多变王墓市 | 211 |

## 第十六章 个案解读——由"门摊"引出的历史谜案 … 223

| 第一节 一个奇怪的税种 | 223 |
| 第二节 官田之害引出赋役改折之变 | 225 |
| 第三节 银子是万能的——赋役改折导致白银货币化 | 228 |
| 第四节 蝴蝶的翅膀——白银货币化的后果 | 231 |
| 第五节 大规模流民终结大明王朝政权 | 236 |

**后记** … 238

# 第一章　吴淞江的变迁

《禹贡》上有"三江既入,震泽底定"的记载,这"三江"具体是指哪三江,历代学者见解不一,但其中一江是松江,即古吴淞江[在至元十五年即公元1278年元朝廷设立松江府之前,吴淞江一直被称为松江。之后就称为淞江。又因为在吴地,所以该江被称为吴淞江。对此,顾炎武在《天下郡国利病书》中有提及:"自元立松江府于水之南,而此江遂名吴淞,禹迹之存于今者,此一江而已。"①],这是大家公认的,没有异议。也就是说,在大禹治水时,吴淞江就已经存在了。其形成的年代也许还要早,可见其历史之悠久。

## 第一节　几个误区的厘清

### 笠泽即松江

据《左传》记载,吴越争霸时的关键一仗是"笠泽之战"。这个"笠泽"不是指太湖,而是指松江(即古吴淞江)。汉赵晔所著《吴越春秋》中对此战役有记载:"吴悉兵屯于江北,越军于江南。……明日将战于江,乃以黄昏令于左军,衔枚溯江而上五里,以须吴兵。复令于右军,衔枚逾江十里,复须吴兵。于夜半,使左军涉江,鸣鼓,中水以待吴发。……越王阴使左右军与吴望战,以大鼓相闻。潜伏其私卒六千人,衔枚不鼓攻吴,吴师大败。越之左右军乃遂伐之,大败之于囿。"(韦昭曰:"囿,笠泽也。"《史记正义》《吴地记》皆曰:"笠泽,松江之别名。")②

---

①　[清]顾炎武撰:《天下郡国利病书》,华东师范大学古籍研究所整理,黄坤、严佐之、刘永翔主编《顾炎武全集》,上海古籍出版社,2011年,第406页。

②　[汉]赵晔著,[元]徐天祜音注:《吴越春秋》(第2版),卷十,勾践伐吴外传,江苏古籍出版社,1992年,第142页。

在读者的印象中,"笠泽"是指太湖的别称,在春秋末期怎么又成了松江的别称呢?这就涉及古代的吴淞江的样子,后来一些方志史料猜测古代太湖水入吴淞江处非常宽阔,与太湖连成一片,没有明显的界线,所以笠泽既被称为太湖,又被称为松江了。

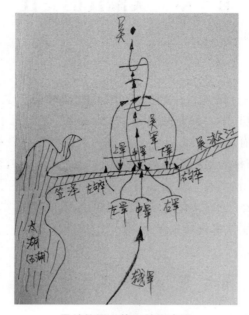

**吴越笠泽之战手绘示意图**

古代太湖水入吴淞江的口子有多宽呢?据明初卢熊所撰《苏州府志》中的"春秋吴国境图"所示,那时的口子呈喇叭形,南到现在的菀坪的位置,北到横山南(《吴郡志》称当时越兵开凿越来溪是在"松江北"①。)。那时的松陵只是松江中的一块陆地,对此,《吴越春秋》中有清晰的阐述:"又败之于郊,又败之于津。如是三战三北,径至吴,围吴于西城。吴王大惧,夜遁。越王追奔,攻吴兵,入于江阳松陵。"(《吴地记》:"在松江。松陌流溢至此,故名。")②可见,在春秋末期,古吴淞江的上游太湖水入江的口子是非常宽的,宽得超出了我们的想象。

## 三江流向

古时吴淞江的上游如此,中下游又怎样呢?桑钦的《水经》中有这样的记

---

① [宋]范成大撰,陆振岳校点:《吴郡志》,卷八,古迹,江苏古籍出版社,1986年,第106页。
② [汉]赵晔著,[元]徐天祜音注:《吴越春秋》(第2版),卷十,勾践伐吴外传,江苏古籍出版社,1992年,第142页。

载:"松江自湖东北流,径七十里,江水歧分,谓之三江口。"《水经》的成书年代是在东汉末,可见,在东汉末已有"三江口"之说了。《吴越春秋》上也说范蠡去越,"乃乘扁舟,出三江,入五湖,人莫知其所适"。① 也就是说,古吴淞江在自太湖水入江处往东北流了约70里后,就分成三股,形成三江口。

那么,这三股支流又各自是怎样的流向呢?唐开元时期的张守节在其所著《史记正义》中是这样说的:"三江者,在苏州东南三十里,名三江口。一江西南上,七十里至太湖,名曰松江,古笠泽江。一江东南上,七十里入白蚬湖,名曰上江,亦曰东江。一江东北下,三百余里入海,名曰下江,亦曰娄江。于其分处号曰三江口。"②按其意思,古吴淞江在自西向东流到距离苏州城约30里的地方分成三股支流,其中往东南流的,70里后进入白蚬湖;往东北流的,约300里后直接入海;而主干松江的流向,只写了至太湖段,就是那70里的流程,让人觉得费解。另一部唐代著作《吴地记》对"三江流向"是这样解释的:"一江东南流,五十里入小湖;一江东北流,二百六十里入于海;一江西南流,入震泽,此三江之口也。"③意思跟《史记正义》一样,但距离有所缩短。这说明古吴淞江三股支流的流向是明确的,即往东南流的东江、往东北流的娄江和松江。

**古三江图**

但二者都没有说明松江流向何处。这是什么原因呢?其实也不难理解,因

---

① [汉]赵晔著,[元]徐天祜音注:《吴越春秋》(第2版),卷十,勾践伐吴外传,江苏古籍出版社,1992年,第147页。
② [宋]范成大撰,陆振岳校点:《吴郡志》,卷十九,水利上,江苏古籍出版社,1986年,第262页。
③ [唐]陆广微撰,曹林娣校点:《吴地记》,江苏古籍出版社,1999年,第82—83页。

为松江的下游段另有名称,即沪渎。沪渎之名在东汉时就已经出现,而在西晋时,为防海盗,朝廷在沪渎筑军事城堡,即沪渎垒,后又在离沪渎垒东不远处的松江两岸筑了两座军事城堡。到东晋,吴国内史袁崧重新修筑沪渎垒。孙恩作乱,曾沿沪渎入犯吴郡。袁崧在此防守,结果兵败被杀。后来,一代天枭刘裕刘寄奴在此打败孙恩,一战成名。再后来,侯景叛乱,失败后,从沪渎出逃,结果在沪渎被杀。到了唐代,沪渎更是有名,皮日休、陆龟蒙等诗人均有诗咏沪渎,如皮日休的《吴中苦雨因书一百韵寄鲁望》诗,其开首就写"全吴临巨溟,百里到沪渎",由此我们可以知道,在皮日休时期的唐代,古吴淞江三股支流之一的松江段不是70里,而是百里,这也可能是诗人的夸张,也许不满百里。但百里之后的东段就是沪渎,从笔者收集的一些资料图片来看,古沪渎的起点大致是在今上海嘉定黄渡镇这个位置。而陆龟蒙写的许多《渔具诗》中,其中有一首是写"扈"(通"沪")的,说沪渎近海边的渔民的捕鱼方式是"沪",即"列竹于海澨",潮落而鱼获。这个"沪"后来成为上海的简称。松江沪渎的下游入海口最早是在嘉定的青龙江不远处。

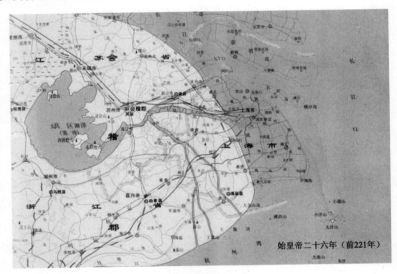

**松江下游沪渎示意图**

古东江是流入白蚬湖的,那么它入不入海呢?最早它的入海口是在海盐,即现在的上海金山。但是在唐开元元年(713),朝廷重筑捍海塘,该塘南自钱塘江北,北至松江南,正好堵死了古东江的入海口,于是,古东江下游渐渐埋塞成陆。到了五代钱氏吴越国统治时期,对古东江下游重新疏浚。另找支流入海。据《十国春秋》的卷七十八《武肃王世家下》中的记载:"浚柘湖及新泾塘,由小官浦入海。"①

## 第二节 古吴淞江的独特之处

### 古吴淞江有多宽?

那么古代的吴淞江到底有多宽呢? 北宋水利学者郏侨在《吴中水利书》中说:"吴松古江,故道深广,可敌千浦。"②那么,古时的吴淞江支流"浦"有多宽呢? 据北宋水利学者郏亶的实地调研、考证,"其浦之旧迹,阔者二十余丈,狭者十余丈"③。而一些方志史料上称古吴淞江在唐代时,最宽处有20里,三江口有9里,最窄处有2里。唐宋时的计量长度单位为鲁班尺,其一尺等于现在的0.32米。唐宋时的1里为1 800鲁班尺,换算成米,则唐宋时的1里就相当于现在的576米。所以,唐时的吴淞江的宽度换算成现在的米的宽度,就是其最宽处有11 520米、最窄处有1 152米、三江口有5 184米宽。

### 水往高处流

那么,古吴淞江流经的区域的地形地貌又是怎样的呢? 我们知道太湖是个潟湖,由古扬子江(长江下游)南岸沙嘴和古钱塘江北岸沙嘴的泥沙、贝壳带冲积、围合而成。这条最早的泥沙、贝壳带,就是太湖平原最早的海岸线,即俗称的堽(通"冈")陇,其大致线路是现在的常熟北、昆山东、太仓、上海嘉定和金山一线。

在距今6 000～7 000年前的中全新世早期,由于气候湿热,海面继续上升到接近现代海面的高程,海水沿沟谷大举入侵太湖地区;而古海岸线(也就是最早的堽陇)逐渐形成了从东部包围太湖平原的碟形高地(也就是俗称的堽身)。碟形高地的堽身地带形成以后,长江和海洋的泥沙在堽身以东继续堆积,碟形地貌向海滨方向逐渐抬升。而堽身以西的太湖地区,因受堽身阻挡,得不到长江和海洋来沙补给,仅有少量湖湄与河流沉积,地势相对降低。而且太湖平原还以每年0.5毫米的沉降速率在下降。虽然经历了数千年的演变,但是太

---

① [清]吴任臣撰,徐敏霞,周莹点校:《十国春秋》,卷七十八,武肃王世家下,中华书局,2010年,第1100页。
② [宋]范成大撰,陆振岳校点:《吴郡志》,卷十九,水利下,江苏古籍出版社,1986年,第279页。
③ [宋]范成大撰,陆振岳校点:《吴郡志》,卷十九,水利上,江苏古籍出版社,1986年,第265页。

湖湖滨的高程仅为2.5～3.5米,这是吴淞江流域的低地地区。而堰身地带的高程则达到了4～6.5米,这是吴淞江流域的高地地区。

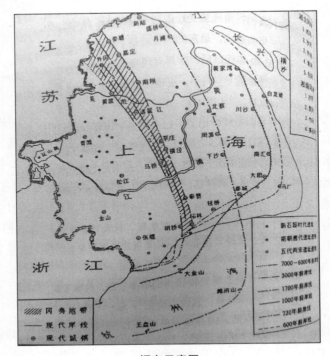

堰身示意图

吴淞江

也就是说,古吴淞江的上游和上中游处于低地地区,而下游和下中游则处于高地地区,两者之间高程相差 1.5~2.5 米,也就是说,古吴淞江是从低地流向高地入海的。这样的"水往高处流"的独特流向决定了吴淞江主干道里必须要始终有丰沛的清水与因感应海潮而倒灌入江里的浑潮形成明显的水位差,才能"以清抵浑",有效冲刷江里的泥沙和海沙入海,使泥沙和海沙不会在江里沉积。

### 塘浦圩田堰闸体系

从历朝历代的方志史料来看,在宋以前,整个吴淞江流域几乎没有什么水灾,这是怎么做到的呢?我们知道,在六朝时期,吴淞江流域就已经得到一定程度的开发。在六朝至唐末五代时期,吴淞江流域在开发过程中,逐渐形成了著名的塘浦圩田堰闸体系。即在吴淞江两岸开有许多南北向的与之相通的河道(称纵浦),再开挖与纵浦相通的东西向的河道(称横塘),这些河道都要宽二三十丈,堤岸都又高又厚,深、高皆一二丈至二三丈不等。[1] 这些塘浦围成的农田就是圩田,"使水行于外,田成于内,有圩田之象焉"[2]。而在浦江、塘浦交汇处都建有水坝,设有水闸。这样就使得每年五六月份的多雨季节时,上游来的大量清水可以通过塘浦分流,而不会进入农田,造成水灾。而在少雨季节,塘浦里的蓄水可以用来灌溉农田。同时,也可以通过开闸放水,把塘浦里的清水汇入吴淞江,增加江里的清水容量,使之能够与浑潮形成足够的水位差,从而"以清抵浑",有效冲刷浑潮入海,使泥沙不会在江中沉积,导致淤塞。对此,元朝的水利学者周文英在其著作《论三吴水利》中也有精确的阐释:"旧制于江之南北为纵浦五十余条,湖之入江得以分其来势。于浦之东西为横塘,棋布于左右,潮退则横冲其淤泥,不致停积。"[3]这样完善的塘浦圩田堰闸体系不仅保障了吴淞江流域不会出现水旱灾害,而且保障了当地经济健康发展,为苏州成为真正的"鱼米之乡""人间天堂"奠定了坚实的物质基础。

---

[1] [宋]范成大撰,陆振岳校点:《吴郡志》,卷十九,水利上,江苏古籍出版社,1986 年,第 267-268 页。
[2] [宋]范成大撰,陆振岳校点:《吴郡志》,卷十九,水利上,江苏古籍出版社,1986 年,第 265 页。
[3] [清]顾沅辑:《吴郡文编》,卷二十三,水利一,上海古籍出版社,2011 年,第 362 页。

## 第三节 变 迁

### 明显改变

这种格局的明显改变,是从宋朝开始的。北宋水利学者郏侨在《吴中水利书》中说:"端拱中,转运使乔维岳不究堤岸、堰闸之制,与夫沟洫畎浍之利,姑务便于转漕舟楫,一切毁之。"①就是说在宋初(988—989),负责苏浙地区漕运的转运使乔维岳为了便于转运漕粮,将吴淞江流域完善、高效的塘浦圩田堰闸体系全部毁掉了。而到了北宋庆历二年(1042),时任苏州通判李禹卿认为吴淞江的太湖水入江处风量大,常常会摧毁、飘没江南运河里的漕运粮船。为了便于运送漕粮,李禹卿上奏朝廷,征用民夫,在吴江松陵镇和平望之间筑了一条塘路,这条塘路正好横亘在太湖和吴淞江之间,"横截江流五六十里"②,使得吴淞江的太湖入水口突然大幅度变窄。庆历八年(1048),吴江知县李问又在松陵建长桥(即垂虹

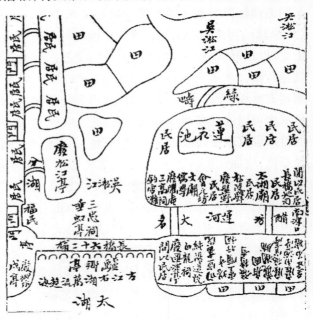

**吴江长桥示意图**

桥),横跨吴淞江上,东、西长达千余尺。从此,吴淞江的太湖水入江处就在长桥下了,吴江长桥就成了吴淞江的源头了。

上游口子的突然大幅度变窄,导致了太湖水下泄不畅(宋时太湖水下泄入海的大通道只有吴淞江,古东江和古娄江已经堙塞成陆。),当每年五六月太湖

---

① [宋]范成大撰,陆振岳校点:《吴郡志》,卷十九,水利下,江苏古籍出版社,1986年,第278页。
② [宋]范成大撰,陆振岳校点:《吴郡志》,卷十九,水利下,江苏古籍出版社,1986年,第284页。

水暴涨(此时,太湖上游五堰被废,长江水也大量通过芜湖以南的古中江故道和宜兴荆溪进入太湖。)时,大量太湖水得不到及时泄洪,就会在上游的低地地区泛滥,造成严重的洪涝灾害。而在少雨季节,吴淞江上游来源清水骤减,不能与因感应海潮而进入江里的浑潮形成明显的水位差,从而不能"以清抵浑",有效冲刷浑潮入海,导致大量泥沙在江中沉积。这样的沉积首先在吴淞江主干道的下游出现,然后在下游的各支流中出现(此时完善、高效的塘浦圩田堰闸体系已经被全部毁坏。),久而久之,整个吴淞江下游就淤塞成陆,吴淞江主干道开始变窄变浅。

这样的变化首先发生在下游的堰身高地地区,由于其田地得不到有效的灌溉,渐渐干旱化,由原来的肥沃、丰产良田变为贫瘠的旱田,"不宜种稻,只宜种棉(木棉)",从而改变了吴淞江流域的农田和种植格局。到了元代,高地地区普遍种植木棉,从而使得以前的"天下粮仓"吴淞江流域形成了粮食、木棉、桑树三足鼎立的种植格局,并进而为明清时期苏松地区棉作商品经济的高速发展及棉业市镇的产生、繁荣奠定了基础。

宋代吴淞江格局的明显变化,催生了宋以后的发达的"三江水学"。从此,吴淞江流域的水旱灾害越来越多,水利整治也变得越来越频繁,这样的整治最早是在其下游进行的,比如范仲淹、叶清臣、赵霖等,都在下游进行过水利整治,主要是针对吴淞江支流三十六浦的整治。但是,由于两宋朝廷肆无忌惮地占水为田,在宋末吴淞江下游就已经湮塞不治,吴淞江泄洪主干道被迫转向东北,通过至和塘、浏河等泄洪入海。在元代,负责江南漕运的朱清将浏河至娄门的河道疏浚、拓宽后,形成了新娄江,从此东北水道更加宽阔。

## 根本改变

到了永乐二年(1403),户部尚书夏原吉疏浚夏驾浦、新洋江、顾浦、吴塘等支流,引吴淞江水北入浏河;同时又疏浚位于东北部高地地区的白茆塘、耿泾,引导原汇流至吴淞江流域的昆承湖、阳澄湖水排入长江;然后,又从南广福寺开始,疏浚、拓宽范家浜,开挖河道一万两千丈,使其上接大黄浦,达泖湖之水,以减轻吴淞江东南部水流的压力。这就是吴淞江水利史上著名的"掣淞入浏"和"以黄代淞"工程。这个工程彻底改变了吴淞江的命运——从以往的太湖水下游泄洪主干道变为黄浦江的支流,这个工程也彻底改变了吴淞江流域的水系结构和水文地理,从而对该流域的环境、经济、社会、人文等方面都产生了巨大而深远的影响。

这个工程直接导致了吴淞江主干道里的清水日弱,泥沙不断沉积,淤塞加速,于是,整个明代几乎每隔十年就要对吴淞江流域进行一次大的水利整治,但主要集中在中游地区,其整治的效果皆不如人意。

明隆庆三年(1569),巡抚佥都御史海瑞主持了吴淞江下游上海段淤地的治理,对下游新开河道加以疏浚,拓宽加深,使得江面阔十五丈,底宽七丈五尺,深一丈五尺。经过疏治后,确立了现在我们所能看到的吴淞江的下游的最终流向,吴淞江从此以后彻底成了黄浦江的支流。

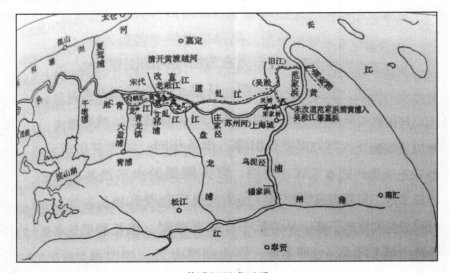

**黄浦江形成以后**

到了清代,吴淞江流域的水利整治主要集中在上游,但都只是修修补补,根本起不了实际作用。

于是,吴淞江不断变窄变浅,到现在就成了一条上游入水口挪到苏州吴江松陵镇以南的瓜泾口,流经苏州吴江、吴中、园区、昆山等地,并在四江口进入上海(流经上海青浦、闵行、嘉定等地,然后由外白渡桥进入黄浦江),全长125公里,平均宽度只有40~50米的普通江河。

吴淞江的变迁不仅改变了该流域的水系结构、水文地理,而且改变了该流域的农田和种植的格局,进而改变了该流域的动植物的生长环境,也改变了该流域的经济形态和发展模式,并促进了该流域商品经济的发展,催生了一批产业市镇,也在一定程度上改变了该流域的社会结构、政治面貌和历史人文等,在一定程度上促进了社会的进步和发展。

# 第二章　吴淞江流域水量变化的几个关键节点

在历史的变迁过程中,吴淞江的水量一直在发生变化,引发这种变化的原因很多,比如人口的突然增加、突发事件的影响、上游来源的变化、气候的变化、政权朝代的更迭、环境的变化、交通和经济的发展,等等。水量的变化导致其对整个吴淞江流域的水系产生根本性的影响,这样的影响也进而对其流域的社会、经济、文化等各个方面都产生根本性的影响。

下面,笔者来梳理一下历史上吴淞江水量变化的几个关键节点。

## 第一节　六朝时期

### 人口突然增加的影响——下游沪渎偶尔会出现"壅噎"

六朝时期是指三国东吴、东晋和南朝宋、齐、梁、陈等六个偏安江南的政权统治时期,这一时期是中国大陆气候史上的寒冷期,北方游牧民族为了生存,时时南下,北方战乱不断,导致大量人口南迁,其中有很大一部分落脚在长江以南的东部地区(就是古代九州之一的扬州地区的江南部分),从《南迁前后南北方人口变化表》的统计数据来看,南迁前,江南(古扬州地区)人口为320万。南迁后,人口为433万,也就是说突然增加了113万人。人口的突然增加,导致了对土地需求的增加,所以各个政权都重视农业,不仅鼓励实行屯田,如东晋朝廷就有规定,《晋书·食货志》中有这样的记载:"其非宿卫要任,皆宜赴农,使军各自佃作,即以为廪。"①还大力劝课农桑,《宋书·文帝纪》中就有宋文帝的相关敕令,比如"诸州郡,皆令尽勤地利,劝导播殖,蚕桑麻纻,各尽其方,不得但奉行公

---

① [唐]房玄龄,等撰:《晋书》,卷十六,食货,中华书局,1997年,第791页。

文而已。""若须田种,随宜给之。"①等。于是,作为东晋、南朝时社会经济最繁荣地区的太湖流域(特指太湖东部下游的吴淞江流域)、宁绍平原地区的地方政府和百姓开始自发地出钱维修塘埭,也有新开人工渠道,使太湖水入海通畅的动议,河流、湖泊的原始状态也有了很大的改变。据《太湖备考》中的记载:"晋吴兴太守殷康开获塘,后太守沈嘉重开。梁大同元年,绕惠山浚溪,导流入湖。(即今无锡县之梁溪,溪之名梁自此始。)"②《宋书》上有"二吴(吴郡、吴兴)、晋陵、义兴四郡之水,同注太湖,而松江沪渎壅噎不利,故处处涌溢,浸溃成灾,欲从武康纻溪(现为德清县地)开河,直出海口一百余里"③。到了南朝梁时,吴兴郡经常出现水灾,导致歉收,有人上书说要开挖大河通浙江(就是现在的钱塘江)以泄太湖水,这也是因为在大水之年、吴淞江下游泄水不畅。在中大通二年(530),朝廷派前脉州刺史王弁征调吴郡、吴兴和义兴三郡民夫去开挖,但因种种原因,此项工程没有实施。

这是吴淞江水量变迁史上最早见诸史籍的记载。在人口突然大幅增加的六朝时期,原本一直安然无恙的吴淞江下游沪渎为什么会出现"壅噎"状况呢?这主要是由于人口增多,对土地的需求也突然增加,于是人们开始在吴淞江流域进行开发。这样的开发首先是在吴淞江流域下游的堽身高地地区进行的,其开发的模式主要是屯田。这样的屯田规模很大,如果在少水的季节或年份,屯田就得不到水流的很好灌溉,所以会开挖纵横交错的河道,建筑水坝来蓄水。而在多水的季节或年份,为了及时把田里多余的水排到河道里,再把河道里的水排到吴淞江里,再由江入海,就还得开挖与吴淞江相通的河道,这样纵横交错、与吴淞江相通的河道,就是吴淞江流域著名的塘浦圩田的雏形。这些河道如果管理不善,就会导致其入海口因受到感应海潮倒灌进入河道而使得泥沙在河道内淤积,进而造成壅噎。而在少水的季节或年份,这样的支流入海口的壅噎也会影响到吴淞江的下游沪渎,在严重干旱的季节或年份,会同样导致吴淞江下游沪渎出现壅噎。

---

① [梁]沈约撰:《宋书》,本纪第五,文帝纪,中华书局,1974年,第101页。
② [清]金友理撰,薛正兴校点:《太湖备考》,卷三,水治,江苏古籍出版社,1998年,第110页。
③ 吴江区档案局,吴江区方志办编,沈卫新主编,[明]曹一麟,等修,[明]徐师曾,等纂:《嘉靖吴江县志》,卷之十九,经略志一,水利,广陵书社,2013年,第35页。

第二章　吴淞江流域水量变化的几个关键节点

吴淞江流域圩田

## 第二节　唐末至五代十国时期

### 上游来源的显著变化

在太湖上游,按桑钦《水经》的说法,在远古时代,长江东流,到了中游,有一条支流通过安徽南部(芜湖县南)进入宜兴的荆溪,再通过荆溪进入太湖。这条支流被桑钦称为古中江,也就是《禹贡》所指"三江既入,震泽底定"中的"三江"之一。但不知是在什么时候,这条中江就堙塞成陆了。后来,到了春秋晚期,吴王阖闾伐楚,采用伍子胥的建议,在太湖上游西北(今高淳地区)开挖了一条河道,该河道连接流入太湖的荆溪和固城湖,而固城湖又与丹阳湖相通,丹阳湖属于长江支流清弋江、水阳江水系,从而使得长江与太湖相通,便于运送军粮。所以这条河道后来被命名为胥溪。这条河道的开挖,使得太湖上游有大量的长江水进入。每当农历五六月份时,长江爆发洪潮,进入太湖的水量就会急剧增多,进而也会导致太湖下游吴淞江里的水量急增,从而使得吴淞江里的清流水量充沛,能始终有效冲刷江里的潮沙入海,泥沙不会在江中淤积,所以自胥溪开通至唐代,吴淞江整个主干道几乎没什么变化。

到了唐朝的后期,朝廷在今杭州至金山之间修建了捍海塘,这条南到钱塘江下游,北接吴淞江下游的捍海塘,堵住了吴淞江支流之一的东江的入海通道,致使其逐渐淤积成陆。而此时,因战乱等因素影响,吴淞江支流之二娄江也堙塞成陆,从而使得太湖下游泄水都通过吴淞江主干道来入海,这就更增加了吴淞江主干道里的清水流量,从而能更好地"以清刷浑",保持吴淞江主干道的畅通。

这样的状况到了唐末的景福三年(894)时,因战争原因而出现了明显的变化。那年,吴王杨行密占据安徽的宣州,孙儒攻打宣州,并将之围困了五个月,形势非常危急。后来,杨行密的部将台濛在胥溪建了五座水坝来掩护,然后用轻便的小船运粮进入宣州,从而保证了宣州的防守,并最终击败了孙儒。这五座水坝就是银林、分水等历史上著名的"五堰"。这"五堰"有效地节制了长江水进入太湖的水量——在多水季节或年份减少进入太湖的长江水量,而在少水季节或年份则增加进入太湖的长江水量,这样就使得太湖水量不会骤多或骤少,进而也使得太湖下游吴淞江的水量保持稳定。

但这样的局面并没有维持多久,到了五代十国的末期,一些徽商因要从安徽的宣歙地区向两浙地区(浙东、浙西地区,即现在的江苏南部、上海的西部和整个浙江地区)通过水路贩运木材,但沿途被"五堰"阻挡,于是这些商人就诱骗地方官员拆除了这五座水坝。这五座水坝的拆除导致了很严重的后果:"五堰既废,宣歙、金陵、九阳江之水或遇五六月暴涨,则皆入宜兴之荆溪,由荆溪而入震泽。盖上三州之水东灌苏、常、湖也。"[1]也就是说,每当五六月份长江洪潮来临时,大量的长江水就会无节制地进入太湖,进而导致太湖水位急剧上升,进入吴淞江主干道的水量也随之暴增,进一步使得苏州、长洲和湖州都发生洪涝灾害。

那么为什么在唐代没有建"五堰"时,每逢五六月长江爆发洪潮,陡增的太湖水,进入吴淞江,不会导致苏、常、湖发生水灾呢?因为在唐代,整个太湖下游都已经形成了完善的塘浦圩田堰闸体系,所以暴增的清水都会流入塘浦江河,不会泛滥成灾。而到了北宋,在宋初,太湖下游的完善的塘浦圩田堰闸体系就被全部毁坏,之所以这么做,就是为了便于转运漕粮。所以上游"五堰"被毁,每当五六月江水暴涨时,就进入太湖。而太湖水进入吴淞江的水口突然变窄,整个流域没有调节大量洪水的体系,所以必然要在下游苏、常、湖三地泛滥成灾。

---

[1] [清]顾沅辑:《吴郡文编》,卷二十三,水利一,上海古籍出版社,2011年,第376页。

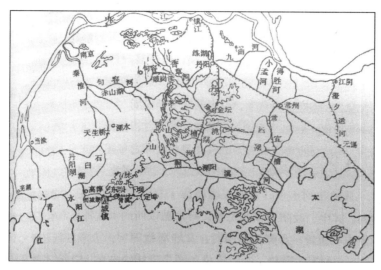

太湖上游示意图

那么北宋时期,太湖水进入吴淞江的口子怎么会突然变窄了呢?

## 第三节 北宋时期

### 太湖水入江通道急剧变窄

北宋讨平各地割据势力后,为了将原割据政权的财政收归中央,就向各地派出了转运使,以将原割据政权的赋税、财富等运送入京。在这些转运使中,有一个叫乔维岳的,任原吴越国统治地区的转运使。他在端拱年间(988—989),"不究堤岸、堰闸之制,与夫沟洫畎浍之利,姑务便于转漕舟楫,一切毁之"[①]。为了便于转运漕粮,转运使乔维岳把吴越国时期建立的完善的塘浦圩田堰闸体系全部毁坏,使得吴淞江流域下游的塘浦支流开始出现淤塞。

而到了北宋庆历二年(1042),时任苏州通判李禹卿认为太湖水入吴淞江处风急浪大,常常会摧毁、飘没运河中的漕运粮船。为了便于运送漕粮,李禹卿上奏朝廷,征用民夫,在吴江松陵和平望之间修建了一条塘路,这条塘路正好横亘

---

① [宋]范成大撰,陆振岳校点:《吴郡志》,卷十九,水利下,上海古籍出版社,1986年,第278页。

在太湖和吴淞江之间,"横截江流五六十里"①,使得太湖水进入吴淞江的口子一下子急剧变窄了五六十里,这样就使得进入吴淞江主干道的太湖清水量明显减少,对此,北宋水利专家单锷称:"每至五六月之间湍流峻急之时,视之吴江岸东之水常低于岸西之水一二尺。"②也就是说,在大水时节,吴淞江主干道的水位比太湖水位要低一二尺,吴淞江主干道里的清水的水量的减少是十分明显的。

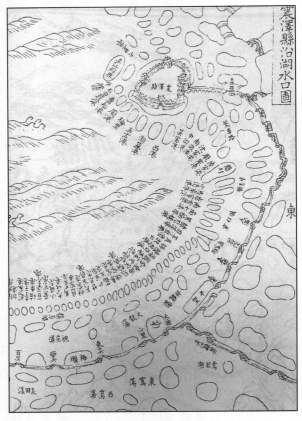

**《太湖备考》图示吴淞江入水口塘路**

吴淞江主干道的清水流量开始变少,流速也开始变缓,这样就导致清水不能有效冲刷江里的潮沙入海,从而使得吴淞江下游入海处率先出现潮沙的淤积,这样的淤积到了北宋的元祐年间(1086—1094),就使得吴淞江下游沪渎入海口"茭芦丛生,沙泥涨塞"③。

---

① [清]顾沅辑:《吴郡文编》,卷二十三,水利一,上海古籍出版社,2011年,第376页。
② [清]顾沅辑:《吴郡文编》,卷二十三,水利一,上海古籍出版社,2011年,第376页。
③ [清]顾沅辑:《吴郡文编》,卷二十三,水利一,上海古籍出版社,2011年,第376页。

## 第四节 南宋、元时期

### 清水日弱导致吴淞江主干道转向

由于东江淤塞成陆,在北宋时期,吴淞江上游和中游出现了多个湖泊,比如澄湖、独墅湖、淀山湖、三泖湖等,这些湖泊都有支流与吴淞江相通,都能向吴淞江主干道输送清流。其中的淀山湖因为规模大,所以其输送到吴淞江主干道里的清流也最多。但是,到了北宋末年,淀山湖和三泖湖地区开始有人占水为田,进行围垦。这样的围垦到了南宋时期,就变本加厉,从而导致淀泖水面急速缩小,对此,寓居昆山的卫泾说:"以臣耳目所接,三十年间,昔之曰江曰湖曰草荡者,今皆田也。"①而到了元代,水利官员任仁发对此也印象深刻,他在水利奏折中说:"归附后,权豪势要之家,占据为田。昔淀山寺在湖中,今淀山寺在田中心。虽有港港,阔不及二丈,潮泥淤塞,深不及二三尺。"②由于围垦湖田需要筑坝截流,因此吴淞江主干道的清流进一步减弱,周边的感潮现象也变得严重起来。湖面的急剧缩小,主要是在向着吴淞江一面的北部区域。受此影响,沟通吴淞江与淀泖湖泊之间的多条塘浦也淤塞严重。这样导致原来大量淀山湖清水进入吴淞江的情况,至此不再。

而吴淞江上游清水日弱,还有一个重要的原因,就是在元天历二年(1329),吴江知州孙伯恭大修塘路,"议以原塘旧石皆小,为水所荡,往往随流而去,率市民巨石叠甃,余用小石,复相其地势,凿为水窦百三十三,以通太湖之水。明年塘成,凡四十里"③。这样的由巨石修建而成的塘路使得太湖水进入吴淞江的主干道的口子更趋缩小。虽建 133 个出水口,但是石建出水口比土建出水口明显更加缩小、阻碍水流,据清代水利官员林文沛在《治水事宜》中的阐述:"为河之患者,无如石桥。洞圆者塞河道五分之二,洞方者塞河道五分之三。"④就是说

---

① [清]冯桂芬纂,[清]谭钧培、李铭皖修:《同治苏州府志》,卷九,水利一,《中国地方志集成·江苏府县志辑》(第10辑),江苏古籍出版社,1991年,第264页。
② [元]任仁发著:《水利集》,卷三,《至元二十八年潘应武言决放湖水》,[清]莫晋、孙星衍纂,[清]宋如林修《嘉庆松江府志》,卷十,山川志,水利,《中国地方志集成》之《上海府县志辑》,上海书店,1991年,第238-239页。
③ [清]陈恂纕,丁元正修,倪师孟、沈彤纂:《吴江县志》,卷四十三,修塘,江苏古籍出版社,1991年,第203页。
④ [清]金友理撰,薛正兴校点:《太湖备考》,卷三,水治,江苏古籍出版社,1998年,第110页。

圆形的石孔出水比土建的出水孔至少减少了 2/5 的水量,而方形的石孔的出水量至少比土建的出水孔减少了 3/5。而这 133 个进水孔,更是将进入吴淞江的太湖清水分流,使其流量更少,流速更缓,从而加快了吴淞江下游的淤塞。

**垂虹石桥**

下游淤塞严重,导致其下游出水阻力增加,于是,水流向周边地区寻找出路的趋势明显。东南地区,淀泖水系和浙北水系(因建捍海塘而致使其入海通道被堵塞)都汇入原吴淞江支流黄浦江,使得其清水量越来越丰沛,其河道也越来越宽阔。而东北方向的出路是通过娄江出海的。对于这一趋势,任仁发看得很清楚,他说:"今太湖之水不流于江,而北流入于至和等塘,经由太仓出刘家等港注入大海,并淀山湖之水东南流于大曹港、柘泽塘、东西横泖,泄于新泾并上海浦注江达海。"①

而元代的另一位水利专家周文英也认为:"吴江长桥通长数十里,旧系木桥立柱,通彻湖水入江,由江入海。曩时非不能运石筑堤,盖因地之险,故作此数十里之桥以泄湖水,冲激三江之潮汐也。今则叠石成堤,虽为坚固而桥门窄狭,不能通彻湖水。前都水于石堤下作小洞一百五处出水,然水势既分且又浅滞不能通泄,又被塘东占种菱荷障碍,难以冲激随湖沙土,于是淤塞三江,致令水势转于东北,迤逦入于昆山塘等处,由太仓刘家港一二处港浦入海。"②

到了元末,吴淞江主干道里的清水越来越弱,流速也越来越缓,下游也堙塞成陆。上游太湖水入水口塘东已被占种菱荷,塘西也淤积成田。

---

① [清]莫晋,孙星衍纂,[清]宋如林修:《嘉庆松江府志》,卷十,山川志,水利,《中国地方志集成》之《上海府县志辑》,上海书店,1991 年,第 241 页。
② [清]顾沅辑:《吴郡文编》,卷二十四,水利二,上海古籍出版社,2011 年,第 384 - 385 页。

## 第五节　明朝时期

### "以黄代淞"，吴淞江成为黄浦江的支流

吴淞江主干道在元朝末期时，其下游已经淤塞严重，周文英的水利书对此有清晰的阐述："江口河沙汇觜至赵屯浦约七十里，地势徒涨，积渐高平。"①也就是说在元末，吴淞江主干道下游入海口到赵屯浦段70多里都有河沙淤积，有的地方甚至已经成了陆地。周文英认为这是沧桑变迁，不是人力所能改变的。建议放弃吴淞江主干道下游的治理。为什么呢？因为"水源筑塞，水势细缓，内外水高低无几。又闸之相去不远，决放之水既浅且缓，又乌能冲激潮沙，不积于江也"②。上游清水来源越来越少，清流越来越缓，内外水之间没有足够的高低落差。加上水闸所放清水既浅又缓，所以清水根本不能有效冲刷浑潮入海，所以也必定会在吴淞江主干道里淤积。

那么该怎么办呢？"为今之计，莫若因水势之趋顺其性而疏导之，则易于成效。其刘家港之南有一大港名南石桥港，近年天然深阔，直通刘家港，正在太仓之南，嘉定之北，于中直过堽身，西南直通横塘、张泾，以至夏驾浦、蚕子港入吴淞江相去约三十五里。中间港浦即有迂塞，若能挑港深阔，则泄水一大路也。又有盐铁塘一带南北相贯跨涉昆山、嘉定、常熟三处，从东北通连杜漕横塘、白茆浦、茜泾，西接芝塘，通接昆承湖、尚湖、华荡所潴常州界运河诸处之水及娄门、官渎、阳澄湖所接太湖之水多有障遏，坝石若能开浚深阔亦泄水之一路。自松江下口北绕昆山常熟江阴界约三百里有港浦六十余条，皆泄水入海之大路。英今故弃吴淞东南涂涨之地置之不论，而专意于江之东北刘家港、白茆浦等处开浚放水入海者，盖刘家港即古娄江三江之一也。地深港阔，此三吴东北泄水之尾闾也。又东北沿海如耿泾、福山东西横塘、吴泗浦、许浦、千步泾、奚浦、黄泗浦可以通海去处，亦系泄水之要津，宜开挑深阔，疏泄水势入海有归，则浙间数郡可免巨浸之忧矣。"③也就是充分利用娄江的深阔，疏通联系吴淞江与娄江的支流如夏驾浦、盐铁塘等，通过娄江来排泄吴淞江中游的积水入海。

---

① ［清］顾沅辑:《吴郡文编》，卷二十四，水利二，上海古籍出版社，2011年，第385页。
② ［清］顾沅辑:《吴郡文编》，卷二十四，水利二，上海古籍出版社，2011年，第385页。
③ ［清］顾沅辑:《吴郡文编》，卷二十四，水利二，上海古籍出版社，2011年，第385页。

到了明代，朱元璋定鼎南京，洪武初为了把苏浙地区的漕粮运入南京，避免长江风浪，决定循太湖—胥溪—新开河道—秦淮河这样的线路运粮，于是在洪武二十五年(1392)疏浚胥溪，并建石闸，根据水量变化随时启闭，且在此设巡检司、税课司、茶引所，设置军镇，称之为广通镇。

明成祖迁都北京后，这条运道就废掉了。永乐元年(1403)，苏、常大水，受灾严重，苏州人吴相五认为上游来水增加太湖水量，常常给下游赋税重地苏州、常州地区造成水患，并引用北宋著名水利专家单锷的主张，建议将广通镇石闸改为建筑水坝，且增设官吏，加派民夫(溧水、溧阳各40人)进行看守。

广通水坝建成，使得长江水再也不能进入太湖，也进而使得进入吴淞江的清水更少。永乐二年(1404)，户部尚书夏原吉受命来苏州治理水患，在做了深入的调研后，又采纳叶宗行的"浚范家浜引黄浦水归于海"的建议，然后再根据元代周文英的主张，放弃疏浚吴淞江中下游河道，而改为疏通范家浜、黄浦、顾浦等支河，以便于太湖、淀山湖、三泖湖和吴淞江的水流分流入海。据清同治《苏州府志》中的记载，"时浙西大水，有司治不效。帝命原吉治之。寻以侍郎李文郁为之副，复使佥都御史俞士吉赍水利书赐之。遂从所请，发民丁凿吴淞江，疏昆山县下界浦，掣吴淞江水北达娄江。二年冬，挑嘉定县西顾浦，南引吴淞江水北贯吴塘，亦由娄江入海。又浚常熟白茆塘、福山塘、耿泾，导昆承、阳城诸湖水入扬子江。浚上海范家浜接黄浦，引湖泖水入海"①。很明显，夏原吉所实施的工程，主要通过三个方向泄洪，即1.疏浚位于东北部高地的白茆塘、福山塘、耿泾，引导原汇流至吴淞江流域的昆承湖、阳澄湖水排入长江；2.自南广福寺开始，疏浚、拓宽范家浜，踪迹开挖河道一万二千丈，使其上接大黄浦，达泖湖之水，减轻吴淞江东南部水流的压力。此后，黄浦江的盛水作用加强，取代吴淞江成为主要的出水口；3.疏浚吴淞江北岸的夏驾浦、顾浦和吴塘等支流，引吴淞江水北入浏河，以汇长江口。这就是吴淞江水利史上著名的"掣淞入浏"和"以黄代淞"工程，这个工程彻底改变了吴淞江的命运——从以往的太湖水入海的主干道变为黄浦江的支流；这个工程也彻底改变了吴淞江流域的水系，对该流域的环境及经济、社会等方面的影响是巨大的，也是深远的。

到了明正统六年(1441)，长江水大涨泛滥，广通水坝被冲毁，导致大量江水涌入太湖，而太湖水进入吴淞江的入水口狭窄，也导致太湖水在吴淞江上游苏常低地区域泛滥，造成严重的洪涝灾害，淹没大批农田，影响国税收入。时任江

---

① [清]冯桂芬纂，李铭皖，谭钧培修：《中国地方志集成》之《江苏府县志辑》之七《同治苏州府志》，卷十，水利二，上海古籍出版社、上海书店、巴蜀书店，1991年，第269页。

南巡抚周忱征调大量石匠、民夫重筑广通水坝,并在坝旁设立告示:"如有走泄水利,淹没苏松田禾者,坝官吏处斩,夫邻充军。"①然后,周忱又浚治吴淞江,立表于江心,督民挑修,使水得以疏泄。②

明天顺二年(1458),江南巡抚崔恭组织开挖了吴淞江下游自大盈浦到吴淞江巡司(在吴淞江下游)的新河道,以期解决下游淤浚淤塞的问题。自此,吴淞江下游分成新旧两支,新江逐渐成为正流。

**上海外白渡桥(吴淞江在此处汇入黄浦江)**

正德七年(1514),车夫与商人争利,诱骗都御史俞谏以多收税利为辞而命令镇江府通判齐济舟督责,增筑广通渠高三丈的水坝,从此,长江水半滴也不能进入太湖了,这样也导致进入吴淞江的清水更弱,水量更少,淤积更快。

嘉靖年间(1522—1566),倭患猖獗,吴淞江治水活动一度停止。由于水利破坏,江南地区水旱频患,应天巡抚吕光洵等痛陈灾情之严峻,"自嘉靖十八年以来,频遭水患,而去年尤剧。今年又值旱灾,其始高阜槁枯,至七八月间,河浦绝流,虽素称沃壤之田,皆荒落不治。而耕稼之民,困饿流离,无以为命"③。呼吁重整水利,"水利之兴废,乃吴民利病之源也。减赈优矣!而水利不修,是犹

---

① [清]顾沅辑:《吴郡文编》,卷二十六,水利四,上海古籍出版社,2011年,第422页。
② [清]金友理撰,薛正兴校点:《太湖备考》,卷三,水治,江苏古籍出版社,1998年,第114页。
③ [明]吕光洵:《修水利以保财赋重地疏》,丁守和,等主编《中国历代奏议大典3》,哈尔滨出版社,1994年,第1151页。

治病者,专疗其标,而不攻其本,未有能生者也"①。

　　嘉靖三十五年(1556),倭寇入侵,太湖上游商旅弃水改陆,纷纷由广通渠坝来往,坝边居民见此可以对过路商旅盘剥牟利,在广通渠坝的东面十多里的地方,又筑一坝,从此太湖西北上游再无清水来源。

　　隆庆三年(1569),巡抚佥都御史海瑞主持了吴淞江下游上海段淤地的治理,对下游新开河道加以疏浚,拓宽加深,使得江面阔十五丈,底宽七丈五尺,深一丈五尺,经过疏治后,确立了现在我们所能看到的吴淞江下游流向,吴淞江从此以后彻底成为黄浦江的支流。

　　夏原吉的治水工程彻底改变了吴淞江流域整个的水利体系,加速了吴淞江全面淤塞的进程,虽然有明一代,多次大规模治水,想恢复吴淞江作为太湖水下泄入海主干道的地位,但都没有成功,吴淞江主干道也加速变窄变浅,到了明末,据张国维在《吴中水利全书》中的测算:太湖下泄水流八成入黄浦江,半成入运河,只有一成半入吴淞江。

---

①　[明]吕光洵:《修水利以保财赋重地疏》,丁守和,等主编《中国历代奏议大典3》,哈尔滨出版社,1994年,第1151页。

# 第三章　吴淞江水量变化对环境的影响

## 第一节　吴淞江四鳃鲈鱼的绝迹

　　1972年,美国总统尼克松访华,周恩来总理宴请尼克松的菜单中有一道菜是松江的四鳃鲈鱼。1986年,英国女王来到上海,点名要吃"尼克松鱼"(她一时忘记了鱼名。),上海市政府马上派人去松江县调拨,但松江县没有。怎么办?市政府又派出300多艘渔船去紧急捕捞,结果一条也没捕到。于是,英国女王没能吃到"尼克松鱼",只好抱憾而去。

　　那么,这个"松江鲈鱼"是不是只在现在的上海松江县才有呢?还是另有别情?松江四鳃鲈鱼何以有这么大的名声呢?又是如何绝迹的呢?

### "松江鲈鱼"之"松江"指的是吴淞江

　　古代文献、方志史料上所说的"松江鲈鱼"之"松江"是指现在的吴淞江,而不是上海的松江县。至元十五年(1278),华亭府更名为松江府,从此,"松江"才正式更名为"吴淞江"。关于这一点,顾炎武在《天下郡国利病书》中曾经提到过,"自元立松江府于水(吴淞江,笔者注)之南,而此江遂名吴淞,禹迹之存于今者,此一江而已"①。明清的方志史料中也多有涉及。而在这之前,都是称此江为"松江"的,有时也称"吴江""吴松江"等。可以用来印证的史料比比皆是,比如《郡国志》引《禹贡》:"三江既入,震泽底定。"韦昭对此的注释是这样的:"三江,为吴郡南松江、钱塘江、浦阳江。《水经》也如此注解。"②《禹贡》是记载

---

① [明]顾炎武撰:《天下郡国利病书》,苏州上,苏州府,华东师范大学古籍研究所整理,黄珅、严佐之、刘永翔主编《顾炎武全集》,上海古籍出版社,2011年,第406页。

② [宋]范成大撰,陆振岳校点:《吴郡志》,卷四十八,考证,江苏古籍出版社,1986年,第623页。

大禹治水的事情的,那么这应该是关于吴淞江的最早的文字记载了,也就是说吴淞江最早是叫松江。而《史记正义》在解《禹贡》之"三江既入,震泽底定"时,又是另一种说法:"三江者,在苏州东南三十里,名三江口。一江西南上七十里至太湖,名曰松江,古笠泽江。一江东南上七十里至白蚬湖,名曰上江,亦曰东江。一江东北下三百余里入海,名曰下江,亦曰娄江。于其分处,号曰三江口。"①那么,也就是说吴淞江在古代也称笠泽江。《史记正义》又引《吴地记》云:"笠泽江,松江之别名。又云笠泽,则太湖。则江湖通为笠泽矣。"②那么似乎古代的笠泽既是江,又是湖,笠泽湖就是后来的太湖(震泽、具区),笠泽江又是后来的吴淞江。而且据史料记载,在春秋晚期,吴越争霸时,最后越国打败吴国的最关键的战役就是"笠泽之战",这个"笠泽"解释为古代的吴淞江。而范成大在《吴郡志》里对这条江是这样解释的:"松江,在郡南四十五里,禹贡三江之一也。三江自具《辩证门》。今按:松江南与太湖接,吴江县在江濆。垂虹桥跨其上,天下绝景也。"③也就是说,在南宋范成大的年代,吴淞江还是叫松江,它南面接太湖,而吴江县城就在吴淞江边,江上有座垂虹桥,当时的桥、江、湖的景色非常美,可称"天下绝景"。

关于此,宋代诗人杨备写过一首《长桥》诗,专门用来歌咏此景:"渔市花村夹酒楼,闪光凝碧水光浮。松陵雨过船中望,一道青虹两岸头。"④这写的是垂虹桥边的美景,果然是美不胜收。

在唐宋诗文中,有关吴淞江的描述,绝大多数是称其为松江的。比如唐朝诗人杜牧的《泊松江》、皮日休的《松江早春》、许浑的《泊松江渡》、陆龟蒙的《和袭美松江早春》等,宋代诗人章宪的《晚泊松江》和《松江谒王文孺令宰》、蒋堂的《游松江》、王禹偁的《松江亭》,等等,不胜枚举。

也有个别将松江称为吴松江的,比如唐朝诗人宋之问的《夜渡吴松江怀古》,宋朝诗人梅尧臣的《忆吴松江晚泊》、王禹偁的《泛吴松江》等,都是将"松江"称为"吴松江"来进行吟咏的,也就是吴地的松江的意思。也有个别将吴淞江称为吴江的,比如唐朝诗人宋之问的《渡吴江别王长史》,宋代诗人杨备的《吴江》诗,等等。但这两种称谓在所有的唐宋诗文中是个别现象。

而在宋代的水利专家的专著中,无论是丘与权的《至和唐记》,还是郏亶的水利书《六失六得》,抑或郏亶子郏侨的《水利书》、单锷的《吴中水利书》等著

---

① [宋]范成大撰,陆振岳校点:《吴郡志》,卷四十八,考证,江苏古籍出版社,1986年,第623页。
② [宋]范成大撰,陆振岳校点:《吴郡志》,卷四十八,考证,江苏古籍出版社,1986年,第625页。
③ [宋]范成大撰,陆振岳校点:《吴郡志》,卷十八,川,江苏古籍出版社,1986年,第252页。
④ [宋]范成大撰,陆振岳校点:《吴郡志》,卷十八,川,江苏古籍出版社,1986年,第256页。

作,都是称吴淞江为松江的。如丘与权在《至和塘记》中说:"……今深数尺,设闸者以限松江之潮势耳。"①明确指出古时在吴淞江的支流设闸是为了控制吴淞江的潮水。再如郑瑄在《六失六得》中,提到吴淞江的治理时是这样说的:"……倘不完复堤岸,驱低田之水尽入于松江,而使江流湍急。但恐数十年之后,松江愈塞。震泽之患,不止于苏州而已矣。"②指出了修复吴淞江的塘浦圩田的堤岸的重要性。而郑侨在《水利书》中提到吴淞江的淤塞现象严重时是这样说的:"震泽之大,几四万顷。导其水而入海,止三江尔。二江已不得见,今止松江,又复浅汗不得通泄,且复百姓便于己私,于松江古河之外,多开沟港。故上流日出之水,不能径入于海"③。原因是吴淞江入海口淤积严重,加上人为的破坏,使得吴淞江的入海水流越来越少,淤积越来越严重。单锷在《吴中水利书》中提及当时的吴淞江的水已经是接青龙江入海了,"太湖之水,流入松江,接青龙江东入于海"。④ 这说明当时的吴淞江下游已经淤塞得很严重了。

可见,古代文献史料中所谓的"松江鲈鱼"指的是吴淞江中的四鳃鲈鱼。

### 吴淞江四鳃鲈鱼的名声是怎么来的?

吴淞江四鳃鲈鱼之所以这么有名,源于它的一个典故——"莼鲈之思"。莼鲈之思的发明者是西晋时期的张翰。古代吴郡地区有顾、陆、朱、张四大姓,概括为"顾厚""陆忠""朱武""张文",其中,张翰善属文,文名远扬。张翰在阊门游玩时结识了会稽名士贺循,就随贺循去洛阳做官,任当时的执政、齐王司马冏的东曹掾之职。

张翰画像

时间过得很快,马上就要入秋了。一天,张翰在衙门里办公,望见窗外秋风起,就想到老家的应季美食"菰菜、莼羹和鲈鱼鲙"应该要上市了,于是他推案而起,感叹道,人活着主要是要适意,顺应自己的性情志向,怎么可以为

---

① [宋]范成大撰,陆振岳校点:《吴郡志》,卷十九,水利上,江苏古籍出版社,1986年,第261页。
② [宋]范成大撰,陆振岳校点:《吴郡志》,卷十九,水利上,江苏古籍出版社,1986年,第269页。
③ [宋]范成大撰,陆振岳校点:《吴郡志》,卷十九,水利下,江苏古籍出版社,1986年,第282页。
④ [宋]范成大撰,陆振岳校点:《吴郡志》,卷十九,水利下,江苏古籍出版社,1986年,第285页。

了功名而跑到几千里外去做官呢？发了这个千古传扬的感叹后，张翰马上向上级打辞职报告，然后也不管上面批不批准，就自说自话地卷铺盖回老家了，还写诗"言志"，诗是这样写的："秋风起兮木叶飞，吴江水兮鲈正肥。三千里兮家未归，恨难禁兮仰天悲。"张翰辞官回家后不久，齐王司马冏就被河间王司马颙、长沙王司马乂假托皇帝命令推翻（诬其犯有谋反罪。），并被诛灭三族。接着就是长期的"八王之乱"。这段历史我们在中学教科书上都学到过，此处就不再赘述。总之，张翰借托对家乡的"莼鲈之思"而躲过了"八王之乱"，于是大家都称赞张翰未卜先知，是个见微知著的智者。而张翰则豁达地称："且乐生前一杯酒，何须身后千载名？"

由此，张翰发明的"莼鲈之思"闻名于世，在经过千百年的文化积淀后，成为中国传统知识分子的"文化乡愁"。

## 吴淞江四鳃鲈鱼成为中国传统知识分子的"文化乡愁"

自从晋代苏州人张翰因见秋风起而思家乡"菰菜、莼羹和鲈鱼鲙"而辞官回乡隐居，发明莼鲈之思后，松江鲈鱼就受到历代文人墨客的青睐和追捧，历朝历代吟咏松江鲈鱼的诗句层出不穷，比如唐朝诗人白居易的"犹有鲈鱼莼菜兴，来春或拟往江东"；元稹的"莼菜银丝嫩，鲈鱼雪片肥"；皮日休的"雨来莼菜流船滑，春后鲈鱼坠钓肥""宴时不辍琅书味，斋日难判玉鲙香"；陆龟蒙的"张翰深心怕祸机，不缘菰脆与鲈肥"；等等。宋朝的相关诗句有张怀的"鲈鱼未得乘归兴，鸥鸟唯应信此心"；梅尧臣的"吴江下有鲈，鲈肥鲙堪切"；郭祥正的"盛倾绿酒鲙肥鲈，承诏还从大梁去""鲈鱼秋正熟，云泉味尤美"；程俱的"秋鲈正与莼丝美，夜鹤休惊蕙帐空"；王禹偁的"莼菜鲈鱼好时节，晚风斜日旧烟光""张翰精灵应笑我，绿袍依旧惹埃尘"；陈尧佐的"便舟系岸不忍去，秋风斜日鲈鱼乡"；陶弼的"江上往来人，但爱鲈鱼美。君看一叶舟，出没风波里"（后人都将此诗的作者误作范仲淹。）；苏东坡的"金橙纵复里人知，不见鲈鱼价自低。须是松江烟雨里，小船烧韭捣香齑""不须更说知机早，直为鲈鱼也自贤"。在众所周知的《赤壁赋》中，苏东坡也提到了松江鲈鱼，"……举网得之，巨口细鳞，状如松江之鲈"；米芾的"断云一片洞庭帆，玉破鲈鱼霜破柑"；陆游的"胜地营居触事奇，酒甘泉滑鲈鱼肥""今年菰菜尝新晚，正与鲈鱼一并来"；张先的"春后银鱼霜下鲈，远人曾到合思吴"；范成大的"西风吹上四腮鲈，雪松酥腻千丝缕"；杨万里的"鲈出鲈乡芦叶前，垂虹亭上不论钱。买来玉尺如何短？铸出银梭直是圆。白质黑章三四点，细鳞巨口一双鲜。秋风想见真风味，只是春风已迥然"；而南宋词人辛弃疾的词中所提及的松江鲈鱼之事也是家喻户晓的，"……休说鲈鱼堪鲙,尽西风,季鹰归未";明代的高启也有相关的诗句,如"独上鲈乡亭,秋风罔浦生。载诵黄花句,遥思张步兵";唐伯虎的"鲈鱼味老春醪浅,放箸金盘不觉空"……

近两千年的文化积淀,成就了松江鲈鱼的美名,使它成为一条文化之鱼,一条寄托着中国传统知识分子"乡愁"的文化之鱼,一条形象体现了中国传统知识分子"出仕""入仕"智慧的文化之鱼,一条深刻阐述了中国传统文化中"达则兼济天下,穷则独善其身""邦有道,则仕;邦无道,则可卷而怀之"的哲学思想的文化之鱼。于是,千百年来,松江鲈鱼就成了中国传统知识分子铭于灵魂深处的永远的文化"乡愁"了。

## 吴淞江四鳃鲈鱼的变迁

### (一)洄游区域的变迁

范成大在《吴郡志》里说"江(吴淞江)鲈四鳃,湖(太湖)鲈三鳃"①,他还说吴淞江里的四鳃鲈鱼"尤宜鲙。洁白松软,又不腥,在诸鱼之上"②。而三鳃鲈鱼的味道就不如四鳃鲈鱼。那么,就是说在宋朝时期,吴淞江里的鲈鱼都是四鳃鲈鱼,而太湖里的鲈鱼则是三鳃鲈鱼。

而到了明朝正德年间,方志上有关吴淞江里的四鳃鲈鱼的记载又有了变化,"出吴江长桥者味美,肉紧,缕而为鲙,经日不便。出桥北者三鳃,味咸,肉慢"③。"吴江长桥",就是历史上有名的垂虹桥,也就是说在范成大的南宋,吴淞江里随处可见四鳃鲈鱼,而到了明朝正德年间,四鳃鲈鱼只有在吴淞江的垂虹桥的南面才有了,而过了垂虹桥往北的吴淞江里则只有三鳃鲈鱼,这个变化很明显,但也很蹊跷——因为垂虹桥是南北走向跨在吴淞江上的,应该说桥东、桥西的区别,怎么会是桥南、桥北的区别呢?搞不懂,也许撰书者搞错了。

再看看清代,《同治苏州府志》中关于四鳃鲈鱼有这样的记载:"鲈鱼之名出吴江者最著,元·郭鄸诗所谓:'劝君听说吴江鲈,除却吴江天下无',是也。……今四鳃鲈盛于松江府,……"④就是说在清朝,吴淞江里的四鳃鲈鱼主要是在上海市的松江县段了,于是历史上的吴淞江四鳃鲈鱼就成为名副其实的

---

① [宋]范成大撰,陆振岳校点:《吴郡志》,卷二十九,土物,江苏古籍出版社,1986年,第431页。
② [宋]范成大撰,陆振岳校点:《吴郡志》,卷二十九,土物,江苏古籍出版社,1986年,第431页。
③ [明]王鏊,等编纂:《天一阁藏明代方志选刊续编》,一一,《正德姑苏志》,卷第十四,土产,鳞之属,上海书店,1982年,第947页。
④ [清]冯桂芬纂,[清]谭钧培、李铭皖修:《日本藏中国罕见地方志丛刊》之《同治苏州府志》,卷二十,物产,鳞之属,书目文献出版社,1990年,第484-485页。

"松江鲈鱼"了。而在之前一直是集中在太湖和吴淞江的交汇处的,无论是垂虹桥下,还是吴江塘路的石坝的石缝里。这个变化很特别,也可以说是根本性的变化。

那么宋朝范成大所记载的松江鲈鱼和明朝王鏊所记载的松江鲈鱼及清朝方志所记载的松江鲈鱼是不是同一类四鳃鲈鱼呢?要弄明白这个问题,我们先来看看古代不同时期吴淞江四鳃鲈鱼的体型大小有什么不同。

## (二)体型大小的变迁

从《后汉书·方术》之《左慈传》中,我们了解到魔术师左慈在大司空曹操的宴席上即兴表演的、在盛有水的铜盘里钓到的吴淞江四鳃鲈鱼都是三尺以上的,书中关于此次即兴表演的描述很精彩:"公笑顾众宾曰:'今日高会,珍馐略备,所少者,吴松江鲈鱼为脍。'放(左慈字元放。)于下坐应曰:'此易得耳。'因求铜盘,贮水,以竹竿饵钓于盘中。须臾,引一鲈鱼出。公大拊掌,会者皆惊。公曰:'一鱼不周坐客,得两为佳。'放乃复饵钓之。须臾,引出,皆长三尺余,生鲜可爱。"[①]可见,在汉朝时,吴淞江四鳃鲈鱼就已有名了,比那个发明"莼鲈之思"的晋代的张翰还要早。而且那时的吴淞江四鳃鲈鱼的个头都很大,动辄三尺来长。虽然古代的尺寸比现在的要小一些,三国时的一尺相当于现在的23.6厘米。但即使这样,三尺来长的鲈鱼在现在也要两尺多长了,这个个头是相当惊人的。

**曹操以松江鲈鱼宴宾客**

---

① [西汉]司马迁,等著:《二十五史精华》,《后汉书》,方术,左慈传,岳麓书社,1989年,第439页。

再来看看唐宋时期的吴淞江四鳃鲈鱼的个头有多大。对此,在吴淞江隐居的陆龟蒙曾写有这样的诗:"今朝有客卖鲈鲂,手提见我长于尺。呼儿春取红莲米,轻重相当加十倍。"①有幸买到尺来长的鲈鱼,陆龟蒙的喜悦心情溢于字里行间。说明在唐宋时期,吴淞江里还有尺来长(唐代的一尺相当于现在的32厘米)的四腮鲈鱼。

而在元明清时期,笔者翻阅了大量的方志史料,都没发现有关于吴淞江四鳃鲈鱼体型大小的明确记载。后来在复旦大学历史地理研究中心教授王建革的相关文章中找到了记载,王教授认为明清以后只有三四寸长(约10厘米)的小鲈鱼不是历史上吴淞江所独有的大号四鳃鲈鱼,而是在全国许多水域都有分布的"菜花差味小鲈鱼"。按照王教授的说法,明朝以后,历史上大名鼎鼎的吴淞江四鳃鲈鱼就已经绝迹了。那么,是什么原因造成的呢?

### 四鳃鲈鱼缘何在吴淞江绝迹?

要解释清楚这个问题很难,因为涉及诸多因素。笔者简要阐述一二。

#### (一)洄游的主干道被阻断

从资料图上,我们可以发现吴淞江在宋元以前的走向是这样的:从吴江、吴县、长洲、昆山、嘉定、青龙江东直接入海。这样的路程比较短,那时江面比较开阔,《松江旧志》上称最宽处有二十里,最窄处有二里,三江口宽达九里,这样宽阔的江面加上上游进入江里的清水丰沛,使得整条吴淞江一直浩浩荡荡,很少有泥沙淤积,整条主干道畅通无比,也就是说在宋元以前,吴淞江大号四鳃鲈鱼的洄游通道是畅通无阻的。

那么,那种特别的大号四鳃鲈鱼为什么喜欢在吴淞江里洄游呢?主要是因为那时吴淞江流域的清水环境非常好,适合其洄游。当然,这也与该类鲈鱼的特性有关,据科普资料介绍:松江鲈鱼是一种降海洄游型鱼类,产卵场在潮间带,产卵期为二月中旬至三月中旬,一般雄鱼先达产卵场,钻入牡蛎壳堆成的洞穴中,等待雌鱼前来产卵。繁殖后雌鱼离去,至近岸索饵;雄鱼护卵,需要在洞穴中逗留一段时间再到近岸索饵。而吴淞江外口与冈身外围地带都是由大量的贝壳和海沙堆积而成的,对那种大号四鳃鲈鱼来说,就是个良好的产卵环境。

吴淞江主干道非常宽阔,水量也一直很丰沛,而中段更是一片宽泛的水域,那里有丰富的大号四鳃鲈鱼喜欢的饵料,能够充分满足该类鲈鱼生长、繁殖的

---

① [唐]陆龟蒙撰,王立群,宋景昌点校:《甫里先生文集》,卷之十七,食鱼,河南大学出版社,1996年,第283页。

需要。

唐朝到钱氏吴越国时期,吴淞江流域的水利建设既完善又周全,塘浦圩田体系成熟,各支流都有堰闸设施,保障了吴淞江流域少有水旱灾害。按照宋代水利专家郏侨的说法是"其来源去委,悉有堤防、堰闸之制。旁分其支脉之流,不使溢聚,以为腹内田亩之患"①。所以能做到"钱氏百年间,岁多丰稔"②。到了北宋,吴江县城被吴淞江所分隔,百姓往来靠船只摆渡。于是,有人建议募款修桥,此后便修建了吴江长桥,就是垂虹桥。宋代有很多诗人都吟诵过此桥,比如郑毅夫的《吴江桥》诗是这样写的:"三百阑干锁画桥,行人波上踏琼瑶。插天蝃蝀玉腰阔,跨海鲸鲵金背高。路直凿开元气白,影寒压破大江豪。此中自与银河接,不必仙槎八月潮。"③那时的垂虹桥是多么高大、宽阔、宏伟、壮观!这也说明了当时的吴淞江的江面还是比较开阔的,而且是木构桥,预设诸多桥孔让太湖水顺畅进入吴淞江,所以吴淞江里的水量是丰沛的,水流是顺畅的,因此在唐宋时期吴淞江里的四腮鲈鱼很多,而且还有尺来长的大鲈鱼,它们可以很顺畅地洄游到太湖和吴淞江交汇处,并在此聚集。由此,可以推断唐宋时期,无论是方志史料还是文人诗句中所提及的吴淞江大号四鳃鲈鱼都是在那个区域的。

因为这种松江鲈鱼对吴淞江的水域条件敏感,所以非吴淞江水域的周边地区没有这种大号的四腮鲈鱼。那么,后来为什么情况发生了变化呢?很明显,松江鲈鱼的减少与其洄游通道被阻断有关,也与吴淞江的丰水环境和松江鲈鱼产卵环境的改变有关。

1. 吴淞江各支流完善健全的水利设施遭到毁灭性破坏

入宋以后,吴淞江流域各支流的水利设施遭到了毁灭性的破坏。对此,郏侨在《水利书》中也提到,他说:"盖由端拱中,转运使乔维岳不究堤岸、堰闸之制,与夫沟洫畎浍之利。姑务便于转漕舟楫,一切毁之。初则故道犹存,尚可寻绎。今则去古既久,莫知其利。营田之局,又谓闲司冗职,既已罢废。则堤防之法、疏决之理,无以考据,水害无已。"④宋初端拱年间(988—989),转运使乔维岳为了便于漕运,把宋以前吴淞江各支流完善而周全的水利设施全部毁坏,使吴淞江流域的河网失控。而后来的水利官员和水利部门等把自己的部门、职位看作可有可无、不重要的部门,根本就没有用心去做水利工作,所以,那些水利建设部门和水利官职很快都一概被废除掉了,"都水营田使"改为了"转运使"。

---

① [宋]范成大撰,陆振岳校点:《吴郡志》,卷十九,水利下,江苏古籍出版社,1986年,第278页。
② [宋]范成大撰,陆振岳校点:《吴郡志》,卷十九,水利下,江苏古籍出版社,1986年,第278页。
③ [宋]范成大撰,陆振岳校点:《吴郡志》,卷十七,桥梁,江苏古籍出版社,1986年,第246页。
④ [宋]范成大撰,陆振岳校点:《吴郡志》,卷十九,水利下,江苏古籍出版社,1986年,第278页。

从那以后,吴淞江流域的水旱灾害就开始多了起来,吴淞江流域的淤塞情况也不断严重起来了。

2. 吴江塘路和垂虹石桥的修建改变了吴淞江主干道的水势方向

宋庆历二年(1042)修建的吴江塘路(从平望到松陵),使得吴淞江上游口子急剧缩小,阻挡了大量的太湖清水进入吴淞江,使得清流与浑潮不能形成有效的水位差,导致清不抵浑,不能有效冲刷江里的泥沙和返潮海水所携带的海沙入海,使得大量泥沙首先在吴淞江下游淤积,然后在整个下游的各支流中淤积,并渐渐延及中游和上游,导致整个吴淞江流域淤积越来越严重,最后泄水不畅。

到了元代,用石筑塘路。垂虹桥及塘路上的木桥也都改为石桥,这样的做法更是造成了严重的危害:"吴江长桥,通长数十里。旧系木桥立柱,通彻湖水入江,由江入海。曩时非不能运石筑堤,盖因地之险,故作此数十里之桥,以泄湖水,冲激三江之潮淤也。今则垒石成堤,虽为坚固而桥门窄狭不能通彻湖水。前都水监于石堤下作小洞门一百五处出水,然水势既分,不能通泄,又被横唐占种菱荷障碍,难以冲激,随潮沙上,于是淤塞三江,致令水势转于东北,迤逦流入昆山塘处,由太仓刘家港一二处入海。此吴中所以多水患也。"①该危害就是使得太湖水进入吴淞江的水量大为减少,从而不能有效冲刷吴淞江下游泥沙入海,导致下游淤塞严重。在多雨季节,洪水常会在上、中游泛滥,致使上、中游常发生洪涝灾害。为了排泄上、中游的洪水,就疏浚吴淞江的支流河道把上、中游的洪水转入东北的昆山塘,由刘家港入海。也就是说,到了元代,吴淞江的泄洪主干道已经转向东北,早已被阻断了。

3. 吴淞江主干道转向、改道,阻断了四鳃鲈鱼的洄游通道

很明显,在元代,随着吴江塘路筑成石塘,在塘路开了 105 个出水孔,又将垂虹桥由木桥变为石桥,导致出水孔变窄,进而使得进入吴淞江的太湖水被分流减弱。同时,塘东又种了许多的蒿草、芦苇、荷藕,这些水生植物最大的功能就是固泥成土、成陆,成为吴淞江里的湖水冲激潮沙的障碍,于是导致吴淞江下游严重淤塞,使得吴淞江上、中游的水只能从东北由昆山塘转入刘家港出海,于是吴淞江的主干道就转向了东北。清代的王廷瑚也在《三江考》中描述了这种严重的淤塞情况:"金元之际,太仓东涨沙滩,渐成平陆数十里,而娄江有淤塞之叹;吴淞江中段又涨沙填满水道,反绕于淀湖、三泖以达黄埔。逮张士诚霸吴,见太湖水涨淹没田畴,发十万兵马疏浚白泖,分泄湖势。……明夏忠靖公原吉

---

① [清]顾沅辑:《吴郡文编》,卷二十四,水利二,上海古籍出版社,2011 年,第 284 - 285 页。

大兴水利于吴中,将太仓城西门外自北而南门,通刘家河以代娄江之水从刘河口以达长江,又疏吴淞江中段并一切支流,俾尹山、夹浦之水不必绕道,直达吴淞口。"①很明显,从元朝开始,吴淞江下游淤塞严重,兴修了许多水利,导致了吴淞江主干道的转向、改道,尤其是后来夏原吉"以黄代淞",更使得吴淞江成了黄浦江的支流,吴淞江河段虽然保存,但水流细微,且不直接入海,吴淞江大名鼎鼎的大号四鳃鲈鱼根本无法洄游;黄浦江段水流湍急,其出水口是长江,而不是东海,所以也难以洄游。于是大号四鳃鲈鱼在明代"以黄代淞"后就基本上在吴淞江绝迹了。

**(二)四鳃鲈鱼繁殖、生长所必需的饵料减少和消失**

吴淞江大号四鳃鲈鱼属于肉食类鱼类,其食物主要有原生动物、水生昆虫、底栖动物、虾类和鱼类等。在吴淞江流域江面宽阔、水量丰沛的时候,这些食物饵料比较多,尤其是在吴淞江中段最为丰富,吴淞江中段原本江面开阔,地势低平,水量充沛,适合四鳃鲈鱼饵料的大量繁殖和生长,因此使得在吴淞江洄游的大号四鳃鲈鱼有了丰富的饵料,从而利于鲈鱼的繁殖与成长。但是,前文已经提及,元朝以后吴淞江下游淤积加剧,元朝的水利官员和明初户部尚书夏原吉在治理吴淞江水患的过程中的一系列举措,改变了吴淞江中段一带的主干河流地位。吴淞江中段的主干河流地位失去后,就使得其江中清水不断减少,江面也不断变窄。从而使得四鳃鲈鱼的饵料不断减少,甚至消失,这也使得吴淞江大号四鳃鲈鱼失去了赖以繁殖、成长的食物,自然就渐渐绝迹了。

虽然清朝的《同治苏州府志》里有今四鳃鲈鱼盛于松江府的记载,但这个四鳃鲈鱼已经不是后汉时期动辄三尺来长的超级四鳃鲈鱼了,也已经不是唐宋诗文中动辄尺来长的大号四鳃鲈鱼了,而是只有三四寸长的小四鳃鲈鱼,是差味的,是在全国许多水域都有分布的小四鳃鲈鱼。而到了20世纪80年代,在吴淞江里,连这样的小四鳃鲈鱼也绝迹了,所以害得英国女王伊丽莎白二世没能吃到她垂涎已久的"尼克松鱼",只能抱憾而去。

从吴淞江四鳃鲈鱼的历史变迁,我们可以得出这样一个结论:如果在经济发展过程中,不能合理、科学、有效地做好生态环境的保护,那么必将会导致越来越多的像吴淞江四鳃鲈鱼这样的自然界的珍品的不断减少,甚至消失、绝迹。因此,环境保护应该引起我们每个人的关注和重视。

---

① [清]王锡祺辑:《小方壶斋舆地丛钞选》,古吴轩出版社,2005年,第70页。

## 第二节　菰之考

说起"菰"这个词,印象最深的恐怕就是与晋代张翰有关的出典了,"晋张翰字季鹰,为大司马东曹掾。因秋风起,思鲈鱼鲙,菰叶羹,遂罢官归"①。说的是张翰见秋风起,思念家乡的菰叶羹和鲈鱼鲙,就辞官归里了,躲过了"八王之乱"。后人视他为见机而作的楷模。

对此,范成大说得很明确:张翰思念的是两样菜——菰叶羹和鲈鱼鲙。鲈鱼鲙大家都知道,那么这个菰叶羹到底是什么东西呢?在说菰叶羹之前,先来探讨一下"菰"到底是一种什么植物。

### "菰"是蒿草,不是茭白

一般的书中都将"菰"解释为茭白,其实是错误的。吴淞江流域的人都称其为"蒿草",它的上部会抽穗扬花结籽,但其根部不会长出茭白。其结的籽古代称菰米,是六谷之一,那六谷就是"稌、黍、稷、粱、麦、菰",其中的"稌"是专指糯稻,"黍"是黄米,"稷"是指糜子,"粱"是高粱,"麦"指小麦,"菰"就是菰米。菰米在秦汉以前,是作为谷物种植的,当然是指在黄河流域。它还有别的名称,如雕胡、安胡、蒋实、蓬蔬,等等,"菰,蒋草也。江南呼为茭草,根久盘厚"②。就是说这种植物种得多,时间长了,其根会缠结在一起,从而使固定的淤泥越来越厚。在宋初,从大圩的聚集区分散到各处小圩居住的人们,为了多占水田,就在湖边、塘浦边,甚至是宽阔的吴淞江边大量种植这种蒿草,这种蒿草造陆固堤的作用非常大,于是就会形成越来越多的水田,进而使大量的湖泊、塘浦,甚至是吴淞江的水面被占为水田,导致这些湖泊、塘浦,甚至是吴淞江的淤塞越来越严重,从而成为造成宋代以来水害不断的主要原因之一。"权豪侵占,植以菰蒋、芦苇。"③所以这种植物和芦苇一样成为吴淞江流域最常见的,也是最显著的水生植物之一。很明显,在宋朝以前的古代,吴淞江流域的百姓种植"菰",是为了把水面改造成水田,把公共资源变成私产,而不是为了收获茭白。也因此很明显,这个"菰"是蒿草,而不是茭白。

---

① [宋]范成大撰,陆振岳校点:《吴郡志》,卷二十九,土物,江苏古籍出版社,1986年,第431页。
② [宋]罗愿撰,石云孙点校:《尔雅翼》,卷六,黄山书社,1991年,第63页。
③ [宋]范成大撰,陆振岳校点:《吴郡志》,卷十九,水利下,江苏古籍出版社,1986年,第279页。

菰

## 是"菰米羹",而不是"菰叶羹"

范成大说张翰因思念家乡的"菰叶羹"和"鲈鱼鲙"而辞官回乡,其实这种说法是不正确的,"菰叶"是不能做羹的,这是很明显的道理,蒿草叶纤维很粗,页面很毛糙,晒干了又硬又脆,用这个来做羹,肯定是不能入口的。而"菰米羹"是自古就有的:"利五脏,杂鲤为羹。《吕氏春秋》曰:'菜之美者,越骆之菌,则古者重之久矣。"①李时珍也在《本草纲目》中说:"菰生水中,叶如蒲苇。其苗有茎梗者,谓之菰蒋草。至秋结实,乃雕胡米也。古人以为美馔。"②

那么这种"菰米羹"到底有多好吃呢?对此,清代有个叫施㻞的苏州人写过这样的《菰米》诗:"无烦耕耨力,独秀晚秋天。波冷飘香远,霜清绽粒圆。撷来光自润,炊出味尤鲜。始信仙家饭,何曾不火烟?"③可见,味鲜、香糯、滑爽是其主要特征。

---

① [宋]罗愿撰,石云孙点校:《尔雅翼》,卷六,黄山书社,1991年,第63页。
② [明]李时珍著,王育杰整理:《本草纲目》,谷部,第二十三卷,菰米,人民卫生出版社,1999年,第1216页。
③ [清]金友理撰,薛正兴校点:《太湖备考》,卷十一,集诗(二),江苏古籍出版社,1998年,第455页。

菰米

《本草纲目》中说菰米"性寒,味甘",有些体质的人是不适合食用的。唐代以后,这种菰米就渐渐退出了人们的食用范畴,而只是作为药用,"有利尿、止渴、解酒毒、压丹石、调肠胃、解烦热等功效"①。

## 苏州"葑门"之名与"菰"有关

虽然一些资料上把苏州"葑门"之名的由来罗列了好几种说法,但都没有说到点子上。在很早以前,苏州古城的东部(就是现在的娄葑、斜塘、车坊、郭巷一带)是一片沼泽地,人们在开发这些沼泽地时,种植了大量的"菰草",何超《晋书音义》卷下引《珠丛》:"菰草丛生,其根盘结,名曰葑。"②说得很清楚,"葑"就是指菰草丛生,盘根错节。这种广泛种植的"菰草"时间长了,会形成活动式的水田——"葑田",南宋时蔡宽夫《诗话》中提到过这种活动式葑田,"吴中陂湖间,茭蒲所积,岁久,根为水所冲荡,不复与土相着,遂浮水面,动辄数十丈,厚亦数尺,遂可施种植耕凿,人据其上,如木筏然。可撑以往来。所谓葑田是也"③。

这样的葑田既有自然的,也有人工的,就是所谓的"架田";当地的百姓把"菰草"固定的淤泥铺在木板上,用这种木板搭成田架子,就可以在上面种植庄稼,这就是吴淞江流域特有的"葑田"。

---

① 赵永良,蔡增基主编:《江南风俗志》(三),衣食住行·饮食,南海出版公司,2002 年,第 296 页。
② 赵永良,蔡增基主编:《江南风俗志》(二),生产职业·葑田,南海出版公司,2002 年,第 117 页。
③ [宋]蔡启撰,郭绍虞辑:《蔡宽夫诗话》,第三部分,五五,葑田,中华书局,1980 年,第 13 页。

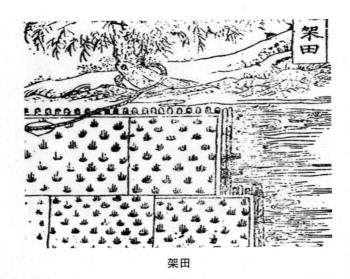

架田

古代描述这种葑田的诗文还是蛮多的,比如江南诗人周端臣的《早冬湖上》有:"晴湖水落葑田干,白鸟飞来立晚寒。杨柳不知秋已远,尚摇疏翠拂栏杆。"①叶绍翁的咏鹭诗中有:"无事时来立葑田,几回惊去为归船。霜姿不特他人爱,照影沧波亦自怜。"②等等。这种鸟儿立在葑田上的场景,是当时吴淞江流域的一个独特景观。

苏州东门外大片沼泽地被大量种植菰草,形成葑田,所以,专家认为:"苏州城东门外水面广阔,旧时曾是葑田盛行之处所,至今,城之东门为葑门,郊区名娄葑乡也。"③

很明显,苏州的"葑门"之名与"菰"有非常密切的关系。

## 第三节 唐宋诗文中吴淞江流域景观之变化

唐中前期几乎很少有写江南(特指江南东道的区域)的诗歌。"安史之乱"后,北方大批人口南迁到江南地区,使得江南得到了更有效的开发,并逐渐取代关中,成为朝廷的赋税重地。也因此,吴淞江流域的水景和田野景观丰富起来,这在好多诗人的诗文中都得到体现。

---

① [宋]陈起:《江湖后集》,卷三,周端臣《早冬湖上》,清文渊阁四库全书本,第145页。
② [宋]陈起:《江湖后集》,卷十,叶绍翁《靖逸小集》,鹭,清文渊阁四库全书本,第373—374页。
③ 赵永良,蔡增基主编:《江南风俗志》(二),生产职业,葑田,南海出版公司,2002年,第117页。

## 晚唐时吴淞江流域景观

看白居易(时任杭州刺史)的诗,吴淞江流域的水景就比较多了,比如"长洲草接松江岸,曲水花连镜湖口"。还有"西溪风生竹森森,南潭萍开水沉沉。丛翠万竿湘岸色,空碧一泊松江心。浦派萦回误远近,桥岛向背迷窥临。澄澜方丈若万顷,倒影咫尺如千寻"。① 诗歌反映出那时的吴淞江畔茂密的野草,弯曲的河流边的野花,湖面上开花的绿萍,山里溪流边广袤的竹林。在吴淞江游览,诗人一不小心,就会误入周围的塘浦之中,这些塘浦也是弯弯曲曲的。船在塘浦里行,一会儿看见一座桥,一会儿经过一个岛(吴淞江里的沙洲)。登上高大、宽阔的圩岸,就可以眺望万顷良田。自然景观显得丰富多彩。在《松江亭携乐观鱼》诗中,白居易说:"震泽平芜岸,松江落叶波。"② 这两句诗表明,当时吴淞江的江面很宽阔,江边长满了野草,江岸上栽种了很多树。

### (一)动植物景观丰富,水景优美

在描写吴淞江流域景观的唐诗中,我们发现有很多的动植物,植物中,柳树居多,因植柳可以固堤。随着越来越多的北方移民来到此地,北方移民经营河流的理念和固堤的技术,推动了柳岸的形成。崔融有诗说:"洛渚问吴潮,吴门想洛桥。夕烟杨柳岸,春水木兰桡。"③ 白居易也写有这样的诗:"曾栽杨柳江南岸,一别江南两度春。遥忆轻轻江岸上,不知攀折是何人。""金谷园中黄衮娜,曲江亭畔碧婆娑。老来处处游行篇,不似苏州柳最多。"④ 白居易做过苏州的刺史,也当过杭州的刺史,但是他在诗中说苏州的柳树最多,为什么呢?这是因为当时吴淞江流域的大圩田大多是在苏州行政区划内的,吴淞江沿岸和塘浦圩岸上都种满了柳树,所以苏州的柳树最多。

薛据的《泊震泽口》:"日落草木阴,舟徒泊江汜。苍茫万象开,合沓闻风水。洄沿值渔翁,窈窕逢樵子。云开天宇静,月明照万里。早鹰湖上飞,晨钟海岐起。"⑤ 说明当时吴淞江流域的树已经很多,其景观也是很壮丽了。

---

① [唐]白居易著,朱金城笺注:《白居易集笺校》,卷二十三,苏州李中丞以元日郡斋感怀寄微之及予,辄依来篇七言八韵走笔奉答兼呈微之,上海古籍出版社,2008年,第1538页;卷三十,池上作,第2075页。
② [宋]范成大撰,陆振岳校点:《吴郡志》,卷十八,川,江苏古籍出版社,1986年,第257页。
③ 宋明哲编著:《近体唐诗类苑》,上册,[唐]崔融《吴中好风景》,中国书籍出版社,2018年,第90页。
④ [唐]白居易著,朱金城笺注:《白居易集笺校》,卷二十三,新春江次;卷二十四,苏州柳,上海古籍出版社,2008年,第1220、1662页。
⑤ [宋]范成大撰,陆振岳校点:《吴郡志》,卷十八,川,江苏古籍出版社,1986年,第254页。

张籍在诗歌《江南曲》中还提到了橘树、白苎、竹子等:"江南人家多橘树,吴姬舟上织白苎。土地卑湿饶虫蛇,连木为牌入江住。"①他在另一首诗中也提到了竹子:"渔家在江口,潮水入柴扉。行客欲投宿,主人犹未归。竹深村路远,月出钓船稀。溪尽寻沙岸,风吹动草衣。"②

除了橘树、柳树、枫树以外,还有梅树和桃李等,白居易的诗中有:"池边新种七枝梅,欲到花时点检来。莫怕长洲桃李妒,今年好为使君开。"③孟郊也在诗中提到了菖蒲、菱角和莲子等野生植物:"池中春蒲叶如带,紫菱成角莲子大。"④

菱荡

说起吟咏过吴淞江的晚唐诗人,有一位不得不提,那就是陆龟蒙。当时陆龟蒙在吴淞江边的一块沙洲上隐居,那里不属于大圩环境,是没有开发的私人

---

① 马茂元选注:《唐诗选》,下册,[唐]张籍《张司业诗集》,卷一,江南曲,上海古籍出版社,2017年,第597页。

② [唐]张籍撰,徐礼节,余恕诚校注:《张籍集系年校注》,卷二,夜到渔家,中华书局,2011年,第165-166页。

③ [唐]白居易著,朱金城笺注:《白居易集笺校》,卷二十四,新栽梅,上海古籍出版社,2008年,第1647页。

④ [唐]孟郊著,华忱之,喻学才校注:《孟郊诗集校注》,卷一,临池曲,人民文学出版社,1995年,第42页。

性质的领地,没有大圩田的良好、完整的塘浦体系来泄洪排涝、固堤护田,所以条件很简陋,"病身兼稚子,田舍劣相容。迹共公卿绝,贫须稼穑供。月方行到闰,霜始近来浓。树少栖禽杂,村孤守犬重。汀洲藏晚弋,篱落露寒舂"。"今来观刈获,乃在松江并。门外两潮过,波澜光荡漾。都缘新卜筑,是事皆草创。"①陆龟蒙眼中的吴淞江景观是丰富多彩的,他的诗中有大量的有关吴淞江的景观描述,在《和袭美松江早春》中就写到了吴淞江边的柳树、渔翁和水鸟等景观,"柳下江餐待好风,暂时还得狎渔翁。一生无事烟波足,唯有沙边水勃公"②。还有枫叶,陆龟蒙也有诗:"江霜严兮枫叶丹,潮声高兮墟落寒。"③就是说秋天农田潮灌之时,也是江边枫叶红了的时候。还有"三泖凉波渔簖动,五茸春草雉媒娇。云藏夜寺分金刹,月在江楼倚玉箫"④,描写了吴淞江支流东江下游三泖湖地区的那种开阔、宏大的景观,极有韵致。

吴淞江景观中的动物除了"水勃公"(水鸟)外,自然还有鲈鱼、鸥鸟,"鲈鱼谁与伴,鸥鸟自成群。反照纵横水,斜空断续云"⑤。

许浑在诗中也提到了鲈鱼:"水晚云秋山不穷,自疑身在画屏中。孤舟移櫂一江月,高阁卷帘千树风。窗下覆棋残局在,橘边沽酒半坛空。早炊香稻待鲈鲙,南渚未明寻钓翁。"⑥描写了作者一叶孤舟游吴淞江时的经历,三江赏月,水晚云秋,千树临风,窗下棋局,橘边沽酒,香稻鲈鲙,此时的江岸风景如在画屏中。

也有关于农作物的描述,比如麦子。早期太湖流域的圩田开发集中在低地,特别是低地与高地之间的浅水地带,大量的休耕旱地为小麦种植提供了机会。一些地方的小麦特别多,以至江南的下田景观为之改变。白居易辞别苏州时,写有这样的诗句:"朝与府吏别,暮与州民辞。去年到郡时,麦穗黄离离。今年去郡日,稻花白霏霏。为郡已周岁,半岁罹旱饥。"⑦那时,吴淞江流域已经种麦很普遍了。

---

① [唐]陆龟蒙撰,王立群,宋景昌点校:《甫里先生文集》,卷之三,江野言怀,纪事,河南大学出版社,1996年,第35-39页。
② [宋]范成大撰,陆振岳校点:《吴郡志》,卷十八,川,江苏古籍出版社,1986年,第255页。
③ [唐]陆龟蒙撰,王立群,宋景昌点校:《甫里先生文集》,卷之十六,迎潮,河南大学出版社,1996年,第291页。
④ [宋]范成大撰,陆振岳校点:《吴郡志》,卷四十九,杂咏,江苏古籍出版社,1986年,第639-640页。
⑤ 宋明哲编著:《近体唐诗类苑》,上册,张贲《旅泊吴门》,中国书籍出版社,2018年,第133页。
⑥ 宋明哲编著:《近体唐诗类苑》,上册,许浑《夜归驿楼》,中国书籍出版社,2018年,第162页。
⑦ [唐]白居易著,朱金城笺注:《白居易集笺校》,答刘禹锡白太守行,上海古籍出版社,2008年,第1433页。

这个季节不仅有麦景,还有忙碌的燕子和蜜蜂。"四月一日天,花稀叶阴薄。泥新燕影忙,蜜熟蜂声乐。麦风低冉冉,稻水平漠漠。芳节或蹉跎,游心稍牢落。春华信为美,夏景亦为恶。"①

### (二) 也有田间劳作和游玩的描写

张籍《江村行》:"南塘水深芦笋齐,下田种稻不作畦。耕场磷磷在水底,短衣半染芦中泥。田头刈莎结为屋,归来系牛还独宿。水淹手足尽有疮,山虻绕身飞飓飓。桑村椹黑蚕再眠,妇姑采桑不饷田。江南热旱天气毒,雨中移秧颜色鲜。"②诗中描写,吴淞江流域的农田劳作很辛苦,因为都是水田,往往是一身泥水,手脚上都长了疮,还有各种虫蛇的侵扰。也有劳作时的人与人之间的真情流露:"妾住东湖下,郎居南浦边。闲临烟水望,认得采菱船。"③一个住在东湖下的采菱的女子思念住在南浦边的情人。在吴淞江上,由于江宽水阔,渔船渔网特别多,上文薛据的诗中就有"沿泊值渔翁,窈窕逢樵子"。晚年白居易回忆时有诗句"水面排罾网,船头簇绮罗""鳞差渔户舍,绮错稻田沟"④这"稻田沟",其实就是塘浦河道。真是有江湖的地方就有渔户,有水的地方就有渔具。

而白居易在《吴中好风景》中写了出游的场景:"吴中好风景,八月如三月。水荇叶仍香,木莲花未歇。海天微雨散,江郭纤埃灭。暑退衣服干,潮生船舫活。两衙渐多暇,亭午初无热。骑吏语使君,正是游时节。"⑤八月的吴淞江景色迷人,水草花散发着香气,木莲花开得正艳。江海相连处,一场小雨刚停,江边的村庄被雨一洗,显得明亮而洁净。出外游玩的多了,江湖里游船的生意也多了,更忙乎起来。衙门里空闲的时间也多了,骑吏提醒使君:现在正是出游的好时节。

再来看看皮日休的《吴中书事寄汉南裴尚书》诗:"万家无事锁兰桡,乡味腥多厌紫蕞。水似棋文交度郭,柳如行障俨遮桥。青梅蒂重初迎雨,白鸟群高

---

① [唐]白居易著,朱金城笺注:《白居易集笺校》,卷二十一,和微之四月一日作,上海古籍出版社,2008年,第1430页。

② [唐]张籍撰,徐礼节,余恕诚点校:《张籍集系年校注》,《张司业诗集》,卷七,拾遗,江村行,中华书局,2016年,第815页。

③ [唐]陆龟蒙撰,王立群,宋景昌点校:《甫里先生文集》,卷之七,南塘曲,河南大学出版社,1996年,第83页。

④ [唐]白居易著,朱金城笺注:《白居易集笺校》,卷二十四,城上夜宴;《松江亭上携乐观鱼宴宿》,卷二十七,想东游五十韵,上海古籍出版社,2008年,第1666、1681页。

⑤ [唐]白居易著,朱金城笺注:《白居易集笺校》,卷二十一,吴中好风景(二首),上海古籍出版社,2008年,第1431页。

欲避潮。唯望旧知怜此意,得为伧鬼也逍遥。"①诗中形象地描写了吴淞江流域的环境是像棋盘一样的纵横交错的水系,分布着一些村郭,岸上成行的柳树中隐隐约约可以看到一座座桥梁。雨后的青梅花蕾更加悦目,一群群白鸟高高飞起,显然是在躲避吴淞江的潮水。江边的村民饮食中的腥味多(因为水产丰富),喜欢用蒜头(就是现在的芥蓝,有去腥的作用)去腥,在家无事,船和桨都锁起来了。这样的吴淞江流域的景观已经是很丰富、很精彩了。

### (三) 还有关于草市的描述

由于水环境的丰富,圩田区尽管以农为主,但渔业也很发达,各种水产也多,于是就有了交易,从而出现了商品经济,进而在交通便利的塘浦河道中产生了集市。这种集市在张籍的《江南曲》中已有提及:"江村亥日长为市,落帆渡桥来浦里。青莎覆城竹为屋,无井家家饮潮水。长江午日酤春酒,高高酒旗悬江口。倡楼两岸悬水栅,夜唱竹枝留北客。江南风土欢乐多,悠悠处处尽经过。"②诗人给我们呈现的这个集市是这样的:该集市为"亥日"集市,也就是六日一集的集市,地点是在吴淞江江边的村子里。集市上有酒店,酒店一般开在江口,酒旗高悬,比较醒目。集市里还有倡楼,在塘浦的两岸,倡楼外设有水栅,倡女唱《竹枝词》招揽北方的游客。

陆龟蒙的诗中对此也有体现:"秋来频上向吴亭,每上思归意剩生。废苑池台烟里色,夜村蓑笠雨中声。汀州月下菱船疾,杨柳风高酒旆轻。君住松江多少日,为尝鲈鲙与莼羹。"③江边有亭,有酒旗,自然有酒店,这也自然是集市里的酒店,在酒店里可以品尝吴淞江最著名的鲈鱼鲙、莼菜羹,还可以划着菱船去采菱。

这些集市不断发展,规模不断扩大,后来就成了一个个市镇,这些市镇有的就成了现如今著名的江南水乡古镇。

从前文的剖析中,我们可以发现,晚唐诗人在描写吴淞江流域的景观时,都是写得很大气、很宏伟的;多是粗线条的,很少注重细节;也很少有情感的昄显宣泄。这也是当时吴淞江流域所呈现出的景观本身是壮观的、宏大的、气势不凡的缘故。到了晚唐,吴淞江流域的塘浦圩田体系已经形成棋盘化、网格化的格局,正如皮日休诗中所说的"水似棋文交度郭,柳如行障俨遮桥"。那些塘浦

---

① [宋]范成大撰,陆振岳校点:《吴郡志》,卷四十九,杂咏,江苏古籍出版社,1986年,第639页。
② 马茂元选注:《唐诗选》,下册,张籍《江南曲》,上海古籍出版社,2017年,第597页。
③ [唐]陆龟蒙撰,王立群,宋景昌点校:《甫里先生文集》,卷八,润州送人往长洲,河南大学出版社,1996年,第133页。

都是宽阔、深广的,河面有十几丈,甚至是几十丈阔,几丈深;而圩田的圩岸也都是高大、宽阔的;那些圩田都是大圩田,每个圩田都像一座方城,有几百甚至是几千顷(古代1顷相当于现在的100亩。)的良田。诗人看到如此规模的塘浦圩田,加上那条江面最宽处有20里宽的奔腾到海的吴淞江;看到这种塘浦圩田里的各种动、植物景观,看到这种环境里的所有壮美、富饶、宁静的田园美景,自然会激发出他们的豪迈诗情,从而会留下一首首讴歌吴淞江的华美诗篇。

## 两宋时吴淞江流域景观

而到了宋代,原来集中居住在大圩田里的人逐渐从圩田中央向塘浦堤岸及各个面积不一的汀州、沙洲转移、分散,形成小众的、私人化的,甚至是个体的聚集地,原来的塘浦圩田体系不断遭到破坏,代之而成的是小圩泾浜体系,这种体系显示出越来越小农化和分散化的特征,从而也因之改变了吴淞江流域的水景和田野景观,也使得吟咏它们的诗文的内容和风格发生了本质的变化。宋代关于苏州城到吴江松陵的水路景观描写有这样的诗句:"东出盘门刮眼明,潇潇疏雨更阴晴。绿杨白鹭俱自得,近水远山皆有情。万物盛衰天意在,一身羁苦俗人轻。无穷好景无缘住,旅棹区区暮亦行。"①在诗人苏子美看来,吴淞江沿岸的风景很美,而且好像都对他饱含感情。但是对于这样的美景,诗人自叹命苦,不是有缘人,不能居住在这样的美景中,因为自己是个苦命的旅人,即使天黑了,也要赶路。在苏子美的眼里,吴淞江沿路有绿杨、有白鹭,时而下起疏雨,时而阴天,时而出太阳,不管是远山还是近水,看着都像是饱含了感情。在这一首诗中,诗人用了"刮眼明""潇潇""自得""有情""盛衰""天意""羁苦""无缘""区区"等九个带有感情色彩的词,这样的诗如出现在唐朝是难以想象的。这表明在宋代早期,虽然在官路上、圩岸旁和河边,大的景观仍然还有,但在描述它们时明显开始趋向细腻化,情感化。

(一)景观带有明显的情感宣泄

宋代诗人在吟咏吴淞江流域的诗文中往往会流露出个人的情感,这样的诗文很多,如鹭鸶,是吴淞江流域的独特的水鸟,宋朝人在描写鹭鸶时,明显地更加关注细节,甚至还拟人化:"苇蓬疏薄漏斜阳,半日孤吟未过江。惟有鹭鸶知我意,时时翘足对船舱。"②这诗读之如画,鹭鸶的姿势、动作、神态就浮现在眼前,而且诗人还将其拟人化,"照影自怜",感觉楚楚动人。"菰浦声里荻花干,鹭

---

① [宋]范成大撰,陆振岳校点:《吴郡志》,卷四十九,杂咏,江苏古籍出版社,1986年,第633页。
② [宋]范成大撰,陆振岳校点:《吴郡志》,卷十八,川,江苏古籍出版社,1986年,第255-256页。

立江天水镜宽。画不能成诗不到,笔端无处着荒寒。"①吴淞江宽阔的江面水天一色,一只鹭鸶立在长满菰草(蒿草)和开满水草花的塘浦的岸边,这样的景色,竟然使诗人"无处着荒寒",真是很奇怪的心态。

外地来苏的诗人,看到吴淞江的美景,会有怎样的感怀呢?福建建州蒲城人章宪来到苏州,看到吴淞江的景色后,写下了这样的诗句:"长堤牵百丈,舴艋溯清漪。山与残

鹭鸶

霞暝,水将秋色宜。江寒征雁度,天远暮帆迟。滕欲浮家去,烟波学子皮。"②作者眼里的野景"长堤、舴艋、清波、远山、残霞、征雁、孤帆、江景、秋色",竟然都是归隐的感怀(像范蠡一样功成身退,归隐太湖)。

**(二)景观描写更关注细节**

我们看吴惟信的《题秋江晚照图》:"水光只肯净涵虚,分浦通村路却无。风日向低鸿雁落,钓竿一半出菰蒲。"③在秋天的吴淞江,天空晴朗,江水清澈,塘浦宽阔,通向远处的村庄,但没有陆路可以到达那些村庄。在风和日丽的江边,有鸿雁落下,而在那些菰草、菖蒲茂盛的地方,往往有许多钓竿出现,这真是一幅优美的江边秋钓图,呈现出了很多细节。王禹偁《松江亭》诗:"登临陡觉把尘埃,时有清风飒满怀。螮蝀一条连古岸,玻璃万顷自天籁。含光浩渺轻烟阔,绿玉参差远岫排。南指闽山犹万里,远人归兴正无涯。"④无论是亭子、清风、塘路、长桥、太湖万顷碧波,还是如黛的远山,都是如画在眼前,都能勾起作者的"归心客思"。

而像王禹偁那样的本地地方官吏,在欣赏吴淞江美景时,更是多了一份闲情逸致,比如王禹偁在诗中提到了著名的"莼菜、鲈鱼":"中郎台榭据江乡,雅称诗翁赋卒章。莼菜鲈鱼好时节,秋风斜日旧烟光。一杯有味功名小,万事无心

---

① [宋]范成大著,富寿荪标校:《范石湖集》,卷二十八,野景,上海古籍出版社,2006年,第394页。
② [宋]范成大撰,陆振岳校点:《吴郡志》,卷十八,川,江苏古籍出版社,1986年,第255页。
③ 张仲谋注译:《从历代名家绝句评点·宋》,[宋]吴惟信《题秋江晚照图》,汕头大学出版社,2001年,第282页。
④ [宋]范成大撰,陆振岳校点:《吴郡志》,卷十八,川,江苏古籍出版社,1986年,第255页。

岁月长。安得便抛尘网去,钓舟闲倚画栏傍。"①我们都知道"莼鲈之思"与晋朝的张翰有关,体现了其旷达的隐逸情怀。很明显,王禹偁的诗也是体现了这种隐逸情怀的。

当然,吴淞江流域的野景不仅那些芦苇、菰蒲、鹭鸶、鸥鸟,不只是岸柳、萍花,不只是莼菜、鲈鱼,还有河鲀、银鱼,还有桥岛风光、山湖美景等:"吴江田有粳,粳香春作雪。吴江下有鲈,鲈肥鲙堪切。炊粳调橙齑,饱食不为饕。月从洞庭来,光影寒湖凸。长桥坐虹背,衣湿霜未结。四顾无纤云,鱼跳明镜裂。谁与子同游,去若秋鹰掣。"②"春后银鱼霜下鲈,远人曾到合思吴。欲图江色不上笔,静觅鸟声深在芦。落日未昏闻市散,青天都净见山孤。桥南水涨虹垂影,清夜澄光合太湖。"③景观描写更细腻,更具细节。

这样的景观细节描写,不仅体现在野外景观上,而且体现在以吴淞江流域独特的作物上,比如莼菜,杨万里就写有这样的诗:"鲛人直下白龙潭,割得龙公滑碧髯。晓起相传蕊珠阙,夜来失却水晶帘。一杯淡煮宜腥酒,千里何须更下盐。可是士衡杀风景,却将膻腻比清纤。"④比如芡实(俗称鸡头米),杨万里也有诗,诗是这样的:"江妃有诀煮珍珠,菰饭牛酥软不如。手劈鸡腮金五色,盘倾骊颔琲千余。夜光明月供朝噀,水府灵官恐夕虚。好与蓝田餐玉法,编归辟谷赤松书。"⑤把吴淞江流域独特的作物,能写得如此有诗意,诗人杨万里真是想象力丰富。

在吟咏家庭营造景观的诗文中,对竹子、柑橘、梅花等绿植的细节的关注也多了起来。这从诗人的诗中可以得到体现:竹子的增多,主要是那些从大圩中央集中居住的居民分散到圩岸、沙洲、汀州、泾浜居住以后,开始各自重视自家院落和农田的景观营造,各家房前屋后的竹子的种植也就多了起来,后来几乎家家房前植芦,屋后种竹,几乎家家都有一个规模不等的竹园;竹子被宋朝诗人赋予了谦虚、正直、宁折不弯等诸多品德,咏竹也是抒发诗人的独特情怀。而橘本来就是江东特产,俗话说"江南的橘过了淮北便成了枳",这是我们所熟知的。而苏东坡因写有"一年好景君须记,正是橙黄橘绿时"的诗句,所以"橘"被谐音

---

① [宋]范成大撰,陆振岳校点:《吴郡志》,卷十八,川,江苏古籍出版社,1986年,第255页。
② [宋]范成大撰,陆振岳校点:《吴郡志》,卷十八,川,江苏古籍出版社,1986年,第255页。
③ [宋]冯克诚,田晓娜主编:《四库全书精编·集部》,张先《吴江》,青海人民出版社,1998年,第503页。
④ 吴江区档案局,吴江区方志办编,沈卫新主编,[明]曹一麟,等修,[明]徐师曾等纂:《嘉靖吴江县志》,卷之九,食货志一,物产,广陵书社,2013年,第174页。
⑤ 吴江区档案局,吴江区方志办编,沈卫新主编,[明]曹一麟,等修,[明]徐师曾等纂:《嘉靖吴江县志》,卷之九,食货志一,物产,广陵书社,2013年,第175页。

为"好处",士大夫们在园圃里广泛种橘。梅花历来表示高洁,傲雪怒放,所以士大夫们也都爱种梅花,比如范成大就在石湖种了许多梅花,还著有《梅谱》。

除了这些常见的木本植物外,还有吴淞江流域比较独特的,比如辛夷,朱长文曾写过这样的诗:"楚客曾留咏,吴都独擅奇。风霆存老干,桃李避芳时。名入文房梦,功资妙手医。紫微颜色好,先占凤凰池。"①而王禹偁也写过栀子花的诗,是这样的:"一堆绛雪压春丛,袅袅长条弄晚风。借问开时何所似?好将绣被覆薰笼。"②还有山茶花,朱长文有诗咏颂:"珍木何年种,繁英满旧枝。干从残雪里,盛过牡丹时。对日心全展,凌风干不欹。药阶如赋咏,欠此尚相思。"③

### (三)景观描写也体现了季节的变化

宋朝诗人诗中的景观还体现出了季节的变化,这在范成大的诗中得到了很好的印证,看范成大的《田园四时杂兴》诗,景观所体现出的季节非常明显。

范成大隐居在吴淞江流域的石湖,写了大量的田园诗。

"竹罾两两夹河泥,近郭沟渠此最肥。载得满船归插种,胜于贾贩岭南归。""到处车声转水劳,东乡人事独逍遥。一堤滟滟元非雨,总是吴江淡水潮。"④低地的人们家家都要整修圩岸、挖泥、车水等,这诗描写的是春耕的景象。《田舍》一诗中描写了农家场景:"呼唤携锄至,安排筑圃忙。儿童眠落叶,鸟雀噪斜阳。烟火村声远,林菁野气香。乐哉今岁事,天末稻云黄。"⑤诗中的"筑圃"就是修理圩岸。这应该描写的是夏季,因为诗中提到了金灿灿的稻穗。"梅花开时我种麦,桃李花飞麦丛碧。多病经旬不出门,东陂已作黄云色。腰镰刈熟趁晴归,明朝雨来麦沾泥。犁田待雨插晚稻,朝出移秧夜食麦。"⑥此诗写的是作者出门割麦路上所见。

"柳花深巷午鸡声,桑叶尖新绿未成。坐睡觉来无一事,满船晴日看蚕生。""土膏欲动雨频催,万草千花一饷开。舍后荒畦犹绿秀,邻家鞭笋过墙来。""高田二麦接山青,傍水低田绿未耕。桃杏满村春似锦,踏歌椎鼓过清明。""今年不

---

① 吴江区档案局,吴江区方志办编,沈卫新主编,[明]曹一麟,等修,[明]徐师曾等纂:《嘉靖吴江县志》,卷之九,食货志一,物产,广陵书社,2013 年,第 176 页。
② 吴江区档案局,吴江区方志办编,沈卫新主编,[明]曹一麟,等修,[明]徐师曾等纂:《嘉靖吴江县志》,卷之九,食货志一,物产,广陵书社,2013 年,第 176 页。
③ 吴江区档案局,吴江区方志办编,沈卫新主编,[明]曹一麟,等修,[明]徐师曾等纂:《嘉靖吴江县志》,卷之九,食货志一,物产,广陵书社,2013 年,第 177 页。
④ [宋]陈起:《江湖小集》,卷十二,毛珝《吴门田家十咏》,上海古籍出版社,1987 年,第 187 页。
⑤ [宋]范成大著,富寿荪标校:《范石湖集》,卷四,田舍,上海古籍出版社,2006 年,第 41 页。
⑥ [宋]范成大著,富寿荪标校:《范石湖集》,卷四,刘麦行,上海古籍出版社,2006 年,第 43 页。

欠秧田水,新涨看看拍小桥。桑下春蔬绿满畦,菘心青嫩芥苔肥。"①这些诗句所反映出的季节是一目了然的。

"梅子金黄杏子肥,麦花雪白菜花稀。日长篱落无人过,惟有蜻蜓蛱蝶飞。""五月吴江麦秀寒,移秧披絮尚衣单。稻根科斗行如块,田水今年一尺宽。"②这是五月的田野景象。"二麦俱秋斗百钱,田家唤作小丰年。饼炉饭甑无饥色,接到西风熟稻天。"③这首诗描写了秋天的景象和收获。"地势不齐人力尽,丁男长在踏车头。""昼出耘田夜绩麻,村庄儿女各当家。童孙未解供耕织,也傍桑阴学种瓜。"④"万夫隄水水干源,障断江湖极目天。秋潦灌河无泄处,眼看漂尽小家田。""山边百亩古民田,田外新围截半川。六七月间天不雨,若为车水到山边?""壑邻罔利一家优,水旱无妨众户愁。浪说新收若干税,不知逋失万新收。""台家水利有科条,膏润千年废一朝。安得能言两黄鹄,为君重唱复陂歌。"⑤这些都是夏天的田间劳作,好多是与水利有关的。

"获稻毕工随晒谷,直须晴到入仓时。""中秋全景属潜夫,棹入空明看太湖。身外水天银一色,城中有此月明无?""新筑场泥镜面平,家家打稻趁霜晴。笑歌声里轻雷动,一夜连枷响到明。""租船满载候开仓,粒粒如珠白似霜。不惜两钟输一斛,尚赢糠核饱儿郎。""菽粟瓶罂贮满家,天教将醉作生涯。""细捣柂薑买鲙鱼,西风吹上四腮鲈。雪松酥腻千丝缕,除却松江到处无。""新霜彻晓报秋深,染尽青林作缬林。唯有橘园风景异,碧丛丛里万黄金。""村村篱落总新修,处处田畴尽有秋。一段农家好风景,稻堆高出屋山头。"⑥这是秋收的景象。

"年侵晓色尽,人枕夜涛眠。移棹灯摇浪,开窗雪满天。"⑦这是冬天的景象。

这样的季节体现也在别的诗中出现,比如《松江晓晴》:"近水人家随处好,

---

① [宋]范成大著,富寿荪标校:《范石湖集》,卷二十七,春日田园杂兴十二绝,上海古籍出版社,2006年,第371-372页。
② [宋]范成大著,富寿荪标校:《范石湖集》,卷二十七,夏日田园杂兴十二绝,上海古籍出版社,2006年,第374页。
③ [宋]范成大著,富寿荪标校:《范石湖集》,卷二十七,夏日田园杂兴十二绝,上海古籍出版社,2006年,第374页。
④ [宋]范成大著,富寿荪标校:《范石湖集》,卷二十七,夏日田园杂兴十二绝,上海古籍出版社,2006年,第374-375页。
⑤ [宋]范成大著,富寿荪标校:《范石湖集》,卷二十八,围田叹四绝,上海古籍出版社,2006年,第393页。
⑥ [宋]范成大著,富寿荪标校:《范石湖集》,卷二十七,秋日田园杂兴十二绝,上海古籍出版社,2006年,第375-376页。
⑦ [宋]范成大撰,陆振岳校点:《吴郡志》,卷四十九,杂咏,江苏古籍出版社,1986年,第640页。

上春物色不胜妍。归时二月三吴路,桃杏香中漫过船。"①"儿童种麦荷锄倦,偷闲也向城中看。酒炉博簺杂歌欢,夜夜长如正月半。"②"江南夏景好,水木多萧疏。此中震泽路,风月弥清虚。"③等。

　　唐宋在描写吴淞江流域的景观时的诗风的不同,主要是由其环境的变化所造成的。入宋以来,政府为了便于转运漕粮入京,把原来成熟完备的塘浦圩田堰闸体系毁坏殆尽,加上人为破坏圩岸、堰闸的越来越多,使得吴淞江流域圩田里私泾、私浜增多,晚唐的大圩田就逐渐变成宋代的小圩田(正如水利专家郏亶在熙宁年间给朝廷上的一个奏折中所谈到的。由于涉及的方面较多,此处不再展开叙述,另有专文论述。),所以吴淞江流域的水灾防护能力下降,雨水一多,吴淞江水泛滥,不能通过塘浦分流泄洪,就都到农田里去了,于是就淹没农田,使农家歉收,甚至是颗粒无收。碰到雨水少的年份,沿江(长江)、沿海的高地区域容易发生旱灾。环境的不确定性增加了。晚唐的大圩塘浦环境变成了宋代的小圩泾浜体系,小农经济得到进一步发展,所以造成了整个吴淞江流域的景观的本质改变,变得小巧化、精细化,这也就使得宋代诗人在描写吴淞江流域的景观时,变得更加关注细节,更加细腻,同时也更加注重内心的感受和情感的宣泄,再也没有晚唐诗风的那种大气、宏伟、豪迈了,再也没有唐朝诗人的那种"云开天宇静,月明照万里。早鹰湖上飞,晨钟海边起"的气势了。

---

① [宋]杨万里著,王畹珍整理:《杨万里诗文集》,江西人民出版社,2006 年,第 524 页。
② 吴江区档案局、吴江区方志办编,沈卫新主编:《嘉靖吴江县志》,[清]佚名纂,沈春荣、申乃刚、沈昌华点校《震泽县志续稿》,卷十一,集诗,广陵书社,2013 年,第 177 页。
③ 王利器,等辑:《历代竹枝词》,陕西人民出版社,2003 年,第 179–180 页。

# 第四章 吴淞江流域农田模式的变迁

吴淞江流域最著名的农田模式是塘浦圩田,这样的模式始于六朝时期,成熟于五代十国时期。那么在出现塘浦圩田之前,吴淞江流域的农田主要是怎样的模式呢?经过研究,笔者发现竟然是豪族庄园。

## 第一节 豪族庄园

苏州地区的庄园经济到底始于何时已不可考。有人说始于春秋末期的吴国时,因为那时已经有大片的王田了,在太湖边,在吴淞江边都有。比如,吴淞江边吴王小儿子的封地摇城就有30 000亩的水稻田。这在《越绝书》中有明确的记载。这些王田肯定是要由大批的人去耕种的,所以说这就是最早的庄园经济。但笔者认为这是王家的庄园经济,不具代表性。它和苏州地区历史上著名的庄园经济没有内在的联系。

### 豪族庄园的政治功能

太远的就不去说了,我们就从三国时期的东吴说起吧。当时的东吴政权为什么能建立,并存在这么长时间? 其主要原因就是孙吴政权得到了当时以苏州地区为主的豪门、大户、世家、权贵等的大力支持。当时,苏州最著名的世家、大族有"顾、陆、朱、张"四大姓。这四大家族都是家有数万、数十万,甚至上百万的田产和数千,甚至上万的私人武装(家丁、部曲)的。它们全力支持孙吴政权,使孙吴政权能得以稳固,并长时间存在。比如,顾雍在孙权当政时做了19年宰相;陆氏一家出二相、五侯、将军十余人;朱桓被重用,领有部曲万人……而《三国志·吴志·朱治传》中更是说:"公族子弟及吴四姓,多出仕郡,郡吏常以千数。"①

那么,当时这些世家、豪族的庄园经济又是达到了怎样的程度呢?葛洪在《抱朴子·吴失篇》里有清晰的记载:"车服则光可以鉴,丰屋则群乌爱止,……势利倾于邦君,储积富乎公室……僮仆成军,闭门为市,牛羊掩原隰,田池布千里……金玉满堂,伎妾溢房,商贩千艘,腐谷万庾,园囿拟上林,馆第僭太极;梁肉余于犬马,积珍溢于帑藏。"如此富庶,真是超出常人的想象。

这样实力雄厚的庄园经济,保证了这些大姓的政治地位能持续很长的时间。比如陆姓家族,一直延续到唐代,而且在整个唐代出了六个宰相;顾姓家族在唐代也有当宰相的。

## "五脏俱全"的庄园经济

上面说的是土著豪族,下面再来看看外来豪族。我们都会背这样的诗句:"旧时王谢堂前燕,飞入寻常百姓家。"这说明在东晋时,河南陈郡谢氏家族和山东琅琊王氏家族是数一数二的大家族。永嘉南渡后,为了获得江东世家、豪族的支持,为了不与吴郡(苏州)地区的世家、大族的太湖周边和吴淞江流域的庄园经济发生冲突,王、谢等北方来的世家、大族就纷纷到浙江地区经营自己的庄园,远的甚至到达福建地区。"王、谢"中的谢氏就在当时的会稽郡经营自己的庄园经济。比如在著名的"淝水之战"中立下赫赫战功的谢玄因病解职后,就在始宁(就是现在的浙江上虞西南)经营山墅。后来,他的孙子谢灵运继续经营,形成了非常大的规模,《宋书·谢灵运传》中对此有明确的记载:"灵运因父祖之资,生业甚厚。奴僮既众,义故门生数百,凿山浚湖,功役无已。寻山陟岭,必造幽峻,岩障数十重,莫不备尽。……尝自始宁南山伐木开径,直至临海,从者数百。临海太守王琇惊骇,谓为山贼,徐知是灵运,乃安。"②这个谢灵运既够霸道,也够任性,仗着豪门大族的权势,随意侵占山林、湖泽,根本不把地方官员放在眼里。也因此,其庄园的规模达到了"傍山带江,尽幽居之美"的程度。

而谢灵运自己写的《山居赋》则是详细地描述了其庄园的地理、景色和五脏俱全的经济模式。我们来看他写的经济方面的内容,他说庄园里"田连冈而盈畴,岭枕水而通阡。阡陌纵横,塍圩交经,导渠引流,脉散沟并。蔚蔚丰秫,苾苾

---

① [晋]陈寿撰,[宋]裴松之注:《三国志·吴书》(十一),朱治朱然吕范朱桓传第十一,中华书局,2011年,第1088页。
② [梁]沈约撰:《宋书》,《二十五史精华》(第二册),谢灵运传,岳麓书社,1989年,第197页。

香粳"①。作物除了水稻外,还有麻、麦、粟、菽。

蔬菜种植有蓼、蕺(鱼腥草)、荠、荸、韭、苏、姜、绿葵、白薤(藠头)、寒葱、春藿(豆类作物)。

在果园方面,北山二园,南山三苑,百果备列,其中有杏坛、柰(苹果)园、橘林、栗圃、桃李等。

庄园里的山野周围除了广种竹子外,还有很多树木,如松、柏、檀、栎、桐、榆、楸、梓等,而且都是高大、粗壮的,"千合抱以隐岑,稍千仞而排虚"②。

除了树木外,还有各种药材,如桃仁、杏仁、五茄根、葛根、菊花、柏实、菟丝实、女贞实、蛇床实、天门冬、附子、天雄、乌头、地黄、细辛、卷柏、茯苓,等等,凡是雷公《本草》、桐君《药录》所记载的药物,也基本能够自给自足,不需外求。

在这样的庄园里,也自然有相应的手工业,如纺织,"寒待绵纩,暑待絺绤"③;如烧炭、制陶,"既坯既埏,品收不一,其灰其炭,咸各有律"④;如采蜜,"六月采蜜"⑤;如酿酒,"亦酝山清,介尔景福"⑥;如造纸,"剥芨岩椒"⑦;……

总之,这个大庄园提供了谢家生活上的一切需要,"春秋有待,朝夕须资。既耕以饭,亦桑贸衣。艺菜当肴,采药救颓"⑧,"供粒食与浆饮,谢工商与衡牧"⑨。意思是既然一切都能够自给自足,就不须同手工业者、商人和渔业、畜牧者打交道了,所以他最后画龙点睛地指出:"但非田无以立耳。"⑩正因为他占了这么多土地,所以才能达到这种自给自足的现状。

谢灵运在《山居赋》里还提到其他豪族的庄园,比如在他庄园的北面,有大小巫湖,"义熙(东晋年号)中王穆之居大巫湖,经始

谢灵运像

---

① [梁]沈约撰:《宋书》,卷六十七,列传第二十七,谢灵运,中华书局,1974年,第1760页。
② [梁]沈约撰:《宋书》,卷六十七,列传第二十七,谢灵运,中华书局,1974年,第1760页。
③ [梁]沈约撰:《宋书》,卷六十七,列传第二十七,谢灵运,中华书局,1974年,第1761页。
④ [梁]沈约撰:《宋书》,卷六十七,列传第二十七,谢灵运,中华书局,1974年,第1762页。
⑤ [梁]沈约撰:《宋书》,卷六十七,列传第二十七,谢灵运,中华书局,1974年,第1763页。
⑥ [梁]沈约撰:《宋书》,卷六十七,列传第二十七,谢灵运,中华书局,1974年,第1765页。
⑦ [梁]沈约撰:《宋书》,卷六十七,列传第二十七,谢灵运,中华书局,1974年,第1766页。
⑧ [梁]沈约撰:《宋书》,卷六十七,列传第二十七,谢灵运,中华书局,1974年,第1769页。
⑨ [梁]沈约撰:《宋书》,卷六十七,列传第二十七,谢灵运,中华书局,1974年,第1770页。
⑩ [梁]沈约撰:《宋书》,卷六十七,列传第二十七,谢灵运,中华书局,1974年,第1771页。

处所犹在"①。而在他的庄园的东面较远的一些地方,有五个奥,"五奥者,昙济道人(和尚)、蔡氏、郗氏、谢氏、陈氏,各有一奥"。② 这其中除了道人外,其他四姓都是北方南渡的世家、大姓。

## 特别的王姓家族

至于"王、谢"并称之王姓家族,比较特别。据一位对世家、豪族的家族史有研究的本家前辈考证,笔者的这支王姓属于历史上的世家大族琅琊王氏(琅琊在今山东东南的临沂)。琅琊王氏在汉代就已经是大家族了,后来在晋永嘉年间,随当时的琅琊王司马睿南渡。南渡后,琅琊王氏的王导、王敦扶助司马睿在当时的建邺(即现在的南京)称帝,建立了东晋政权。东晋政权建立之初,当时江东的世家、豪族、大户、权贵都对之反应冷淡,与东晋政权采取不合作或者是观望的态度。王导出招帮助司马睿结好江东的世家、豪族、大户和权贵等,于是得到了诸如顾荣、贺循等的支持,然后江东的世家、豪族都支持司马睿的东晋政权了。东晋政权建立后,王导当宰相,王敦做大将军。一个掌握行政权,一个掌握军权。由此,东晋初的琅琊王家就成了第一家族,所以民间有"王与马,共天下"之说。

古代豪宅

琅琊王氏并不是和谢氏一样只是在南京和浙江经营他们的庄园的,在苏州

---

① 【梁】沈约撰:《宋书》,卷六十七,列传第二十七,谢灵运,中华书局,1974年,第1758页。
② 【梁】沈约撰:《宋书》,卷六十七,列传第二十七,谢灵运,中华书局,1974年,第1758页。

也有。对此,苏州的方志史料上都有记载,比如南宋范成大的《吴郡志》中就有介绍说,历史上著名的虎丘寺原来是王导孙辈王珣、王珉的家产,因兄弟俩信佛,后来就将这个家产"舍宅为寺"了。这说明王导的孙辈有一支是居住在苏州的。

记得小时候,笔者的那支王姓都是聚族而居的,一大片进落式的房子,家族的每一支分支分别拥有一落或两落房子。每落房子有四五间到十多间房间不等。这样的聚落也是一个庄园,大门一关,就成了一个家族小世界。当时,笔者听前辈讲,以前那地方的田地大多是王家的,王家有自己的船舫(停船的水榭),有自己的船队,有自己的私人武装……

记得小时候,有一次父亲酒喝多了,跟我们提起"文革"中他的一次奇特遭遇。有一次,突然冲来一批"造反派",把父亲押到当时的"大队部","造反派"头子一拍桌子,对父亲大叫道:"王道坤,你老实交代,把枪藏到哪儿啦?马上交出来。否则要对你实行无产阶级专政。"

父亲脾气一如既往地倔强,对那个"造反派"头子不理不睬,只是用鼻子哼了两声。接下来怎样?父亲酒劲十足道:"我当时暗想,老子要是有枪,第一个就把你干掉,看你还怎么嚣张!"结果,由于父亲态度不好,又交不出枪来,因此被关了42天禁闭。

这个起因是笔者的祖父在新中国成立前曾经当过保长,这个保长是王家几房轮流当的。彼时正好轮到笔者祖父当保长,于是就拥有了一支私人武装(这支私人武装就是古代世家、大族庄园里的部曲、家丁)。

笔者老家是在吴淞江和独墅湖、金鸡湖、尹山湖、澄湖之间的,这样的环境在新中国成立前,湖里的水匪、强盗很多,不时会来抢劫。据父亲透露,笔者的曾祖父就是死于水匪、强盗之手。私人武装也是为了防范这些水匪、强盗的。可是到了"文革"时期,这竟然成了父亲被批斗、审查、关禁闭的严重罪状之一。真是不堪回首!

提起这件发生在笔者父祖辈身上的事,也是为了说明世家、大族在吴淞江流域的开拓历史之悠久。

## 第二节 塘浦圩田

唐末五代吴越国钱氏统治两浙时期,吴淞江流域的农田是具有完善的塘浦堰闸体系的大圩农田,这样的圩田规模都很大,北宋时的一代名臣范仲淹在其著名的《拜参知政事条陈水利议》中有这样的描述:"江南旧有圩田,每一圩方数十里,如大城。中有河渠,外有门闸。旱则开闸引江水之利,涝则闭闸拒江水之害。旱涝不及,为农美利。"①大圩里的河渠就是塘浦,塘是东西向的河道,大多是七里修筑一塘,与南北向的浦相通;而浦是与吴淞江相通的,大多是五里开挖一浦,这样的横塘纵浦围成的农田就是圩田。而在塘和浦、浦与江的交汇处都设置闸门,还筑有水坝,这样的塘浦圩田堰闸体系使得:当吴淞江上游来水量过大时,就会通过塘浦进行分流而不至于进入农田,引起涝灾。而当吴淞江里的水量减少时,塘浦里的水又可以用来灌溉农田,不至于使农田遭旱。同时,塘浦里的清水又可以通过水闸启闭而汇入吴淞江中,以增加吴淞江里的清水容量,从而与因感应海潮而倒灌入江里的浑潮形成有效的水位差,以清抵浑,进而有效地冲刷浑潮入海,使泥沙不会在江中淤积,造成淤塞。所以能做到"旱则开闸引江水之利,涝则闭闸拒江水之害。旱涝不及,为农美利"②。

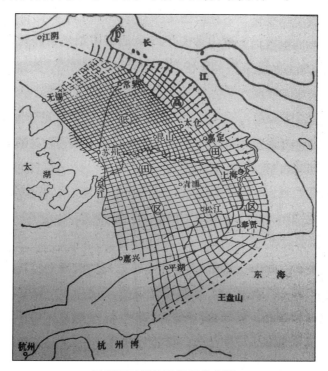

吴越国时期塘浦圩田分布图

---

① [清]顾沅辑:《吴郡文编》,卷二十三,水利一,上海古籍出版社,2011年,第362页。
② [清]顾沅辑:《吴郡文编》,卷二十三,水利一,上海古籍出版社,2011年,第362页。

**独墅湖最后的圩子**

这样的塘浦圩田被破坏是在五代末,北宋著名水利学者郏亶曾对吴淞江流域的高地、低地地区的农田水利做过深入、细致的实地调查研究。通过调研,他发现,这样的破坏首先是从吴淞江流域的下游堰身高地开始的,这在他的水利奏折中有记载,他说:"故堰身之东,其田尚有丘亩、经界、沟洫之迹在焉。是皆古之良田,因堰门坏,不能蓄水,而为旱田耳。堰门之坏,岂非五代之计,民各从其行舟之便,而废之也。"①也就是在五代末,吴淞江流域的堰身高地地区的塘浦遭到了人为破坏,这样的破坏是因为农户为了便于自家行舟、安舟,私自挖开塘浦堤岸。塘浦被破坏后,就不能蓄水,不能给高地的农田灌溉,所以高地的农田就渐渐干旱了。

然后低地地区也遭到了人为的破坏,郏亶说:"为民者,因利其浦之阔,攘其旁以为田。又利其行舟、安舟之便,决其堤以为泾。今昆山诸浦之间,有半里、或一里、二里而为小泾,命之为某家泾、某家浜者,皆破古潴而为之也。"②私挖塘浦为田,私开堤岸为泾浜,低地地区的人为破坏也不断蔓延。

这样的破坏进入宋代以后越演越烈,从而,塘浦大圩就渐渐地被泾浜小圩所取代。

---

① [宋]范成大撰,陆振岳校点:《吴郡志》,卷十九,水利上,江苏古籍出版社,1986年,第265页。
② [宋]范成大撰,陆振岳校点:《吴郡志》,卷十九,水利上,江苏古籍出版社,1986年,第265页。

## 第三节 泾浜小圩

笔者在对吴淞江进行实地考察时,在原吴县段的吴淞江两岸发现了很多带"浜"字的地名,如道人浜、千金浜、和尚浜、下扒浜、邱家浜、陈家浜、杨家浜、马家浜、萧家浜、东庄浜、黄河浜、倪家浜、茶壶浜、吴村浜、冷家浜、钱家浜、短浜、戈家浜、塔河浜、孙家浜、河屯浜、夏具浜、沙浜、王家浜、竹家浜、张家浜、史家浜、柴积浜、油车浜、朱夏浜、田肚浜、戴库浜、马王浜、罗家浜、肖家浜、小桥浜、月珠浜、对家浜、武家浜、前浜、韩家浜、柴浜、吴家浜、库浜、新浜、长浜、吴村浜、徐浜、郭家浜、夏浜里、外浜、南浜、北浜、盛家浜、旺浜、塘浜、汤家浜、庙浜……起码有几十个,而整个吴淞江流域,这样的带"浜"的地名就更多了。

那么吴淞江流域为什么会有这么多带"浜"字的地名呢?它们是怎么来的?又预示着什么呢?

### "浜"的由来

起初笔者一直有困惑,直到查阅了宋代著名水利学家的大量著述后,才了解了"浜"的来龙去脉。

在这些水利学家的著述中,郏亶在其水利奏折《六失六得》中对此叙述得最为清晰、详细,这样的"浜"源于古代吴淞江流域大圩里的农户对大圩的破坏。郏亶认为高田原来都是良田,但在五代末期,那些圩田里的农户为了自己的出行、耕种便利,就把原来的一些起到蓄水灌溉(少水时)和泄洪排涝(多水时)作用的河道(塍门)毁坏掉了,于是那些以前是良田的高田就成了旱田。

郏亶不仅在常熟、太仓等地的高田地区进行了实地考察,还到昆山等地的低田地区进行了实地考察,考察发现,大圩里这样的人为破坏由高田地区向低田地区蔓延,渐成燎原之势。对此,郏亶还举了很多破坏的做法,比如"或因田户行舟、安舟之便而破其圩,或因人户侵射下脚而废其堤,或因官中开淘而减少丈尺,或因田主只收租课而不修堤岸,或因租户利于易田而故要淹没,或因决破古堤、张捕鱼虾而渐至破损,或因边圩之人不肯出田与众做岸,或因一圩虽完、旁圩无力而连延毁坏,或因贫富同圩而出力不齐,或因公私相咎而因循不治"①。

这段文字翻译成现代汉语就是:有的农户为了自己在圩田里行船方便,就

---

① [宋]范成大撰,陆振岳校点:《吴郡志》,卷十九,水利上,江苏古籍出版社,1986年,第268-269页。

把大坝的堤岸凿开,凿出一条条小河道;有的农户则因为要侵占田地的下脚而把原来大坝的圩岸破坏了,出现了一条条河道;有的是因为政府在疏浚、拓宽塘浦时侵占了堤岸的尺寸,使得堤岸越来越窄,最后出现裂口,并形成一条条河道;有的是因为田主只收佃租,却不对堤岸进行应有的维护和修补,所以时间长了,堤岸就坏了,就出现了各种河道;有的是因为田主为了使田地土力肥沃,故意掘开堤岸淹没田地;有的是因为农户为了便于自己捕鱼捉虾而将圩田的堤岸掘开;有的是旁边的田主不肯参与大家的维护、修补圩田堤岸的工作,导致圩田堤岸的破坏;有的虽然自己的圩田很好,但受到边上坏的圩田的连带影响而导致堤岸的缺口;有的是因为一个圩田里的农户的贫富不均,导致其在圩田堤岸的维护、修补上的出力不同、质量差别大而使得堤岸受到破坏;有的是因为农户和政府双方都很吝啬,不肯出钱出力来维护、修补圩田的堤岸而导致堤岸的损坏。这种种的破坏行为导致了"浦日以坏,故水道堙而流迟。泾日以多,故田堤坏而不固。日臞月坏,遂荡然而为陂湖也"①。塘浦日以变坏、河道日渐淤塞,塘浦里的水流日渐迟缓;小河道越来越多,标志着原来的堤岸日渐被毁坏,久而久之,这些低田也就变成了湖泊。

泾浜小圩

在昆山的实地考察,让郏亶对这样的"泾""浜"有了真切的理解,"古者,人户各有田舍,在田圩之中浸以为家,欲其行舟之便,乃凿其圩岸为小泾、小浜。

---

① [宋]范成大撰,陆振岳校点:《吴郡志》,卷十九,水利上,江苏古籍出版社,1986年,第265页。

即臣昨来所陈某家泾、某家浜之类是也。说者谓浜者,安船沟也。泾、浜既小,堤岸不高,遂至坏却田圩,都为白水也。今昆山柏家瀼水底之下,尚有民家阶甃之遗址,此今人在田圩中作田舍之验也"①。

原来"浜"是这么来的。

## "浜"的增多预示着小圩逐渐取代大圩

很明显,被大圩里的农户破坏而出现的种种小河道往往被称为"某家泾""某家浜",这样的以某个姓氏命名的"泾""浜"最初代表着某个姓氏的家族在已被毁坏的大圩的塘浦中经营自己的圩田,这样的圩田就是宋代以后越来越多的私人性质的小圩田,这样的小圩田最初往往是聚集起一个家族的人口,后来渐渐变为一个村落,甚至变为一个集市、市镇。这种小圩的出现,往往也被学者称为小农经济进一步发展的象征,甚至是社会生产力进步的象征。

在原吴县段的吴淞江两岸用"泾"来命名的地名并不多,只有黄潦泾、油泾、西泾、弥陀泾、横泾等几个。

这样的小圩从宋开始,一直延续到民国时期,又将之形象地称为"鱼鳞圩"。据《吴县志》的记载,到新中国成立前,原吴县全县共有这样的被称为"泾、浜"的小圩2408只,耕地约40万亩,圩堤总长2063公里,一般堤高吴淞4米左右,面宽约1米,内外坡不足1∶1,普遍低狭破漏,御洪能力薄弱。1949年大水,堤岸坍塌,圩田一片汪洋。

## 新中国成立后"联圩并圩"成果

1955年开始,原吴县县政府把建立联圩作为圩区水利建设的重点,先后在渡村、越溪、胜浦、车坊、湘城、油泾等乡合并小圩,联建大圩。规模一般在千亩以上,最大的唯亭区胜浦、界浦、亭南3个乡联建的"保家圩",面积达38411亩,到1957年建成联圩42只。1958年到1960年,1961年以后一直到20世纪70年代末,原吴县一直在进行联圩、并圩的建设。到80年代后期,原吴县共建成500亩以上的大小联圩142只,耕地41.1万亩,占圩区耕地面积的74%;整修加固小圩322只,耕地7.8万亩,占圩区耕地面积的14%;修筑垦殖圩128只,耕地6.6万亩,占圩区耕地面积的12%。

中华人民共和国成立后原吴县的圩田建设,成绩还是很大的。

---

① [宋]范成大撰,陆振岳校点:《吴郡志》,卷十九,水利上,江苏古籍出版社,1986年,第268–269页。

# 第五章　吴淞江流域水闸体系的变迁

笔者因为研究吴淞江,所以经常要去吴淞江流域做实地考察和调研。在此过程中,笔者意外发现了一些至今还在发挥作用的水闸,比如吴江松陵吴家港上的水闸,比如青丘浦上的戴家甸水闸,比如娄江上的官渎水闸,比如西塘河上的大龙港水闸,等等,这引起了笔者莫大的兴趣:现在吴淞江已经很浅、很窄了,水流和缓,水量也不大,还需要这样的水闸吗？也许是为了预防大水年份可能引发的洪涝灾害？

那么在洪涝灾害普遍的古代吴淞江流域是否有很多水闸设施呢？其历史变迁又是怎样的呢？

吴家港闸

# 第五章 吴淞江流域水闸体系的变迁

## 第一节 独特地形催生水闸体系

这个水闸是从什么时候开始有的呢？在宋朝以前，吴淞江的淤塞现象还不严重，江面宽阔，《松江旧志》称其最宽处有 20 多里，最窄处也有 2 里。而那时的塘浦一般都有二三十丈宽，最窄的也有十几丈宽；深度有二三丈深，最浅的也有一丈多深。这在宋代熙宁年间的水利专家郏亶的奏折中有明确的记载。在如此宽的吴淞江及其支流、塘浦上建造水闸，其难度是可以想象的。那么，在宋以前，吴淞江上有没有水闸？肯定没有，这么宽的江面，以古代那时的技术水平，是没办法在上面建造水闸的。而在一些较窄的塘浦建造水闸是有的，关于这，宋朝至和年间开至和塘（即昆山塘）的昆山主簿丘与权在《至和塘记》中有明确的记载："初治河之唯亭，得古闸，用柏合抱以为楹，盖古渠况。今深数尺，设闸者以限松江之潮势耳。耆旧莫能详之，乃知昔无水患，由堤防之废则有之。"①很明显，这个古闸是在唯亭发现的，那么应该是建造在吴淞江的支流上的，主要是为了防止吴淞江的水过多地流到支流、塘浦中去，进而过多地进入农田，形成涝灾。

那么，吴淞江流域的水利建设为什么会有水闸呢？这是由其独特的地形特点所决定的。吴淞江流域的地形是很特别的，这在宋代多位水利专家的论述中都有所提及，那就是整个流域的地势偏低，而靠近沿海和长江边的地方地势却偏高，这就是所谓的堰身。据宋熙宁年间的水利专家郏亶的考证，他认为："昆山之东，接于海之堰陇，东西仅百里，南北仅二百里。其地东高而西下，向所谓东导于海，而水反西流者是也。常熟之北，接于北江之涨沙。南北七八十里，东西仅二百里。其地皆北高而南下，向所谓欲北导于江，而水反南下者是也。"②这两处地方的田就是高田。而"昆山堰身之西，抵于常州之境，仅一百五十里。常熟之南抵湖、秀之境，仅二百里。其地低下，皆谓之水田"③。堰身之西、常熟之南的大片区域就是低田。这样的独特地形，导致了"高田者常欲水，今水乃流而不蓄，故常患旱也。……水田者常患水，今西南既有太湖数州之水；而东北又有昆山、常熟二县堰身之流，故常患水也"④。也就是说，需要水的高田常缺水，容

---

① [宋]范成大撰，陆振岳校点：《吴郡志》，卷十九，水利上，江苏古籍出版社，1986 年，第 261 页。
② [宋]范成大撰，陆振岳校点：《吴郡志》，卷十九，水利上，江苏古籍出版社，1986 年，第 264 页。
③ [宋]范成大撰，陆振岳校点：《吴郡志》，卷十九，水利上，江苏古籍出版社，1986 年，第 264 页。
④ [宋]范成大撰，陆振岳校点：《吴郡志》，卷十九，水利上，江苏古籍出版社，1986 年，第 264 页。

易形成旱灾;而不太需要水的低田常多水,容易形成涝灾。

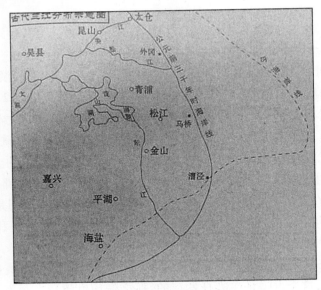

**太湖流域三江水利示意图**

对此,宋元祐年间的水利专家赵霖也认同郏亶的观点:"平江逐县地形,水势利害,各不相侔。盖浙西六州之地,平江最为低下。六州之水,注入太湖。太湖之水,流入松江,皆青龙江东入于海。而平江地势自南(自)【直】北至常熟县之半,自东止昆山县地西南之半。水与太湖、松江水面相平,皆是诸州所聚之水,泛滥其中。平江之地虽下于诸州。而濒海之地特高于他处,谓之堰身。堰身之西,又与常州地形相等。东西与北三面,势若盘盂。积水南入,注乎其中。"①他把吴淞江流域的独特地形形容为一只"水盂",这样的地形是怎么形成的呢?据太湖农田水利史的资料,认为太湖是个潟湖,太湖流域形如浅碟,除西部山区、丘陵较高外,东部、南部、北部的高度,也在4~8米之间,中间为洼地,高度多在3米上下。中间的洼地就是吴淞江流域的主要区域,而其东部、南部、北部就是历史上所谓的堰身。那么,上文郏亶提到的这个堰身又是怎么形成的呢?据刘惠吾编著的《上海近代史》的介绍,在"大约6 000~7 000年前,海面上升速度减缓,而长江带来的巨量流沙和海浪挟带的泥沙、贝壳在江口的堆积速度,远远超过海面上升的速度。由于海潮的作用,在今上海中部偏西地带形成

---

① [宋]范成大撰,陆振岳校点:《吴郡志》,卷十九,水利下,江苏古籍出版社,1986年,第285页。

了一条西北—东南走向的堽身地带,其地面较以西的地面稍高"①。这样的堽身在常熟、昆山和太仓等地都有。

　　随着时间的推移,堽身移动不断被冲积成新的陆地。在唐开元元年(731),为了抵御海潮的侵袭,又在堽身以东修建了一条150里长的海堤,就是捍海塘。据南宋初年《云间志》载:"旧捍海塘,西南抵海盐界,东北至松江(今吴淞江),长一百五十里。"②

　　这些堽身和捍海塘就是这个"水盂"的边,这样的地形,一旦遇到大水之年,就会造成这样的后果:"今低乡之田,为积水漫没,十已八九。当时田圩未坏,水有限隔,风不成浪。今田圩殆尽,水通为一。遇东南风,则太湖、松江与昆山积水,尽奔常熟。遇西北风,则常熟之水东赴者亦然。正如盛盂中水,随风往来,未尝停息。"③有一年(应该是熙宁四年,即1071年)大水,赵霖曾经到昆山和常熟的山顶上去,向四周远望,发现四面都是水,而且与天相接。

## 第二节　五代吴越国时期完善的水闸体系

　　赵霖在《水利书》中所说的"田圩未坏,水有限隔,风不成浪"④是指什么意思呢?先来看看曾经大力整治吴淞江水利的范仲淹的说法,范仲淹在《拜参知政事时条陈水利议》中说:"江南旧有圩田,每一圩方数十里,如大城,中有河渠,外有门闸,旱则开闸引江水之利,潦则闭闸拒江水之害,旱潦不及,为农美利。"⑤

　　范仲淹所说的就是在五代吴越国时期形成的完善而又高效的网格化的塘浦圩田体系,这样的圩田是规模巨大的大圩田,往往一圩方数十里,"如大城"。在这样的大圩里,有纵横交错的河渠,河渠口都建有门闸,这就是水闸。很明显,水闸是吴淞江流域的水利建设的关键设施之一,它是建造在吴淞江的支流和塘浦上的,而不是建造在吴淞江的江面上的。它的功能是"旱则开闸引江水之利,潦则闭闸拒江水之害"。有了这样健全的水闸体系,吴淞江流域就做到了

---

　　① 刘惠吾编著:《上海近代史》(上),第一章《开埠前的上海》,第一节《上海的成陆及其历史沿革》,华东师范大学出版社,1985年,第3页。
　　② 刘惠吾编著:《上海近代史》(上),第一章《开埠前的上海》,第一节《上海的成陆及其历史沿革》,华东师范大学出版社,1985年,第4页。
　　③ [宋]范成大撰,陆振岳校点:《吴郡志》,卷十九,水利下,江苏古籍出版社,1986年,第285页。
　　④ [宋]范成大撰,陆振东校点:《吴郡志》,卷十九,水利下,江苏古籍出版社,1986年,第287页。
　　⑤ [清]顾沅辑:《吴郡文编》,卷二十三,水利一,上海古籍出版社,2011年,第362页。

"旱潦不及,为农美利。"

在宋朝以前,吴淞江流域这样的水闸很多,几乎做到了每条塘浦都有。宋代的水利专家郏侨曾在《吴中水利书》中说过:"某闻钱氏循汉唐法,自吴江县松江而东至于海。又沿海北至于扬子江。又沿江而西至于常州、江阴界。一河一浦,皆有堰闸。所以贼水不入,久无患害。"①

## 第三节 宋代水闸体系遭到的毁灭性破坏

那么后来为什么这个健全的水闸体系遭到破坏了呢?前文已有所涉及,此不再赘述。

水利官员不懂堤防之法、疏决之理,受命而来,耻于空还,不过遽采愚农道路之言,以为得计。但以目前之见,为长久之策。指常熟、昆山枕江之地,为可导诸港而决之江,开福山、茜泾等十余浦。殊不知古人建立堤堰,所以防太湖泛滥,淹没腹内良田。②当时的转运使乔维岳认为那些水利官员只是开通、疏浚常熟、昆山的塘浦来导吴淞江水入江、入海,这样的做法是舍本逐末,不能在根本上做好水利建设,因为要经过堙身地区,所以这样的水利建设是将低地地区的水导向高地地区,必将导致如下的后果:今若就东北诸渚,决水入江。是导湖水经由腹内之田,弥漫盈溢,然后入海。所以浩渺之势,常逆行而潴于苏之长洲、常熟、昆山,常之宜兴、武进,湖之乌程、归安,秀之华亭、嘉禾,民田悉已被害。然后方及北江、东海之港浦。又以水势之方出于港浦,复为潮势抑回,所以皆聚于太湖四郡之境。"当潦岁积水,而上源不绝,弥漫不可治也。此足以验开东北诸渚为谬论矣。"③这个后果就是大水在入江、入海之前必将潴集在苏州、常州、湖州和秀州府的低地地区,造成严重的水涝灾害。

那么在原有的完善高效的塘浦圩田水闸体系遭到了毁灭性的破坏以后,吴淞江流域该如何重建完善高效的水利建设体系呢?

---

① [宋]范成大撰,陆振岳校点:《吴郡志》,卷十九,水利下,江苏古籍出版社,1986年,第278页。
② [宋]范成大撰,陆振岳校点:《吴郡志》,卷十九,水利下,江苏古籍出版社,1986年,第279页。
③ [宋]范成大撰,陆振岳校点:《吴郡志》,卷十九,水利下,江苏古籍出版社,1986年,第279页。

## 第四节 重建水闸体系,各有侧重

进入宋代,自原有的塘浦圩田水闸体系遭到破坏以后,吴淞江流域的水旱灾害就不断增多,水利建设也相应地频繁起来。通过对史料的分析,笔者发现,这些水利专家有关吴淞江流域的水利建设的观点是各有侧重的,比如郏氏父子是"设堰派",也称"治田派",他们认为治水必先治田,所以首先要加高、加固圩田、塘浦堤岸,然后才是疏浚河道,设置水闸;赵霖和任仁发等水利专家是"置闸派",他们认为治水必先恢复古代的"水闸体系";还有一派就是"疏浚河道派",以单锷为主。

### 置闸派

在这三派中,笔者先介绍一下"置闸派",赵霖认为要治理好吴淞江流域的水利,必须要重建水闸体系,他是拿吴淞江流域的沿江、沿海地区(就是所谓的高地地区)的水利建设来举例的,他说:"自古沿海环江开凿港浦者,借此疏导积中之水。由是以观,则开治港浦,不可不先也。港浦既已浚,则必讲经久不埋塞之法。今濒海之田,惧盐潮之害,皆作堰坝以隔海潮。里水不得流外,沙日以积,此昆山诸浦埋塞之由也。堰身之民,每阙雨,则恐里水之减,不给灌溉。悉为堰坝,以止流水。临江之民,每遇潮至,则于浦身开凿小沟以供己用,亦为堰断以留余潮。此常熟诸浦埋塞之由也。"①

高地地区的水利建设光开浚港浦是没用的,因为海水经常要顺着海潮倒灌进这些港浦中,海潮挟带的海沙就会淤积在这些港浦中,久而久之,必将造成这些港浦的淤塞。所以在开浚了港浦后,必须要做好关键的一步,就是"法当置闸,然后可以限水之内外,可以随潮而启闭。……大抵三说:一曰开治港浦;二曰置闸启闭;三曰筑圩裹田。三者,缺一不可。又各有先后缓急之序"②。

赵霖虽然说重建水闸体系是开治港浦、置闸启闭和筑圩裹田三者缺一不可,但他还是重在"置闸",他认为如果只是"设堰"、疏浚河道,而不置闸的话,其效果并不理想,本来是想"作堰坝隔海潮的,却导致里面的水不得流外,海沙

---

① [宋]范成大撰,陆振岳校点:《吴郡志》,卷十九,水利下,江苏古籍出版社,1986年,第285-286页。
② [宋]范成大撰,陆振岳校点:《吴郡志》,卷十九,水利下,江苏古籍出版社,1986年,第286页。

反而越积越多,于是河道淤塞越来越严重"①。所以关键还是要恢复水闸体系。

他在《置闸篇》中是这样说的:"濒海临江之地,形势高仰。古来港浦,尽于地势。高处淤淀,若一旦顿议开通,地理遥远,未易施力,以拒咸潮。今于三十六浦中,寻究得古曾置闸者,才四浦。惟庆安、福山两闸尚存,余皆废弃,故基尚存。古人置闸,本图经久。但以失之近里,未免易堙。治水莫急于开浦,开浦莫急于置闸。"②

他还提到了置闸的五大好处:"置闸莫利于近外,则有五利焉:江海之潮,日两涨落。潮上灌浦,则浦水倒流。潮落浦深,则浦水湍泻。远地积水,早潮退定,方得徐流。几至浦口,则晚潮复上。元未流入江海,又与潮俱还。积水与潮相为往来,何缘减退。今开浦置闸,潮上则闭,潮退则启。外水无自以入,里水日得以出。一利也。外水不入,则泥沙不淤于闸内。使港浦常得通利免于堙塞。二利也。濒海之地,仰浦水以溉高田。每苦咸潮,多作堰断。若决之使通,则害苗稼。若筑之使塞,则障积水。今置闸启闭,水有泄而无入。闸内之地,尽获稼穑之利。三利也。置闸必近外,去江海只可三五里。使闸外之清,日有沉沙淤积。假令岁事浚治,地里不远,易为工力。四利也。港浦既已深阔,积水既已通流。则泛海浮江,货船木筏,或遇风作,得以入口住泊。或欲住卖,得以归市出卸。官司遂可以闸为限,拘收税课,以助岁计。五利也。"③那五利就是"江水能出,海水不能入""塘浦河道不会淤塞""闸内之地得到开发""闸外之浦得以疏浚""以闸收税"。

而恢复堰身之地水利建设中的置闸,必须要做到以下两点:"昆山诸浦,通彻东海。沙浓而潮咸,当先置闸而后开浦。一也。闸之侧,各开月河,以堰为限。遇闸闭,小舟不阻往来。二也。"④

元代的水利专家任仁发也是这样的观点:"大抵治水一法,有三:浚河港必深阔,筑圩岸必高厚,置闸窦必多广,设遇水旱就三者而乘除之,自然不能为害。"⑤

据上海博物馆的资料,2002年,位于上海市普陀区志丹路和延长西路交界

---

① [宋]范成大撰,陆振东校点:《吴郡志》,卷十九,水利下,江苏古籍出版社,1985年,第285-286页。
② [宋]范成大撰,陆振岳校点:《吴郡志》,卷十九,水利下,江苏古籍出版社,1986年,第286页。
③ [宋]范成大撰,陆振岳校点:《吴郡志》,卷十九,水利下,江苏古籍出版社,1986年,第286-287页。
④ [宋]范成大撰,陆振岳校点:《吴郡志》,卷十九,水利下,江苏古籍出版社,1986年,第287页。
⑤ [清]顾沅辑:《吴郡文编》,卷二十四,水利二,上海古籍出版社,2011年,第383页。

处的住宅小区志丹苑在建设过程中,发现了一处元代水闸遗址。

**志丹苑水闸遗址**

那么志丹苑怎么会有元代的水闸呢？原来这个地方在宋元时期是属于吴淞江下游的故道范围,难怪有水闸了。专家指出,吴淞江航运面临的最大问题是河道的淤塞。唐宋之际到元代,吴淞江下游的淤浅越来越严重,逐渐淤塞萎缩,宋代吴淞江的河口宽度已缩至9里。以后江面继续变浅变窄,至元代时宽仅1里。另外,由于吴淞江下游一段风大浪高,经常发生航运事故,舟楫沉没,损失惨重,严重影响了该地区的经济发展。为此,朝廷和当地政府不得不动用大量人力、物力和财力,兴建水利工程,疏浚河道。在元大德八年(1304),任仁发领导疏浚的吴淞江下游段"西自上海县界吴淞江旧江,东抵嘉定石桥洪,迤逦入海,长三十八里,深一丈五尺,阔二十五丈,役夫一万五千,为工一百六十五万一千六百有奇"①。该工程在第二年9月完工。

在此次工程中,任仁发在吴淞江的支流、嘉定的赵浦建造了两座水闸。志丹苑位置就在赵浦流经之处,很可能就是其中的一座。这座水闸的功用是挡住赵浦的流沙,以助吴淞江的防淤和疏浚。

到了明代以后,也有水利专家认同赵霖、任仁发的观点,比如曾经治理过吴淞江水利的吕光洵在其上奏给朝廷的《苏松水利四事疏》中就提到过置闸："……一曰复版闸以防淤淀。河浦之水皆自平原流入江海,水慢而潮急,沙随浪涌,其势易淤。昔人权其便宜,去江海十余里或七八里夹流而为闸,平时随流启闭以御淤沙,岁旱则闭而不启,以蓄其流,岁涝则启而不闭,以宣其溢。昔称置

---

① [清]顾沅辑:《吴郡文编》,卷二十四,水利二,上海古籍出版社,2011年,第384页。

闸有三利,盖谓此也。然多湮废,唯常熟县福山闸尚存。臣访诸故老,皆以为河浦入海之地,皆宜置闸,然后可以久而不壅。"①

从吴淞江水利简史中,我们可以了解到其历史上几次大的水利建设都是设置了水闸的,比如:"宋元符三年(1100),诏役开江兵卒开治湖河浦港,修垒堤岸,开置斗门水堰。宋大观三年(1110)许充凝开浚置闸";"明隆庆五年(1571),林应训疏浚吴淞江,自昆山漫水港到嘉定徐公浦,长四十五里,面阔二十丈,深一丈二尺,又建千墩浦、夏驾口二闸";"康熙十年(1671),马祜开浚吴淞江、刘家河,于海口置闸";等等。②

可见,置闸派的观点一直影响到了清代。

## 设堰派

再来看看"设堰派"。唐朝诗人白居易有这样两句诗:"酒酣凭栏起四顾,七堰八门六十坊。"这表明在白居易的唐朝时,苏州就在城外筑有7处堰坝,用来阻挡吴淞江的水流,使之不流入城内。

郏侨认为这样的堰坝自古就有:"尝考汉、晋、隋、唐以来《地理志》,今之平江,乃古吴都。至隋平陈,始置苏州。汉时封境甚阔,隋开皇中,始移于横山下。唐贞观中,复徙于阊闾旧城。而又湖州,乃隋时仁寿中于苏之乌程县分置。秀州,乃五代晋时吴越王以苏之嘉兴县分置。所谓钱塘、毗陵,在古皆吴之属县。以地势卑下,沿江边海,有为堤岸以防遏水势。如《唐志》所载,秀州之海盐令李谔,开古泾三百有一。而又称去县西北六十里,有汉塘,大和中再开。疑即侨今所谓开盐铁塘以泄吴松江水者也。又载,杭州之余杭令归来,筑甬道,高广径直百余里,以御水患。又载,杭州盐官县,亦有捍海塘堤二百十四里。即知古人治平江之水,不专于河,而筑堤以遏水,亦兼行之矣。"③

而在唐末五代钱氏时期,吴淞江正是有了这样完善的堰闸体系,才保证了其百多年的统治中少有水患,"浙西,昔有营田司。自唐至钱氏时,其来源去委,悉有堤防、堰闸之制。旁分其支脉之流,不使溢聚,以为腹内畎亩之患。是以钱氏百年间,岁多丰稔。唯长兴中一遭水耳"④。

所以,现在要解决吴淞江的水患,郏侨认为必先在其上游设置堰坝,阻隔上游来水,"故为今之策,莫若先究上源水势,而筑吴松两岸塘堤。不唯水不北入

---

① [清]顾沅辑:《吴郡文编》,卷二十五,水利三,上海古籍出版社,2011年,第400–401页。
② [清]金友理撰,薛正兴校点:《太湖备考》,卷三,水治,江苏古籍出版社,1998年,第112–118页。
③ [宋]范成大撰,陆振岳校点:《吴郡志》,卷十九,水利下,江苏古籍出版社,1986年,第282页。
④ [宋]范成大撰,陆振岳校点:《吴郡志》,卷十九,水利下,江苏古籍出版社,1986年,第278页。

于苏,而南亦不入于秀。两州之田,乃可垦治。必先于江宁治水阳江与银杯江等五堰,体势故迹,决于西江。润州治丹阳练湖,相视大冈,寻究函管水道,决于北海。常州治宜兴隔湖,沙子淹,及江阴港浦入北海。以望亭堰分属苏州,以绝常州轻废之患。如此则西北之水,不入太湖为害矣"①。

然后在苏州各地筑堰坝限水:"辟吴江之南石塘,多置桥梁,以决太湖,会于青龙,华亭而入海。……其诸江湖风涛为害之处,并筑为石塘。及于彭汇与诸湖瀼等处,寻究昔有江港。自南泾北以渐,筑为堤岸。所在陂淹,筑为水堰。……杭州迁长河堰,以宣、歙、杭、睦等山源,决于浙江。如此则东南之水,不入太湖为害矣。"②

郏侨认为只有做好了这些,才能达到"旁分其支脉之流,不为腹内畎亩之患"③的效果。

其次,还应该做好其他配套设施,比如疏塘浦,筑堤坝,浚泾浜等,"盖虽知置堰闸以防江潮,而不知浚流以泄沙涨,故有堙塞之患。虽知决五卸堰水,而不知筑堤以障民田,故有飘溺之虞。且复一于开浦决堰,而不知劝民作圩埠,浚泾浜以田,是以不问有水无水之年,苏、湖、常、秀之田,不治十常五六。愚故曰,要

水坝遗址

---

① [宋]范成大撰,陆振岳校点:《吴郡志》,卷十九,水利下,江苏古籍出版社,1986年,第279-280页。
② [宋]范成大撰,陆振岳校点:《吴郡志》,卷十九,水利下,江苏古籍出版社,1986年,第280页。
③ [宋]范成大撰,陆振岳校点:《吴郡志》,卷十九,水利下,江苏古籍出版社,1986年,第280页。

当合二者之说,相为首尾,则可尽其善"①。然后对吴淞江流域的大的塘浦进行疏浚,设置水闸。而其他的小河上,都应设置大的堰坝,或者是水门,这样才能真正做好吴淞江流域的水利建设。

"《书》所谓'三江既入,震泽底定'是也。而三江所决之水,其源甚大。由宣、歙而来,至于浙界,合常、润诸州之水,钟于震泽。震泽之大,几四万顷。导其水而入海,止三江尔。二江已不得见,今止松江,又复浅汙不能通泄,且复百姓便于己私,于松江古河之外,多开沟港。故上流日出之水,不能径入于海。支分派别,自三十余浦北入吴郡界内。即先父比部《水利奏》中所谓'欲导诸江者,复南而北矣'。虽于昆山、常熟两县开导河浦,修筑圩埠。然上流不息,诸水辐辏。或风涛间作,或洪雨继至。所开浦河,必皆壅滞;所筑圩埠,必有冲荡。盖沿江北岸三十余浦,唯盐铁一塘,可直泄水北入扬子江外,其余皆连接于江、湖瀼,合而为一,非徒无益,为害大矣。今乞措置:一面开导河浦,即便相度松江诸浦,除盐铁塘及大浦开导置闸外,其余小河,一切并为大堰。或设水窦,以防江水,即吴松江水径入东海。而吴之河浦,不为贼水所壅。诸县圩埠,亦免风波所破。"②

郏侨的观点源自其父亲郏亶的家传,他父亲郏亶在其奏折《六失六得》中曾提及"治水先治田",而"治田"的方法是,"但系古人遗迹,而非私浜者,一切并合公私之力,更休迭役,旋次修治。其低田,则高作堤岸以防水;其高田,则深浚港浦以灌田。其堰身西流之处,又设斗门或堰门或堰闸以潴水。如此则高低皆治,而水旱无忧矣"。③很明显,郏侨的"堤防""堰闸"的观点与其父郏亶的观点是一脉相承的。

至于单锷的"疏浚河道派",因与本文主旨无关,所以不再展开。

---

① [宋]范成大撰,陆振岳校点:《吴郡志》,卷十九,水利下,江苏古籍出版社,1986年,第280－281页。
② [宋]范成大撰,陆振岳校点:《吴郡志》,卷十九,水利下,江苏古籍出版社,1986年,第282页。
③ [宋]范成大撰,陆振岳校点:《吴郡志》,卷十九,水利上,江苏古籍出版社,1986年,第277页。

# 第六章 吴淞江流域市镇的产生

江南水乡古镇是特指位于苏浙沪地区的古镇,它的形成是一个很值得探讨的课题。

联合国教科文组织的专家给江南水乡古镇下的定义是这样的:"江南水乡古镇是一种介于城市和乡村之间的人类聚居地,并在一定的地域形成完善的以水为中心的网络体系,它具有高度的历史文化价值,是江南水乡地域文化的集中体现。"我们知道,古吴淞江的江面很宽阔,从现在吴江的宛坪到瓜泾口这么宽的地方在古代都是太湖水的入江口,这样宽阔的古吴淞江从西向东流到离太湖70里的地方,分为三江——那三江分别是往东南流入海的古东江、往东北流入海的古娄江和往东流入海的古吴淞江。这三江疏浚了,太湖下游的水患也就治理好了。上面所说的古三江,其实都属于古吴淞江。按这样的概念来看,目前正在申遗的江南水乡古镇确实都是在古吴淞江流域的,其形成、发展都与古吴淞江有关。那么这些著名的江南水乡古镇是怎么产生的呢?

要探讨吴淞江流域市镇的演变历史,首先要了解它们形成的不同模式,比如有的是因为处于航运交通的要道而迅速形成的,像常熟的福山镇和庆安镇等;有的是由于位于江海的港口、因贸易发达而形成的,像嘉定的青龙镇;有的是从军事要塞或者是军队驻扎地逐渐演变而成的,像吴江的松陵镇;有的是庄塘浦圩田间的草市演变而来的,像盛泽镇和周庄镇等;有的是由最早的一个兴旺的寺庙逐渐发展而来的,像尹山镇、甪直镇和南翔镇等。

## 第一节 由军镇形成的市镇

吴淞江流域最早形成的市镇松陵镇,在吴淞江的上游源头,"松陵"这个名称最早见于文字记载的是后汉时期的《吴越春秋》,在《吴越春秋》卷十《勾践伐吴外传》中记载了春秋时越国攻打吴国的关键一仗,书中对这场战役是这样描述的:"……于是,吴悉兵屯于江北,越军于江南。越王中分其师,以为左右军,皆被兕甲。又令安广之人佩石碣之矢,张卢生之弩。躬率君子之军六千人,以为中阵。明日,将战于江,乃以黄昏令于左军,衔枚溯江而上五里,以须吴兵。复令于右军,衔枚逾江十里,复须吴兵。于夜半,使左军涉江,鸣鼓中水,以待吴发。吴师闻之中,大骇,相谓曰:'今越军分为二师,将以使攻我众。'亦即以夜暗,中分其师以围越。越王阴使左、右军与吴望战,以大鼓相闻。潜伏其私卒六千人,衔枚不鼓,攻吴,吴师大败。(注:《左传》载笠泽之战夹水而陈,吴之御越,越之败吴,大概与此略同)。越之左、右军乃遂伐之,大败之于囿(韦昭曰:囿,笠泽也。《史记正义》《吴地记》皆曰:笠泽,松江之别名)。又败之于郊。又败之于津。如是三战三北,径至吴围吴于西城。吴王大惧,夜遁。越王追奔攻吴,兵入于江阳、松陵。(《吴地记》:在松江。松陌流溢至此,故名)。①

就是说在后汉时,松陵这个名称已经有了。当然那时还不是一个镇,《吴地记》对之有解释,说是"松陌流溢至此,故名"②,意思是当时此地有很多松树,而且此地地势较高,形似丘陵,大概是茫茫江湖水中难得的一块陆地,所以称其为松陵。

以后松陵一直是作为军事要塞,经常有军队在此驻扎,无论是三国时期,还是两晋南北朝时期皆如此。有军队驻扎,自然有一些小商小贩在此做生意。同时,松陵也是一个驿站,就是现代意义上的邮政兼招待所,专供信使休息、换乘的地方。于是,慢慢地,松陵这地方的人多了起来。再后来,在此居住的人也多了起来,特别是在南北朝时期,此地是军事要地,敌我双方经常要争斗,在此发生战争,所以此地的军队一直很多。而北方大量逃避战乱的难民,也有一部分落脚此地,加上南朝各个朝代都对吴淞江流域进行有效的开发,使得此地的经济得到了大幅度的提高。于是,松陵的人口越来越多,到了公元618年—626年,松陵正式成为一个由政府设立的建制镇。也因此,松陵镇成了吴淞江流域最早诞生的市镇。

---

① [汉]赵晔著,[元]徐天祐音注:《吴越春秋》(第2版),卷十,勾践伐吴外传,江苏古籍出版社,1992年,第141-142页。
② [汉]赵晔著,[元]徐天祐音注:《吴越春秋》(第2版),卷十,勾践伐吴外传,江苏古籍出版社,1992年,第142页。

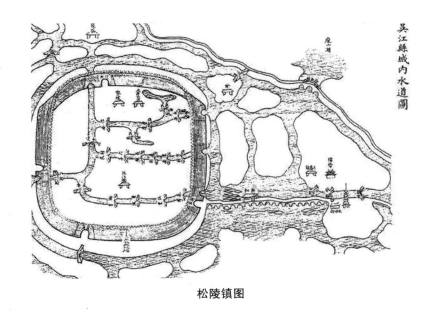

松陵镇图

## 第二节 由港口形成的市镇

第二个恐怕非青龙镇莫属了。"全吴临巨溟,百里到沪渎"①,这是晚唐诗人皮日休咏吴淞江的诗句。沪渎是古吴淞江下游的一个称呼,青龙镇最早是处于吴淞江的下游沪渎的入海口附近、古吴淞江南边(唐以前的吴淞江江面宽阔,在现在的青浦、原属嘉定附近入海),三国时吴国孙权曾派人在此造青龙战舰,因此而得名。后来一度作为军事要地,晋永和(345—356)中,虞潭为吴国内史,在吴淞江下游沪渎两岸修筑沪渎垒,以防海盗。后来,到了隆安三年(399),孙恩作乱,进攻沪渎,吴国内史袁崧又重筑东、西沪渎垒以资防御。宋代的《吴郡志》对之有记载:"隆安三年,孙恩作乱。吴会承平日久,人不习战,所在多破亡。吴国内史桓谦出奔无锡,内史袁崧筑沪渎垒,缘海备恩。"②到了唐天宝五年(746),青龙镇才正式成为建制镇,很快就成为当时的雄镇。到了宋朝,随着贸易的发展,更是盛极一时,史料上说那时的青龙镇"南通漕渠,下达松江,舟艎去

---

① [清]曹寅,彭定求,沈立曾,等编纂:《全唐诗》,卷六百○九,中华书局,1999年,第7081页。
② [宋]范成大撰,陆振东校点:《吴郡志》,卷五十,杂志,江苏古籍出版社,1986年,第652页。

来,实为要冲"①,由是"蕃商舶船辐辏住泊"②。

在《青浦县志》之"万历青浦县志"中对此有更详细的记载,青龙镇称龙江,在四十五保二区。旧志相传孙权造青龙战舰于此,故名。宋政和间改为通惠,后复旧名。市有镇庠、巡司、税务、酒务,为海舶辐辏之地,人号"小杭州",有米芾书陈林《隆平寺经藏记》。"是镇瞰吴淞江上,据沪渎之口,岛夷、闽越、交广之途所自出,富商巨贾、豪宗右姓之所会,梅圣俞尝赋江上观潮诗,及载古刹三、坊三十六、亭台三十二,祠宇布列街衢,古称雄镇。"③

很明显,青龙镇如此繁荣兴旺,是由于其独特的地理位置,即"瞰吴淞江上,据沪渎之口",港口优势突出。

像这样因港口、运输要道而形成的镇还有常熟的福山镇和庆安镇,它们形成于北宋年间。

## 第三节 由寺庙集市形成的市镇

在这种模式形成的市镇中,尹山是具有代表性的。尹山的这种"因寺成市,由市成镇"的模式与南翔、甪直等又有明显的不同,这种不同,不只是因为尹山寺寺庙独特——和儒家的书院在一起,而且因为其发生在寺庙里的故事独特,且其地理位置独特——处于吴淞江和京杭大运河的交汇处。下面简要阐述其独特之处的形成原因。

### 尹山"因寺成市","因市成镇"

尹山位于吴淞江边,形状像一个斗笠,高十几米。其集市最初的兴起是缘于尹山上的一座寺庙,该寺庙叫崇福寺。那么,崇福寺建于何时呢?了解历史的人都知道,南朝梁武帝晚年好佛,所谓"上有所好,下必甚焉",于是在那时江南修建了很多寺庙,对此,唐朝诗人杜牧还写过"南朝四百八十寺,多少楼台烟雨中"这样的诗句,可见当时佛事之兴。据《郭巷镇志》中的记载,"梁天监二年

---

① [宋]杨潜,朱端常,林至,等纂:《云间志》(卷上),《宋元方志丛刊》本,中华书局,1990年,第8页。
② [宋]邓琳,刁杰民,舒大刚,等校点:《宋会要辑稿》,职官,上海古籍出版社,2014年,第441页。
③ 上海市地方志办公室,上海市青浦区地方志办公室编:《青浦县志》,万历青浦县志,卷之一,市镇,上海古籍出版社,2014年,第31页。

(503)僧左律建"①。那么很明显是建于南朝梁时。在寺庙出现以后,经济渐趋繁荣。到了北宋元丰年间,尹山就成为当时长洲县下辖的一个乡都了。

而到了明朝初期,尹山市已经是"民居繁庶"②了。这是明初著名学者宋濂在其写的《长洲练氏义塾记》里的话,说明当时的尹山市已经是一个拥有很多定居的非农业居民的、繁荣、富庶的大集市了。为什么能达到如此程度呢?宋濂在文中也点出了其中的主要原因:"习俗嗜利,久不知教。"③什么意思呢?就是说尹山这地方的人骨子里都是唯利是图的商人,而且对做生意到了痴迷的程度。对此,宋濂用了一个"嗜"字,真是很到位。正是尹山人的这种喜欢经商、做贸易的特性,使得尹山市得到快速的发展,变得越来越兴旺。在正德年间的《姑苏志》的卷二十六"仓场之驿递"中赫然有"尹山急递所(在府南二十五里,长洲县三十一都)"④的记载,可见,在明朝正德年间,尹山还是政府设置的一个邮局加快递处理站,这是用现代的语言来加以解释。我们可以想象有多么的繁荣、忙碌了!

同样是在明朝,有个叫俞琬纶的,写了篇《重修袁公祠记》,开头有这样的话:"汝南袁公旧有专祠在尹山镇,虽不甚崇侈,而爽垲靓洁,……"⑤可见,在明朝后期,人们已经把尹山市当作一个名副其实的镇了,可见其发展势头之猛。

而到了晚清光绪年间,尹山镇就更显繁华:茶坊酒肆林立,烟馆赌场遍布。于是就出现了许多寄生于这些场所的"地痞流氓"和"游手好闲"之徒,他们整天欺行霸市、欺男霸女,造成了很坏的影响,以至于当时的江南苏州府元和县知县在光绪十四年(1888)二月二十四日专门出了一个"惩除积弊示禁"公告,丕把公告刻在一块石碑上向大家公示,公告中说:"照得茶坊酒肆均为耗财废业之端,烟馆赌场尤有荡产倾家之害,抢孀逼娼、窝匪私宰更为法所必惩,至若纵畜践食、盗伐树木、迎神赛会、结党抗租种种地方恶习,节经本县分别示禁惩办在案。兹据蓝翎提举衔候选州同袁清杰以尹山一乡阳奉阴违,粘呈禁约各条禀请

---

① 《郭巷镇志》编纂委员会编:《郭巷镇志》,第十八章,名胜、古迹,第二节,寺庙、祠塾,苏州大学出版社,2005年,第278-279页。

② 《郭巷镇志》编纂委员会编:《郭巷镇志》,第二十一章,诗文、碑刻,二、尹山、尹山寺,苏州大学出版社,2005,第320页。

③ 《郭巷镇志》编纂委员会编:《郭巷镇志》,第十八章,名胜、古迹,第二节,寺庙、祠塾,苏州大学出版社,2005年,第278-279页。

④ [清]冯桂芬纂,[清]谭钧培,李铭皖修:《同治苏州府志》,卷二十三,公署,三,《中国地方志集成》之《江苏府县志辑》(第7辑),江苏古籍出版社,1991年,第560页。

⑤ 《郭巷镇志》编纂委员会编:《郭巷镇志》,第二十一章,诗文、碑刻,二、尹山、尹山寺,苏州大学出版社,2005年,第322页。

示禁,前来除批示外合行抄粘给示谕禁为示,仰该处董保居民人等一体知悉。自示以后,务各查照后开各条,互相禁约,痛改前非以除积弊而端风俗,倘敢故违而有前项情事,一经访闻或被指控,定即立捉究办。董保经造尤须随时查察劝导,如敢徇隐,一并严惩,均不稍予宽贷。其各凛遵毋违。特示。"①这个告示虽然读来有点拗口,但意思我们都是明白的,所以笔者也就不再加以翻译了。

那么尹山何以因一个寺庙而发展成一个县级大市,又进而形成一个繁荣的市镇的呢?原因是多方面的,但笔者在此还是"就寺论寺",谈谈其与崇福寺相关的因素。

## 寺庙独特,寺庙里的和尚更独特

读者可能要问,崇福寺在兴旺时曾经达到怎样的规模?《郭巷镇志》上说是:"占地50余亩,外围有周河。寺前两放生池亩余,四置石栏杆,上跨两座武康石拱形小桥。"②

崇福寺怎么会有如此之规模呢?这说明它的香火很盛。那么它的香火为什么会这么旺呢?主要还是该寺庙有它的独特之处,上文已经谈及崇福寺是和澹台书院建在一起的,也就是所谓的"释""儒"同存,这是该寺的独特之处。而除此之外,还有一个独特之处,就是发生在该寺庙的故事也非常独特,言及此,就不得不提到一位大名鼎鼎的和尚,那就是明朝洪武年间的永隆和尚。崇福寺曾经在元丙申年(1356)被毁,"明洪武间有圣僧永隆运巨木重建,有来木池存焉"③。永隆和尚被称为"圣僧"是有原因的,据《郭巷镇志》记载,永隆"18岁后入尹山崇福寺祝发为僧,耿耿佛法,曾刺指立愿、化募创建崇福寺大殿。洪武二十五年(1392),朝廷对僧人考核,永隆率众徒赴京试经并请给与度牒。不料各地到京三千沙弥,许多人并不谙熟经文,只是想冒请度牒。朱元璋知后大怒,下令将这些人处罚"④。永隆和尚听到这个消息后,在那年二月二十四日,"至奉

---

① 《郭巷镇志》编纂委员会编:《郭巷镇志》,第二十一章,诗文、碑刻,二、尹山、尹山寺,苏州大学出版社,2005年,第334页。
② 《郭巷镇志》编纂委员会编:《郭巷镇志》,第十八章,名胜、古迹,第二节,寺庙、祠塾,苏州大学出版社,2005年,第278-279页。
③ 《郭巷镇志》编纂委员会编:《郭巷镇志》,第十九章,人物,第一节,人物传,苏州大学出版社,2005年,第284页。
④ 《郭巷镇志》编纂委员会编:《郭巷镇志》,第十九章,人物,第一节,人物传,苏州大学出版社,2005年,第284页。

天门,上奏朱元璋,愿以焚身来请求免除对其他僧人的惩罚"①。得到朱元璋的许可后,永隆和尚在二十五日来到雨花台,拿笔书写偈陀,"三十三年一幻身,洞然性火见全真。大明佛法兴隆日,永祝皇图亿万春"②。接着,取香一瓣,写上"风调雨顺"四字,然后吩咐内臣奏明皇上,"遇旱灾以其香祈雨,必灵验"③。然后点火自焚。当时"烟焰凌空,异香扑人,群鹤在他所呆的龛顶飞翔良久。火熄灭后,在其骨灰中发现无数舍利"④。更为神奇的是,"二十七日,朱元璋宽宥了那些沙弥,并给与度牒。当时正值大旱,朱元璋召来僧录司官,迎送永隆所遗之香到天禧寺率众祷雨,以三日为限,可当天夜里就天降大雨。朱元璋大喜,于是御制《落魄僧》诗来表彰永隆"⑤。八月,弟子时习把永隆的灵骨带回尹山,葬于崇福寺内,同时建石塔一座。永乐二年(1404),那个助朱棣成功篡位的苏州和尚姚广孝(道衍和尚)为永隆和尚写了篇塔铭。

永隆和尚可谓死得壮烈,也死得其所,连皇帝都为他写诗赞扬,还有国师为他写铭,真是少有的荣耀! 难怪从那以后崇福寺的香火会如此之盛了!"初一、月半、年头、过节,每年二月十九日(观音生日)、六月十九日(观音得道日)、九月十九日(观音上天日),善男信女聚集寺内,烧香祈祷,宣卷素供。"⑥但笔者以为中国人没有西方那种意义上的宗教,都是"现世教",在宗教信仰上采取实用主义的做法。拿崇福寺来说,人们喜欢去那里烧香拜佛,不只是因为有圣僧永隆,也不只是因为有洪武皇帝的赞扬,更主要的是"灵验"。从上文的介绍中,我们已经知道永隆和尚的生前誓愿应验了,这才是关键。老百姓要的就是这个"灵验","不灵去拜它干吗?"这就是中国人宗教信仰的实用主义。

---

① 《郭巷镇志》编纂委员会编:《郭巷镇志》,第十九章,人物,第一节,人物传,苏州大学出版社,2005年,第284页。
② 《郭巷镇志》编纂委员会编:《郭巷镇志》,第十九章,人物,第一节,人物传,苏州大学出版社,2005年,第284页。
③ 《郭巷镇志》编纂委员会编:《郭巷镇志》,第十九章,人物,第一节,人物传,苏州大学出版社,2005年,第284页。
④ 《郭巷镇志》编纂委员会编:《郭巷镇志》,第十九章,人物,第一节,人物传,苏州大学出版社,2005年,第284页。
⑤ 《郭巷镇志》编纂委员会编:《郭巷镇志》,第十九章,人物,第一节,人物传,苏州大学出版社,2005年,第284页。
⑥ 《郭巷镇志》编纂委员会编:《郭巷镇志》,第二十章,社会,第四节,宗教,苏州大学出版社,2005年,第305页。

尹山崇福寺

正是中国老百姓宗教信仰的这种"实用主义",才使得尹山这个在明以前就很兴旺的因寺而成的集市到了明以后香火更盛。烧香的人多了,自然在那里做生意的人更多了,其庙会集市就更兴旺,从而能迅速成长为一个著名的县级大市。据《正德姑苏志》中的记载,在正德年间,长洲县已有"五市""四镇",其中的"五市"为"大市、黄埭市、相城市、王墓市和尹山市","四镇"是"甫里、陈墓、许市(就是浒墅关。笔者注。)和陆墓"①。笔者在《长洲县志》中还看到了有关崇福寺的这样一段话:"崇福寺,梁建,即尹山寺,领庵四:曰集善(元建,三十一都)、曰福源(元建,二十九都)、曰庆福(元建,二十九都)、曰明远(元建,三十一都)。"②可见,在明以后,崇福寺曾经下辖四座寺庙,足以证明其势力之大。

**位于吴淞江和京杭大运河的交汇处,成为商品贸易交通节点**

尹山崇福寺不只势力大,规模大,而且其位置也很独特,因为它既位于航运大江吴淞江边,又位于京杭大运河边,周围还有澹台湖(通太湖)、黄天荡、独墅湖、尹山湖、赭墩湖、镬底潭(通澄湖)等湖泊,还正好位于苏州几个县的交界处,其交通枢纽的位置非常显著,这就更促进了尹山集市商贸的不断发展、兴旺。

清代有个叫张大纯的人曾写过一首名为《重过尹山寺》的诗,其中有这样两句:"桥高帆竞过,山小寺难藏。"③可见,当时的尹山真是兴旺,出现了"千帆竞

---

① [明]王鏊,吴宽,祝允明,等编纂:《正德姑苏志》,卷第十八,乡都,上海书店,1982年,第90—91页。
② [明]张德夫修,皇甫汸纂,张凤翼补辑:《隆庆长洲县志》,卷之十,寺部,上海书店,1982年,第273页。
③ 《郭巷镇志》编纂委员会编:《郭巷镇志》,第二十一章,诗文、碑刻,二、尹山、尹山寺,苏州大学出版社,2005年,第313页。

过"的场面,成为著名的商贸交通要道。

著名学者樊树志在其著作《明清江南市镇探微》中谈及吴淞江流域的靠海、靠江的植棉区(就是许多水利专家谈及的吴淞江流域的易旱的堽身高地,其土壤多为沙土。)的百姓在明清时期广种棉花,并积极从事棉花和棉纺织业的贸易,促进了当时的松江府和苏州府的昆山、太仓、常熟的靠海、靠江区域的棉业迅速发展,并进而涌现出了许多棉业市镇。而周边的、外省市的,甚至是外国的客商也都慕名来此收购棉花、棉布,于是就出现了许多条著名的贩运棉布的水路,其中有一条是从松江府通过嘉善县三白荡到苏州的水路,就是要经过尹山的,其具体路径如下:松江府前——(20里)斜塘桥——(13里)朱泾——(9里)泖桥——(18里)枫泾——(12里)张泾会——(6里)嘉善县四门(跨塘桥雇船)——长春桥——(45里)芦魁——(1里)三白荡——(12里)牛蚕泾——(10里)叶寨湖(即叶泽湖)——(12里)铜里镇(即同里镇)——(18里)尹山——(18里)盘门——(9里)阊门。① 可见在明清时期,尹山还是苏、松两府棉花、棉布外运的主要水上交通通道,这也导致其集市更加兴旺。

而在嘉靖年间倭患猖獗时,尹山市甚至一度升格为军镇,据《隆庆长洲县志》的记载:"陈墓巡检司在本镇上(原来在镬底潭),离陈湖东十里,管葑门外甪直、周庄、尹山诸镇。"② 而到了清朝后期,尹山就成了一个名副其实的建制镇了。如樊树志罗列的清代苏州较明代新增的市镇的名单中,其中的元和县新增的名单为:陆巷镇、唯亭镇、徐庄镇、王渌泾镇、沈垫桥镇、淀泾镇、跨塘镇、南斜塘镇、韩镇、西车坊镇、章练塘镇、郭巷镇、尹山镇。

通过对吴淞江流域的"因寺成镇"的尹山镇的个案分析,笔者发现它跟其他的"因寺成镇"的市镇比如甪直、南翔等都有明显的不同,其不同不只在于其寺庙的独特,而且其附着在寺庙上的际遇也独特,其地理位置就更独特——正好位于吴淞江和京杭大运河的交汇处,这对于古代主要是靠水运来进行贸易的特点来说,也就决定了尹山能迅速发展,并由寺兴市,进而因市成镇。

---

① 樊树志著:《明清江南市镇探微》,第三章,棉布业市镇的分布与结构,复旦大学出版社,1990年,第177页。

② [明]张德夫修,皇甫汸纂,张凤翼补辑:《隆庆长洲县志》,上海书店,1982年,第150页。

## 第四节 由"草市"形成的市镇

### 雏形——产生于塘浦圩田里的"草市"

#### (一) 早期开发——塘浦圩田体系

通过考古发现,在新石器时代,古吴淞江流域的一些零星陆地上就已经有人类居住、繁衍生息了,并产生了早期的文明,比如马家浜文化、崧泽文化、良渚文化,等等。而到东汉末三国吴时,随着北方移民来到此地,人们开始对古吴淞江流域进行有目的的开发。到了两晋南北朝时,因战乱从北方逃难到江南的人口越来越多,人多地少,于是各朝政府都对吴淞江流域进行了大力的整治和开发,这样的开发达到了相当大的规模,也就在那时逐渐产生了古吴淞江流域的独特的塘浦圩田体系,对此,北宋水利专家郏亶在其《水利书》中是这样描述的:"古人遂因其地势之高下,井之而为田。其环湖卑下之地,则与江之南北,为纵浦以通于江。又于浦之东西,为横塘以分其势而棋布之,有圩田之象焉。"①所谓"圩田",就是通过众多的南北向的纵浦和东西向的横塘围成的一片片的农田。

那么这些塘浦又是怎样的规模呢?郏亶做足了调查研究的工夫,曾经花了十多年的时间对古吴淞江流域进行深入细致的考察,发现古代的塘浦都是规模很大的,"其塘浦,阔者三十余丈,狭者不下二十余丈。深者二三丈,浅者不下一丈"②。圩田的塘浦为什么要做成这么大的规模呢?郏亶认为:"且苏州除太湖之外,江之南北,别无水源。而古人使塘浦深阔若此者,盖欲取土以为堤岸,高厚足以御其湍涅之流。故塘浦因而阔深,水也因之而流耳。非专为阔其塘浦以决积水也。故古者堤岸高者须及二丈,低者亦不下一丈。借令大水之年,江湖之水,高于民田五、七尺;而堤岸尚出于塘浦之外三五尺至一丈。故虽大水,不能入于民田也。民田既不容水,则塘浦之水自高于江,而江之水亦高于海,不须决泻,而水自湍流矣。"③就是为了使得在大水之年,即使江湖里的水位高过圩田里的水位很多,但仍低于塘浦的堤岸的高度很多,这样江湖里的水就不会进入圩田里。而这样就使得塘浦里的水位高于吴淞江的水位,而吴淞江的水位又高

---

① [宋]范成大撰,陆振岳校点:《吴郡志》,卷十九,水利上,江苏古籍出版社,1986年,第267页。
② [宋]范成大撰,陆振岳校点:《吴郡志》,卷十九,水利上,江苏古籍出版社,1986,第267页。
③ [宋]范成大撰,陆振岳校点:《吴郡志》,卷十九,水利上,江苏古籍出版社,1986年,第267-268页。

于海水的水位,这样的清水高于浑潮的落差,就能保证吴淞江里的清水能有效冲刷江里的感应海潮的潮沙入海,使之不能在江里淤积,从而保证整条吴淞江的清水畅流。这样就保证吴淞江流域的低地地区不会发生水灾。从而能做到"故三江常浚,而水田常熟"①。

在高地地区也是同样的塘浦圩田体系,"所有沿海高仰之地,近于江者,既因江流稍高,可以畎引。近于海者,又有早晚两潮可以灌溉。故亦于沿海之地及江之南北,或五里、七里而为一纵浦,又五里、七里而为一横塘。港之阔狭,与低田同。而其深往往过之。且堰阜之地,高于积水之处四五尺至七八尺,远于积水之处四五十里至百余里,固非决水之道也。然古人为塘浦阔深若此者,盖欲畎引江海之水,周流于堰阜之地。虽大旱之岁,亦可车畎以溉田。而大水之岁,积水或从此而流泻耳。非专为阔深其塘浦,以决低田之积水也。至于地势西流之处,又设堰门、斗门以潴蓄之。是虽大旱之岁,堰阜之地,皆可耕以为田。此古人治高田,蓄雨泽之法也"②。

无论是靠近长江和大海的高田区域,还是古吴淞江流域的低田区域,古人在治理时,都是开挖了五里、七里一纵浦和五里、七里一横塘的纵横交错的"塘浦体系",而且这些塘浦都是既宽又深,这些塘浦的堤岸也是既高又厚的,这样的塘浦体系对大如方城的圩田起到了良好的蓄水灌溉、泄洪排涝的作用,从而做到了"低田常无水患,高田常无旱灾","数百里之地,常获丰熟"③。

(二) 圩田里"草市"的形成与发展

虽然这样的"塘浦圩田"属于官田,许多甚至是政府负责经营的"屯田"。但居住、生活、耕种在圩田里的农户有稳定的属于自己的一份收入。这样的农产品收入增多了,自己一家吃不了,有了剩余,加上各种水产的获得,各种经济作物(比如桑、麻、茶、橘、芦苇等,比如水八仙等)的加工产品,这些增多了,剩余多了,就在农户与农户之间产生了交换,有了交换就形成了"市",这种"市"不断发展,就从"不固定"到"固定","固定"的"市"就是"集市",这种"塘浦圩田"里的"集市"属于"草市"——乡村的定期集市。据史料记载,在东晋时,首都建康(南京)城外就已经出现草市了,这应该是江南地区最早的草市了。再往后,随着吴淞江流域的大规模开发,这样的草市也就如雨后春笋般不断出现。

这样的草市的密度是根据其交通、运输工具船只的行程来定的:古代的船

---

① [宋]范成大撰,陆振岳校点:《吴郡志》,卷十九,水利上,江苏古籍出版社,1986年,第268页。
② [宋]范成大撰,陆振岳校点:《吴郡志》,卷十九,水利上,江苏古籍出版社,1986,第268页。
③ [宋]范成大撰,陆振岳校点:《吴郡志》,卷十九,水利上,江苏古籍出版社,1986,第268页。

都是橹摇船,半天可以行程一二十里,一天可以行程二三十里。农家把产品运到草市销售,一般要赶得上早市或者是午市,并来得及当天赶回家。所以往往会选择相距较近的某个草市,而这个草市是与四周乡村有着传统的经济联系的,并形成了一个小小的市场圈。按照手摇船半天和一天的路程,再根据古吴淞江流域五、七里一条横塘或纵浦的格局,那么草市产生的密度应该是很清楚了,那就是三到五条横塘、纵浦就有一个草市。而整个吴淞江流域有多少塘浦呢?据北宋水利专家郏亶的统计,总共有265条,那我们就可以估算出吴淞江流域的"草市"有多少了。按照这样的密度,我们可以想象其草市的数量之多了,真可以用"星罗棋布"这个词来形容。出现了这么多的草市,政府部门自然要对之加以管理,为了有效地管理草市,六朝时的政府部门还专门设立了"草市尉"官职。

**古代水乡草市**

到了唐朝中期以后,先是"安史之乱",后是"藩镇割据",北方一直处于战乱之中,于是北方的百姓纷纷避难江南,很多人就落脚在吴淞江流域,这又带来了该流域的又一次开发高潮,从而也使得那时的吴淞江流域的草市发展更是迅猛,对此,诗人杜牧在《上李太尉论江贼书》中就谈到草市,说其"尽近水际,富室大户,多居其间"[1]。意思是草市都是建在水边的,靠水,交通便利,而且往往有富室大户居住在那里。这点是可以理解的,就像现在的著名的繁华的商业区肯定是有一些商业企业的,甚至是商业集团的一样。到唐末五代,战乱频繁,江南

---

① [唐]杜牧著:《上李太尉论江贼书》,影印本,樊川文集,卷十一,上海古籍出版社,1978年,第196页。

富户和城市居民,到草市建草屋居住避难的很多,最著名的就是晚唐诗人陆龟蒙,隐居到吴淞江的一条支流甫里浦边的一个村子里。这使得有些草市更趋繁盛,有的竟发展成为新兴市镇。

<h3 style="text-align:center">初步形成——小圩泾浜体系里的"镇市"</h3>

### (一) 小圩泾浜体系促进了小农经济的发展

而到了北宋初年,随着小农经济的进一步发展,吴淞江流域的"大圩塘浦体系"遭到了人为的彻底破坏,逐渐演变成小农化的"小圩泾浜体系"。

但离开了大圩的小农有了更多的自由,无论是耕种自己的田地还是租种别人的田地,都比以往有更多的积极性。而这些经常被吴淞江水泛滥淹没的湖田"白涂田"是最肥沃的,所以其出产也比那些熟田、潮田、沙田更多。于是,一些沙洲、沼泽地、湖泊、河岸、江堤等都被侵占为田,吴淞江流域的农田不断增加。其中小块的圩田更是增加迅速。到了宋代,这样的圩田,已成为农业生产中稳产高产的良田,就是前文中郏亶提到的"最美的水田"。还有"葑田",对此,笔者有专文论述,此处不再赘述。

同时,宋代吴淞江流域的农耕技术也有了很大的提高,比如最先进的曲辕犁得到了普遍的使用,而水车更是被广泛地运用。生产工具的进一步改进,也使得农户能对田地实行精耕细作,并已形成了一套比较完整的技术与经验,从而能实行集约经营。因此,吴淞江流域农田的产量既高又稳,"其一亩所出视他州辄数倍"成为"国之仓庾"。范仲淹在《拜参知政事时条陈水利议》中称,东南每岁上供 600 万石米,苏州"一州之田,出税者三万四千顷,中稔之岁,每亩得米二石至三石,计出米 700 余万石"①。在范仲淹时的宋代苏州一地一年所出之米竟然已经超过了整个东南一年的赋税的总量!能做到这一点,吴淞江流域的成功开发显然是主要原因。

### (二) 商业不断兴旺,促使一批"草市"上升为"镇市"

税赋有如此大幅度的增加,小农的自留收入自然也是水涨船高了,农户与农户之间的交易就更加频繁,吴淞江流域的草市也因此更是兴旺发达,渐渐地,集市的形式从"定期市"变成了"经常市",在这些"经常市"中还出现了"镇市"。"镇市"是比"草市"层次更高的经济中心地,也就是比市的规模更大的行政区划。宋朝朝廷还确定"镇市"为县市与"草市"之间的市场建置,并在"镇市"设

---

① [清]顾沅辑:《吴郡文编》,卷二十三,水利一,上海古籍出版社,2011 年,第 362 页。

置监镇官,以禁盗贼烟火,并征税收。也就在这时,一大批"草市"上升成为"镇市"。由此可见,"草市""镇市"是商品经济发展的产物,也是乡村向城镇化方向转变的产物。这样出现的"镇市"很多,比如盛泽、千灯、南浔,等等。其中的千灯"镇市",据《千灯镇志》记载:宋室南渡(1127)后才成雏形,"有河东街、南大街、源渡泾街、北大街等街道,其中南北大街沿街两边民房檐头相望,河东、西长1.42公里,阔1.5米的碎石路,纵贯其中"①。到了明清时,市镇以千墩浦为界,市镇上的人先后架设了三座阶梯石拱桥和一座梁式石桥,从此浦东、西相连。此后商业市场向千墩浦西发展,沿浦民居鳞接,尤其是源渡泾与千墩浦交界口的香火桥(谐称香花桥)一带,有一条凸字形的街道,俗称棋盘街(现为南北大街相交点),商业最为繁盛,系交易中心。每日清晨,小舟云集于千墩浦,街上行人熙熙攘攘,直至中午过后,才逐渐散市。而千墩浦也称尚书浦,就是明永乐初年户部尚书夏原吉为了疏浚吴淞江而开挖的,它直通吴淞江,这为千灯商业的发展带来了便利的水运。而到了清康熙年间(1662—1722),千灯商业已然成了吴淞江南部的翘首。

## 基本形成——富室大户将"镇市"催生成"城镇"

上文提到,杜牧在论及草市时说过"尽近水际,富室大户,多居其间"这样的话,很明显,在唐朝中晚期,草市里的"富室大户"就已经很多了。而到了元末,去草市里隐居的富室大户就更多,他们在草市向镇市,甚至是城镇的发展过程中,发挥了主要作用,乃至是决定性的作用,这样的发挥作用有两种角色存在形式:一是基础设施建设者和房地产开发商;二是管理者。

### (一)基础设施建设者和房地产开发商

草市越来越兴旺,就会吸引经济实力雄厚的富室大户进入草市,在草市植树造林、铺路架桥,然后是进行一系列房地产的开发,比如建造客栈、酒家、饭店、茶馆,等等,在沿河交通便利的地方建造商铺、经商场所和货栈等,所以草市的街是和水相连的,临水而建,因水而筑,草市往往有多条水街、水巷,这还是因为吴淞江流域的草市都是产生于星罗棋布的塘浦圩田之间,或者说得更确切些,是因为产生于星罗棋布的小圩泾浜之间。当然,还有供那些专门从事各种手工业(比如吴淞江流域最著名的纺织业等)和商业的非农人口居住、生产、加工和经营的房子。以往城镇里的坊和市是分开的,而且有严格的管理限制,但

---

① 昆山市千灯镇镇志编纂委员会编:《千灯镇志》,第六编,村镇建设,第一章,市镇建设,第一节,市镇演变,上海人民出版社,1991年,第111页。

在吴淞江流域的草市里的坊和市是混在一起的,有的是前店后坊,有的则楼下是店、楼上是坊,都在一条街上。这样的基础设施建设和房地产开发,极大地提升了草市的硬件设施和对外形象,从而会吸引更多的人来草市做生意,这样就使得草市的商业能获得更好的发展,草市的更好发展,也必然吸引更多的富室大户参与进来,从而会带来一拨又一拨的草市的基础设施建设和房地产开发,进而使得草市的规模不断扩大,基础设施越来越好,在草市居住、生产、经营的非农人口越来越多。当其规模达到一定程度的时候,"草市"就变成了"镇市",进而"镇市"就变成了"城镇"。按照著名学者樊树志的观点,当一个镇市的"非农人口超过1 000户时,就上升为城镇了"[1]。这样的规模不断扩大,城镇也就不断扩大,有些大的城镇的非农人口的户数甚至超过10 000户,这应该是少有的大镇了。

**（二）管理者**

镇市的管理者,有的是政府任命的"草市尉""监镇官",有的是自己花钱买的管理职位,有的是周边四乡五村公推的,这样的管理者一般都是大姓。在古吴淞江流域的常熟、嘉定、昆山、太仓等州县,很多市镇都是由某一位大姓创立,并由该大姓掌控市镇的支配权。对此,崇祯《常熟县志》中就有所体现:"邑之东唐市、李市、何市、归市、东徐市、张市（即双浜市）、吴市,各有主姓焉。"[2]举个具体的例子,比如璜泾镇的形成,明弘治间常熟人李杰所纂《璜泾赵市碑记》,就记述了赵仲辉复建璜泾镇的具体经过:"璜泾,故大镇,元季兵燹,民始荡析离居,而昔时繁华之地,鞠为草莽之区矣。国朝混一以来,百有余年,无有能兴复之者。承事郎赵君仲辉,世居其地,慨然以为己任,乃捐家资鸠工僦材,构屋数百楹,以处流寓,建桥梁,修道路,以便往来。于是商贾骈集,财货辐辏。若土地所产与夫他方水陆之物,靡不悉具。凡近市二十区之民,有而求售焉者,无而求市焉者。盖不俟赢粮负橐,操舟驰驱,远赴都邑,而不日之间,已遂其所求矣。阅三十余年,聚居益盛,远近志人,皆以'赵市'名之。"[3]

这样的管理者职位不光是靠有财有势就能胜任的,关键还要有口碑,或者说是德行,如此才能服众。比如周庄,最初是因为来自湖州的沈氏家族（著名的富豪沈万三之父沈祐）在元朝至顺元年（1330）来到周庄的东垞地,起初是全家

---

[1] 樊树志著:《江南市镇:传统的变革》,复旦大学出版社,2004年,第167－173页。
[2] ［清］高士鸃,杨振藻修,［清］钱陆灿,等纂:《康熙常熟县志》,卷之五,市镇,《中国地方志集成》,《江苏府县志辑》(第21辑),江苏古籍出版社、上海书店、巴蜀书社共同出版,1991年,第84页。
[3] 李杰:《璜泾赵市碑记》,弘治《太仓州志》,卷十下,文,《日本藏中国罕见地方志丛刊续编》(第三册),北京图书馆出版社,2003年,第353页。

大力垦殖无主圩田,当时还是比较艰苦的,随着耕种圩田的收入的增多和圩田的数量的不断扩大,沈氏家族有更多的余产来从事贸易,于是在当时周庄的银子浜西侧南北市街出现了草市。很明显,在周庄草市、镇市和城镇的形成过程中,沈氏家族是起了主导作用的,对此,清朝的陶煦在其所编纂的《周庄镇志》中给予了充分肯定:"周庄以村落而辟为镇,实沈万三父子之功。"①所以,周庄的市镇的管理者也就顺理成章地是沈氏家族。这样的管理者是服众的。

同样,如果市镇的管理者德行出了问题,那么就会殃及池鱼,以前不管如何兴旺的市镇都会因人而衰,甚至一蹶不振。比如现属昆山的花桥市,"里人朱氏创为市,市主监生朱坦以败伦论斩,市寻废"②;也有在一姓衰败后将市镇转给他姓的,比如常熟县东北60里的薛家市,"里人薛忭所创,居民多负贩,后忭犯法,瘐死,而市转属他姓"③。

通过对历史上吴淞江流域草市向城镇演变过程的梳理,笔者发现,现在的那些江南水乡古镇好多都是脱胎于古吴淞江流域的、产生于塘浦圩田间的草市,都是由草市逐渐发展而来的,这让笔者探索到了历史上古吴淞江与江南水乡古镇之间的某种因果关系。

在历史的变迁中,大多数水乡古镇都已消亡,或者变得默默无闻。尤其是在这些年的快速发展的城市化进程中,这样消亡的古镇更是数不胜数。这真是一个不可挽回的巨大损失。

还好,现在已经引起有关方面的注意和重视,由苏州领衔的"江南水乡古镇申遗"工作正在有条不紊地进行。而这些正在申遗的"江南水乡古镇"都直接或间接地与吴淞江有着千丝万缕的紧密关系,可是,我们却对吴淞江所知甚少,这真是一个失着。因此,笔者以为,应该有更多的专家、学者来从事有关吴淞江的研究工作,并能尽快出研究成果,以配合"江南水乡古镇"申遗工作的更好开展。

---

① [清]陶煦纂:《周庄镇志》,卷二,第宅,《中国地方志集成》之《乡镇志专辑》(第6辑),江苏古籍出版社、上海书店、巴蜀书社,1992年,第505页。
② [明]管一德撰:《皇明常熟文献志》,卷一,市镇,传抄明万历三十三年后刻本,第12页。
③ [明]管一德撰:《皇明常熟文献志》,卷一,市镇,传抄明万历三十三年后刻本,第12页。

# 第七章　摇城与三江口的关系

笔者对澄湖西边的大姚、姚盛等地名（原属车坊镇管辖。笔者注。）印象极其深刻，小时候常听大人说去"姚盛"干吗、干吗。（笔者一直以为是"窑上"，是一处专门烧制砖瓦的地方。因为这两个词的吴方言读音是一样的。笔者注。）笔者小时候的记忆里"姚盛"离老家很远，一个在澄湖边，一个在独墅湖边。但大人说很近，中间只隔了一条吴淞江。后来笔者才明白，那里还是著名的古三江口。

一直没有时间去看看，前些年的某个周末，应一个朋友的邀请，去了一次，主要是想了解苏州水八仙种植基地的情况。苏州水八仙当时已经主要是在车坊的江湾种植了，因为娄葑已经全部拆迁变成工业园区了。而澄湖边也有一个水八仙的种植基地，规模很大。

## 第一节　考古发现摇城遗址

摇城遗址碑

那次开车过去,在经过大姚时,车过一个拐弯处,远远望见荒地里有一块很大的黄石,上面的字看不太清楚,朋友说这是"摇城遗址"碑。笔者突然想起儿时所念念不忘的"姚盛"可能就是最早的摇城的一部分。了解历史的人都知道摇城最早是春秋晚期吴王的小儿子的封地,后来越灭吴后,就封越王摇于此,一直到汉朝初年,此地仍是越王摇的封地。如此看来,此地曾经是越王摇的世代封地。《史记·越王勾践世家第十一》中有关于此的记载:"后七世,至闽君摇,佐诸侯平秦。汉高帝复以摇为越王,以奉越后。"①但是这个摇城的具体位置现在很难判断,因为在"文革"时期的"围湖造田"运动中和后来的对澄湖的清淤过程中,都在水底发现了与摇城遗址有关的文物,说明"摇城"遗址大部分已经"陷落"湖中了。据《吴文化概论》中的记载:考古发现的文物之一古井,位于大姚村濒临澄湖的农田和澄湖的底部,有千余口,这些古井仅存挖穿原生土的下半截。

1974年6月的考古是由南京博物院和吴县文管会一起负责的,在发掘时,从一口古井中,清理出数十粒稻谷,和这些稻谷共存伴出的,还有一件夹砂灰陶鬶……从发掘的资料看,早在新石器时代,这里已广种水稻。当时南京博物院和吴县文管会联合发掘了这种残井150余口,出土和采集文物共1 200余件。根据出土文物特征的研究,这些文物可分为原始文化遗存、几何印纹陶遗存和汉至宋各代的文化遗存。其中,澄湖早期印纹陶遗存中,拥有一定数量带有中原文化因素的仿铜陶器,这与古文献《禹贡》中关于大禹治水到太湖的记载相印证,《禹贡》中说到大禹治理太湖水时是三江既入,震泽底定。而在商代晚期的印纹陶与宁镇、上海、浙北地区等地出土的文物具有共同的吴文化特征,正是吴国统治着这一地区历史的真实反映。而戚家墩类型的印纹陶,正好与周元王三年即公元前473年吴国为越国所灭,这一带均为越国统治着的史实相吻合。

澄湖出土印纹陶遗存的古井,数量在五百口以上,约占古井总数的48%,分布范围极广,可以想象出这里当时居住人口之多,生产、生活兴旺的情况。这些考古发现说明,在吴越春秋时期,这里已是一处颇具规模的人类聚居地。这些考古发现也与《越绝书·吴地记》中关于"摇城"的记载相吻合,"摇城者,吴王子居焉,后越摇王居之。稻田三百顷,在邑东南,肥饶,水绝"②。因此,考古发现也证明了这里就是吴王少子封地,也是后来越王摇的封地"摇城"。

---

① [西汉]司马迁著,李全华标点:《史记》,卷四十一,越王勾践世家第十一,岳麓书社,1988年,第349页。
② [东汉]袁康,吴平辑录,俞纪东译注:《越绝书全译》,卷二,越绝外传记吴地传第三,贵州人民出版社,1996年,第47页。

## 第二节 有"稻田三百顷"的摇城位于古三江口

上面提到在考古时发现了新石器时代的稻谷遗存,而在《越绝书·吴地记》里有"摇城""稻田三百顷,肥饶,水绝"的记载。春秋晚期的"摇城"就有稻田300顷,那是一个什么概念?古代1顷相当于现在的100亩,300顷就相当于现在的30 000亩,可以想象30 000亩水稻田,摇城这个封地应该是当时吴国和后来越国的主要水稻生产基地之一。那么这个"摇城"怎么会成为有30 000亩水稻田的生产基地呢?这说明在春秋晚期这里就是一片陆地,土地肥沃,灌溉便利,适合进行大规模的水稻生产。那么,在苏州东南部的水乡泽国中,怎么会有这么大的一片肥沃的陆地呢?很明显,这肯定是与它当时所处的地理位置独特有关。关于此,笔者在《史记正义》里找到了一条关于《禹贡》之"三江既入,震泽底定"的解释内容,它是这样说的:"三江者,在苏州东南三十里,名三江口。"[①]很明显,成书于唐开元廿四年(736)的《史记正义》中记载的古三江口是在离苏州城东南30里左右的地方。这个地方与澄湖西边的"摇城"遗址所在地是相吻合的。古代人们的距离感还没有现在这么精确,但这个大致位置是非常明确的:即古吴淞江是在现在的澄湖西边歧分为三江的,这个地方有条与吴淞江相通的大姚浦,许多方志史料上都有提及,这个"大姚"之"姚"原来是"摇",即古"摇城"之"摇"很明显,"摇城"遗址就是在古三江口。这样就明白了为什么摇城会有"三百顷"的水稻田了——这块古老的水稻生产基地是由古三江(古吴淞江、古东江和古娄江)的淤泥冲积而成的,所以极其肥沃,加上灌溉便利,因此非常适合水稻生产。

---

① [宋]范成大撰,陆振岳校点:《吴郡志》,卷四十八,考证,江苏古籍出版社,1986年,第623页。

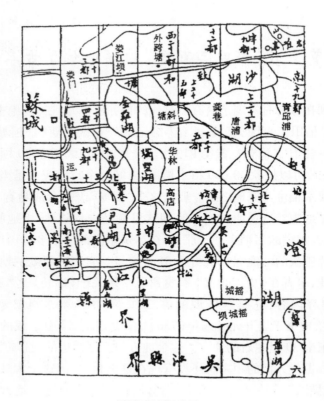

**摇城遗址周边图示**

## 第三节 两江淤塞形成三江口的内涝，使得摇城由陆成湖

在澄湖旁曾经有座寝浦禅林寺，里面有一口古钟，是清顺治十八年（1661）铸的，上面刻有"天宝六年地陷成湖"的字样。这表明这里是在唐天宝元年（747）才出现湖的，是由陆地陷落而成的湖，当然那时候的湖还很小，而不是一下子就形成现在这样的大湖的。那么怎么会在那时出现"地陷"呢？

### 古东江和古娄江的淤塞

很多专家、学者在阐述我国历史上著名的"唐宋转型"时都提到了气候的显著变化所造成的影响，比如学者满志敏在《唐代气候冷暖分期及各期气候冷暖特征的研究》和《黄淮海平原北宋至元中叶的气候冷暖状况》等著作中也指出：唐代气候以 8 世纪中叶为界可分为前、后两个时期，前期气候冷暖的总体特征与现代相近，后期气候明显转寒，气候带要比现代南退 1 个纬度。也就是说在唐朝中期，我国的气候出现了显著的变化——由暖转冷。也就是说在唐朝中期，即公元 8 世纪以后，我国进入寒冷期，海平面下降，造成海岸线东扩，从而使三江河道延伸，水流流程延长，从而导致其流速减缓，不能有效冲刷因感应海潮倒灌入三江河道内的海沙入海，导致海沙、淤泥在三江河道内淤塞，正如北宋水利专家郏亶所指出的："欲东导于海者反西流，欲北导于江者反南下。"①海水曾一度逆吴淞江而倒灌到苏州城东一二十里，这在范成大撰的《吴郡志》里有明确记载，"至是，潮忽大至，遂过夷亭"②（夷亭就是现在的唯亭。笔者注）。同时，海岸线的不断东扩，更使得三江下游的泥沙不断淤积。江沙和海沙的不断淤积，就导致了古东江和古娄江的相继淤塞。其中，造成古东江淤塞的还有另一个重要原因，就是在唐朝后期，政府在钱塘和金山之间修建了捍海塘，堵塞了东江的入海通道。而吴淞江由于江面宽阔，上游来水量大而没有遭到古东江和古娄江的厄运，但从那时起，吴淞江自身也不断变窄变浅。

### 淤塞形成内涝，陆地屡遭洪水冲击，渐成湖泊

古东江和古娄江淤塞后，就造成了三江口的严重内涝。学术界有一种观点认为：历史时期太湖平原在缓慢下沉，唐宋之际尤为显著。该区域存在一个"吴江——安亭断裂"，该断裂为角直凹陷南界断层，西起吴江，向东经千灯、安亭南，直到黄渡镇东北一带。全长约 65 公里，走向北东东 75 度，断面倾向北北西，为高角度正断层。晚第三系和第四系(N+Q)等厚线走向与断裂基本一致，北侧晚第三系和第四系(N+Q)厚 600 余米，而南侧最厚只有 500 多米。第四系(Q)等厚线走向在澄湖以东与断裂方向一致，断裂两侧全新统(Q4)厚度差异明显，北侧最厚达 27 米，南侧只有 4~5 米。断裂附近历史上曾 2 次 43/4 级和 1 次 5 级地震记载，1972 年以来有稀少弱震分布。该断裂为第四纪活动断裂。③而据专家考古发现：摇城处在长江三角洲的江南古陆部分，正好位于这个沉降中心，这一带地壳基岩上覆盖着厚达 220 米以上没有胶结的物质，多为泻潟湖含粉砂亚黏土，土质比较疏松。因此，这里一直处于缓慢下沉的过程中。古三

---

① [宋]范成大撰，陆振岳校点：《吴郡志》，卷十九，水利上，江苏古籍出版社，1986 年，第 263 页。
② [宋]范成大撰，陆振岳校点：《吴郡志》，卷四十四，奇事，江苏古籍出版社，1986 年，第 592 页。
③ 徐叔鹰，雷秋生，朱剑刚主编：《苏州地理》，第二章，三，断裂构造与地震灾害，古吴轩出版社，2010 年，第 33 页。

江口严重的内涝使得此地疏松的沙土下陷得更快,这样的下陷量变到唐天宝元年(742)时就形成质变,于是就形成湖泊。

那么这个小小的湖泊后来又怎么会成为大大的澄湖呢?这主要还是由人为破坏所造成的。古东江和古娄江淤塞后,到了宋代,"深广可敌千浦"①的吴淞江也逐渐淤塞,变浅变窄,下游的宽度由20里逐渐缩小到甚至不足2里。太湖之水宣泄不畅以致内涝成灾。(关于这方面,笔者写有专门文章论述。此处不再赘述。)《宋史·五行志》和《吴县志》里记载的大水灾,就有16次之多。因此,澄湖的中心部位,可能是在洪水中被冲击淹没而形成的。如果澄湖真由洪水冲淹所致,其中心部位的形成年代,当在北宋大观元年(1107)至南宋乾道六年(1170)之间。因为澄湖这个名字不见于熙宁、元祐间吴中水利专著,笔者仔细研读北宋水利学家郏亶、郏侨、赵霖、单锷等人的水利专著,均未发现澄湖这个名字,所以澄湖最早的形成年代当在北宋大观年间。而南宋乾道年间,澄湖就被列为秀州(即今嘉兴)的四大湖泊之一。

宋朝元祐年之后,由于辽、金与宋连年征战,兵荒马乱;宋徽宗重用朱勔建立"应奉局",大搞"花石纲",使得江南百姓倍受骚扰,民不聊生。政治上的动荡,使官民都无力于吴淞江流域的水利建设。另外,宋朝的单锷在《吴中水利书》中也提到安徽的商人为了将山里产的竹木直接通过太湖运往浙江谋利,拆毁了拦阻西北上游之水进入太湖的"五堰",使原来节制进入太湖的长江水失去节制,加大了太湖水的注入量。同时,郏侨在《水利书》中也提到朝廷为了调运东南盛产的大米进京,毁掉了众多的调节水量的堰坝和水闸,使得宋以前完善的水利体系遭到毁灭性的破坏。而为了贯通漕运挽舟之路,修筑了吴江长堤,这堵住了太湖水下泄入江的通道。这些不合理的水利活动,加剧了太湖的水患,以致太湖流域自大观元年(1107)至乾道六年(1170)间发生了7次大水灾。水深皆达丈余,受害者达数郡。苏州郡、平江府首当其冲,澄湖的所在地——古三江口附近,冲击力自然更大。摇城所在位置的表层都为疏松的文化土,破坏自然更严重。7次洪水中,以南宋宋孝宗隆兴二年(1164)的洪水为最大,因此,澄湖的形成,也以隆兴二年(1164)的可能性为最大。澄湖遗址出土的文物,都为北宋及北宋之前的遗物,正是这一史实的明证。

---

① [宋]范成大撰,陆振岳校点:《吴郡志》,卷十九,水利下,江苏古籍出版社,1986年,第279页。

## 摇城遗址大部分沉在澄湖湖底

由于"摇城"遗址所在地的土壤大多是潟湖含粉砂亚黏土,土质比较疏松,所以澄湖形成以后,水浪蚀岸,侵田为湖的情况十分严重。对此,文献资料中也有反映,比如清初许心扆所作的《张陵春望》诗中对此就有形象的描述:"振衣高岭望无边,滟潋澄湖波接天。万树夭桃秾欲尽,东风簸出沉郎钱。"①在拍岸巨浪的作用下,遗址剩余部分的湖岸还在不断塌方,湖面不断扩大,文化土被作为游移质,随水浪卷带到深处沉积。石器、陶片、兽骨等较重的东西,被析留湖底。而打穿原生土的古井的下半截,由于土层坚硬,得以幸存,并被淹埋在浩渺的湖水之下。"摇城"遗址也就变成了这样一处特殊形式的古文化遗址。在明朝的方志史料中就有记载,当时百姓都在湖底发现水井、街道和上马石等诸如此类的遗迹。

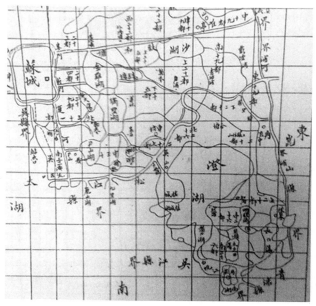

清《周庄镇志》元和县总图上标的澄湖西边的摇城与摇城湖

对比民国八年(1919)和1959年的地形图,40年的时间内,湖岸因侵蚀作用退缩约50米,东南岸和西北岸崩塌最为显著。1959年,在大姚港附近调查到,湖岸每年崩塌2~3米。当地民望桥附近原有庙宇,20世纪30年代距离湖岸约

---

① 吴恩培著:《吴文化概论》,总括,5,东南大学出版社,2006年,第15页。

50米,1959年,庙宇已没入湖中,民望桥也被迫数次迁建。① 这个权威机构的科学检测证明了上文的观点。

吴淞江流域早期的成规模的人类聚居地竟然就在古三江口,真是出人意料! 吴淞江流域早期的成规模的人类聚居地竟然是历史上春秋战国时期吴国和越国的面积达30 000亩的水稻生产基地,真是出人意料! 吴淞江流域早期的成规模的人类聚居地的历史变迁竟然印证了中华文明史上"唐宋转型"的过程,真是出人意料!

---

① 徐叔鹰,雷秋生,朱剑刚主编:《苏州地理》,第二章,三,断裂构造与地震灾害,古吴轩出版社,2010年,第76页。

# 第八章 沈万三家族的第一桶金从何而来？

## 第一节 沈万三家族的富有

沈氏家族特指元末明初的沈万三家族，说起沈万三，大家的第一印象就是大富豪，至于富到一个怎样的程度就不得而知了。对此，笔者通过查阅大量方志史料，终于对其富裕程度有了一个大概的了解：比如"洪武初，万三、万四率先两浙大户，输税万石，仍献白金五千两，以佑用度"①；比如"诏万三建南京廊房一千六百五十四楹，酒楼四座，筑城、甃阶、造铁桥、水关诸处，费钜万万计"②；比如"沈万三秀者，……赀巨万万，田产遍于天下"；"太祖定鼎金陵，诏岁献白金千铤，黄金百斤"③；又比如"余在白下，闻故老言，太祖尝于月朔召秀，以洪武钱一文与之，曰：'为我生利，只以一月为期，初二起，三十日止，每日取一对。'秀忻然拜命，出而筹之，始知当该钱五万三千六百八十七万九百十二文"④；"助筑都城三之一，又请犒军。帝怒曰：'匹夫犒天子军，乱民也，宜诛'"⑤；"后万三筑苏州街，以茅山石为心，上谓其有谋心，遂收杀之"⑥；"吴中富豪沈万三，洪武时籍

---

① 《周庄镇志》编纂委员会编：《周庄镇志》，卷二十三，沈万三，凤凰传媒出版股份有限公司，第1042页。
② [清]陶煦纂：《周庄镇志》，卷六，杂记，《中国地方志集成》之《乡镇志专辑》（第6辑），江苏古籍出版社、上海书店、巴蜀书社，1992年，第585页。
③ 《周庄镇志》编纂委员会编：《周庄镇志》，卷二十三，沈万三，凤凰传媒出版股份有限公司，第1043页。
④ 《周庄镇志》编纂委员会编：《周庄镇志》，卷二十三，沈万三，凤凰传媒出版股份有限公司，第1042页。
⑤ [清]陶煦纂：《周庄镇志》，卷四，人物，《中国地方志集成》之《乡镇志专辑》（第6辑），江苏古籍出版社、上海书店、巴蜀书社，1992年，第545页。
⑥ 《周庄镇志》编纂委员会编：《周庄镇志》，卷二十三，沈万三，凤凰传媒出版股份有限公司，第1043页。

没,所漏赀尚富。其子文度浦伏见纲,进黄金及龙角、龙纹被,奇宝异锦,愿得为门下,岁时供奉"①;"光禄寺有铁犁木酒榨,如用米二十石,榨之可汁百瓮,亦云是沈万三家没入者"②,等等,不一而足。

朱元璋定都金陵后,沈万三家族不仅献粮万石,而且献白银五千两,以后还每年献白银五万两(一锭为50两),黄金一百斤,还出资在南京修了三分之一的城墙,建了1 654间房间,4座酒楼,还造了水关、铁桥等基础设施,还要犒赏朱元璋的100万军队(每人一两银子),还出资造苏州街……即使被籍没后,后辈依然很富,可以用许多金银财宝去巴结权贵。沈万三家族的富裕程度真是令人难以想象!

那么沈万三家族的巨额财富是怎么来的呢?关于此,大家耳熟能详的恐怕就是诸如"沈万三拥有聚宝盆""沈万三精通点金术"之类的传说,但这些传说很荒诞,不能当真。对此,笔者兴趣不大,笔者真正感兴趣的倒是沈万三的"第一桶金"是怎么来的。也就是说他的"财富之基"是什么?关于这个问题的答案,笔者在研究吴淞江课题时,意外找到了。

## 第二节　在沈万三之孙沈庄墓志铭中发现线索

在清代陶煦所编纂的《周庄镇志》中有一篇沈万三之孙沈庄同时代的人卢充耘写的《故沈伯熙墓志铭》,书中记载这块墓志铭碑是在清朝道光年间出土的,其真实性毋庸置疑。卢充耘在墓志铭中对沈庄的身世做了简要的介绍:"公讳庄,字伯熙,姓沈氏,苏人也。其先世以躬稼起家,曾大父祐由南浔徙长洲,见其地沃衍宜耕,因居焉。大父富,嗣业弗替,尝身率其子弟力稼事,又能推恩以周急难,乡人以长者呼之。父旺,丰姿庞厚。有二子,长曰至,季即伯熙也。"③

讲得很清楚,沈庄的曾祖父叫沈祐,祖籍是在南浔,后搬到长洲(长洲就是苏州吴县东部、北部地区,长洲县是在唐朝武则天万岁通天元年即公元696年设立的。)。那么搬到长洲的什么地方呢?陶煦在该志卷四"人物卷"之"沈富"

---

① 《周庄镇志》编纂委员会编:《周庄镇志》,卷二十三,沈万三,凤凰传媒出版股份有限公司,第1044页。
② 《周庄镇志》编纂委员会编:《周庄镇志》,卷二十三,沈万三,凤凰传媒出版股份有限公司,第1044页。
③ [清]陶煦纂:《周庄镇志》,卷三,冢墓,《中国地方志集成》之《乡镇志专辑》(第6辑),江苏古籍出版社、上海书店、巴蜀书社,1992年,第530-531页。

篇中有明确的记载:"明沈富,字仲荣,一名秀,世称万三,万三秀者,乃巨富之名'万户三秀耳',又称万三秀,父祐,元季由湖州南浔镇徙居镇之东坨,以躬耕起家。"①原来是搬到周庄的东坨地,沈祐看到东坨土地肥沃,连绵广阔,适宜耕种庄稼,于是就定居下来,带领家人开垦农田,种植庄稼。很明显,沈万三的父亲是个农民,靠种田起家。而沈万三继承了父亲的家业,也经常带领家人(包括沈庄父叔辈沈茂、沈旺兄弟)一起干农活,也就是说沈万三家族是靠田产起家的。那么,沈万三家族的"第一桶金"——也就是其大量的田产是怎么来的呢?

## 第三节  沈万三家族的第一桶金从何而来?

墓志铭上说沈万三之父沈祐从南浔搬到当时的周庄东坨地时,见其地"沃衍宜耕,因居焉"。看到这里,读者是不是和笔者一样有疑惑?这一大片肥沃适宜耕种的田地难道是沈万三之父沈祐——一个外来户可以随随便便占为己有的?怎么可能呢?除非这一片是无主田地。那么,当时这一片是不是无主田地呢?让我们就此问题继续探寻。

### 沈万三家族第一桶金的"沃衍"田地是无主田产

《周庄镇志》上说"周庄以村落而辟为镇,实沈万三父子之功。当时镇西半皆墓地,人烟所萃惟严字圩。其东南隅曰东坨"②。这么说来,沈万三之父刚到周庄东坨时,周庄还是一个村落,人口也不多,主要集中在离东坨较远的西北方向的严字圩一带。而东坨周围除了河流、湖泊外,就是墓地,几乎没什么人。从这段文字描述中,我们可以肯定沈万三之父初到周庄时所开垦经营的应该是一大片无主田产。关于此,笔者也找到了佐证资料,明初有个叫刘三吾的人在洪武二十四年(1391)为沈万三的兄弟沈贵的儿子(即沈万三的亲侄子)沈汉杰也写了篇墓志铭,其中有这样一段:"汉杰之先,吴兴人,家南浔,其大父祐,徙苏长洲之东蔡村,爱其水田膏沃,土俗忠仆,因家焉。人遂以所在污莱未田者归

---

① [清]陶煦纂:《周庄镇志》,卷四,人物,《中国地方志集成》之《乡镇志专辑》(第6辑),江苏古籍出版社、上海书店、巴蜀书社,1992年,第545页。
② [清]陶煦纂:《周庄镇志》,卷二,第宅,《中国地方志集成》之《乡镇志专辑》(第6辑),江苏古籍出版社、上海书店、巴蜀书社,1992年,第505页。

之,躬率子弟服劳期间,粪治有方,潴泄有法,由此起富,垺于素封。"①该段文字中,前面一句的意思大家都已明白,而对后面句中的"人遂以所在污莱未田者归之"这话可能不太明白,查字典,我们知道,"污"字就是指烂泥地(即水田),"莱"字在古代指荒废或轮休的田地。很明显,所谓"污莱未田"之地就是指那些没有开垦的水田和已经荒废的田地,也就都是无主之田。由此可见,沈万三家族的"财富之基"的大片田产来自无主田地。

### 沈万三家族第一桶金的"沃衍"田地是由古东江淤积而成的

那么,这些无主田地是怎么来的呢?

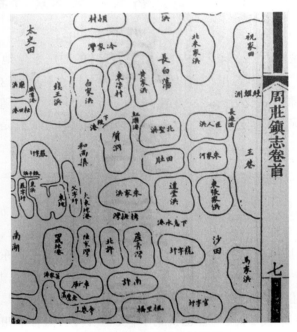

清《周庄镇志》上的东坨位置

要说明这个问题,还得从当时的周庄东坨的具体方位上来分析,笔者曾经去周庄实地考察,但已经找不到这个地名。问当地年纪大的人,他们也不清楚,但银子浜他们是知道的。后来,笔者在《周庄镇志》中发现了一张"周庄、陈墓"二区图,在图上找到了东坨的具体方位,发现其所处的位置很独特:西面是白蚬江(就是古代的白蚬湖),北面和东面是上急水港,南面是南湖,东南面是下急水

---

① [清]陶煦纂:《周庄镇志》,卷二,第宅,《中国地方志集成》之《乡镇志专辑》(第6辑),江苏古籍出版社、上海书店、巴蜀书社,1992年,第505页。

港,与淀山湖相通。看到这张图,笔者终于明白沈万三家族第一桶金的"沃衍"田地是怎么来的了。

先来说说白蚬江,《史记正义》上说到吴淞江时,有一段与之相关的话:"一江东南上,七十里入白蚬湖(即白蚬江),名曰上江,亦曰东江。"①很清楚,白蚬江就是古吴淞江三江之一的东江的一段。对此,明末的水利专家张国维也在《吴中水利全书》中称:"白蚬江为淀山湖发源之地,由淀入海。"②这个入海通道在唐朝后期由于修筑捍海塘而被堵塞,就导致了其下游淤塞成陆,而上、中游则在南宋和元朝时期水灾频发,大量的泥沙淤积,就形成了很多无主的水田。

这种情况要等到明朝的夏原吉"以黄代淞"工程完全成型后才有所改善,从那以后,古东江段之水才能由白蚬江入淀山湖,再通过黄浦江入海。《乾隆元和县志》在介绍吴淞江时,有这样一段话:"吴淞江太湖委也,袤二百五十余里,其流西南自夹浦桥迤逦而东,经官浦、九里湖,东过镬底潭,自大姚分支,东过陈湖,过周庄,通淀山湖,又东至嘉定县界;又东北流,合上海县黄浦入海,境内之川莫大于是。"③这段话很好地印证了上面的观点。

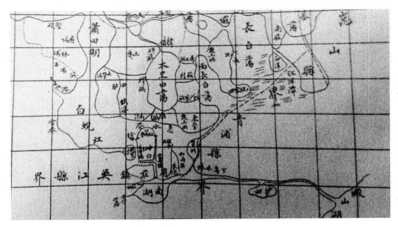

**清《周庄镇志》所体现的东垞周边环境**

再来看看方志上是怎么介绍那条急水港的:"在镇之北,自白蚬江西北行至沐庄湖,名上急水港;自白蚬江东南行至淀山湖,名下急水港,长二十余里,径阔

---

① [宋]范成大撰,陆振岳校点:《吴郡志》,卷四十八,考证,江苏古籍出版社,1986年,第623页。
② [清]陶煦纂:《周庄镇志》,卷一,水道,《中国地方志集成》之《乡镇志专辑》(第6辑),江苏古籍出版社、上海书店、巴蜀书社,1992年,第483页。
③ [清]许治修,[清]沈德潜,顾诒禄纂:《乾隆元和县志》,卷三十四,水利二,《中国地方志集成》之《江苏府县志辑》,江苏古籍出版社、上海书店、巴蜀书店,1991年,第183-184页。

水深,流亦较急,为松江漕艘运道,俗称粮船路。按太湖之泄庞山湖者,其东北流之水俱入吴淞江,其东流之水由九里湖、沐庄湖入上急水港,历白蚬江复趋下急水港至石人庙,出淀山湖。其陈湖之水分流萧田湖者,亦由白蚬江入下急水港,为白蚬江上承下注之所,即东江故道也。"①由此看来,上、下急水港原本也是白蚬江的一段,原来都是属于白蚬湖的,皆属于古东江故道。而上、下急水港之间的陆地(包括那块东垞地)无疑是因古东江的下游入海通道被捍海塘阻断后造成上、中游的经常泛滥成灾,由江河挟带的大量泥沙淤积而成的。

那么,沈万三家族"财富之基"的这一片肥沃的无主田地怎么可以轻易地占为己有呢?难道政府不管?封建朝代有"普天之下,莫非王土"的说法。难道,元朝的政府在这方面有什么与众不同?

## 第四节　元朝政府放任地方豪强占水为田

在南宋,吴淞江下游和中游的淤塞越来越严重,导致吴淞江的下泄水势渐渐转向东北和东南,于是在东南方向就出现了一些湖泊,比如陈湖、淀山湖等,这些湖泊是由此段区域的洪涝灾害频发和地面沉降的双重作用所造成的,江河淤塞情况的严重和湖泊的出现,导致了在吴淞江流域人口不断增多的时候(比如南宋末年的战乱导致北方的大量人口来到吴淞江流域),就会出现越来越多的占水为田的现象。元代著名的水利专家任仁发在其水利著作《水利答议》中提到了淀山湖被侵占的例子:"彼中富豪数千家,每岁种植茭芦;编钉椿条,围筑圩岸,尽成膏腴之田。"②淀山湖在元朝时被侵占得非常厉害,竟然有数千家富豪都在淀山湖里种植茭白和芦苇,插上荆条,然后筑岸围田,占为己有。此种现象,明代的《农田余话》里也有所反映:"海隅曹宣慰(曹梦炎),其先起农家至富强。……至宣慰日益盛大。时淀山湖为潮沙漂塞大半。曹氏占为湖田九十三围,得数万亩。相传其仓中米囤凡十二行,每行十百十二枚;又一所少差,亦十二行,行八十四枚,积粟百万。豪横甲一方,郡邑官又为之驱使。"③你看那个曹梦炎多厉害,竟然光在淀山湖就占田数万亩,米囤有13 152个。如此豪富,连当

---

① [清]陶煦纂:《周庄镇志》,卷一,水道,《中国地方志集成》之《乡镇志专辑》(第6辑),江苏古籍出版社、上海书店、巴蜀书社,1992年,第483－484页。
② [清]顾沅辑:《吴郡文编》,卷二十四,水利二,上海古籍出版社,2011年,第382页。
③ [明]长谷真逸著:《农田余话》,卷上,《四库全书存目丛书》,齐鲁书社,1997年,子部第239册,第326页。

地的地方官员都要听他使唤!

整个元朝时期,在吴淞江流域,像曹梦炎这样的富豪很多,他们往往"广占土地,驱役佃户,无爵邑而有封君之贵,无印节而有官府之权"①。那么沈万三家族"财富之基"的"沃衍"田产到底有多少呢?笔者找遍方志史料,也没有找到关于此的确切记载,只是在明朝弘治年间的苏州进士黄暐的《蓬轩吴记》卷上中发现了这样的记载:"籍其田数千顷,每亩定赋九斗三升,吴下粮额之重坐此。"②原来,明初洪武皇帝籍没沈万三家族田产达几十万亩(古代1顷相当于现在的100亩),并把这些田产作为官田,每亩征税高达九斗三升(当时常州府的田每亩征税一斗),从此,苏州地区的赋税就越来越重了。

虽然这几十万亩田产也许不完全是沈万三家族的原始积累,但其中的很大部分肯定是沈万三的"财富之基",这是毋庸置疑的,所以这个数量应该是非常惊人的。

那么,元朝政府为什么会放任这些豪强占水为田呢?笔者在一则史料上找到了答案,其内容是这样的:"每年海运的粮斛多在浙西,有吴淞江淤塞地面,若是有人种田,或别占着的,不拣什么人,休教阻当。"③这是什么意思呢?原来元朝政府在至元年间将漕粮改为海运后,其税粮完全依赖江南地区。当时在太仓港负责江南地区漕粮海运的朱清、张瑄每年要向元大都(就是现在的北京)运去漕粮一百多万石,有些年份甚至达到三百多万石。江南地区是当时元朝的赋税重心,元朝政权是靠它来维持正常运转的。为了使这一地区能多出税粮,元朝政府对那些在吴淞江流域占河、占湖围田的人和事都是放任的,甚至可以说是鼓励的,而沈万三家族来到周庄后,"力稽事能推恩以周急难,人皆以长者呼之"④,人品和名声都极好,受到当地人的尊重,所以沈万三家族可以占有如此多的无主田地,从而成为其家族的第一桶金,财富之基。

这样一路分析下来,我们终于明白了元末明初巨富沈万三家族的"财富之基"是什么了,也终于明白它又是怎么来的了。

---

① 陆允昌著:《苏州文史研究》,文汇出版社,2015年,第173页。
② [明]黄暐著:《蓬轩吴记》,沈宝条,苏州文献丛钞初编,古吴轩出版社,第192页。
③ [元]任仁发著:《水利集》,卷一,大德八年五月中书省照会设立行都水监,影印本,第74页。
④ [清]陶煦纂:《周庄镇志》,卷四,人物,《中国地方志集成》之《乡镇志专辑》(第6辑),江苏古籍出版社、上海书店、巴蜀社,1992年,第545页。

## 第五节 补充说明

### 沈万三的真名究竟是什么？

明代黄暐编撰的《蓬轩吴记》中有这样的记载："沈万三秀，不知其名，盖国巨富者谓之万户。三秀者，国初每县分人为五等，曰哥、畸、郎、官、秀，哥最下，秀最上。洪武初年，家给户由一纸。每等之中，又有各等，沈乃秀之第三者也。"①

按其说法，"万三"不是真名，也不是字号，而是称号，是指"万户之三秀者"。"沈万三"的意思就是"最上等的沈姓富豪"。

其实，"万户"是缘于元代统治者蒙古族崛起时的一种军事编制，熟悉历史的人都知道，蒙古军队中有"万户""千户""百户"等职位，也有"万夫长""千夫长""百夫长"等的不同军职。沈万三就是万户之三秀，那么这个"万户"是一个怎样的"万户"呢？通过对沈氏家族财富来源的途径分析，笔者认为沈万三之"万户"乃"纳粮万户"，就是交给朝廷皇粮最好的级别的那种。而同样是苏州人，海盗出身的朱清因开通新娄江，倡议并具体负责江南七省的漕粮海运，劳苦功高，元朝朝廷授予他"运粮万户"的职位。这既是同样的道理，也是最好的旁证。

那么沈万三的真实名字是什么呢？关于此，前文提到的清代陶煦所编纂的《周庄镇志》上有明确的记载："明沈富，字仲荣。一名秀，世称万三。万三者，乃巨富之名万户三秀耳，故又称万三秀。"②而在前文提到的明初刘三吾的《坦斋文集》卷下中有一篇《故吴兴处士沈汉杰墓志铭》，墓志铭中也提到了沈万三的家世及真实名字："……二子世遵先训，益大厥家，长讳富，字仲荣，即万三公；次讳贵，字仲华，即万四公。仲华二子，德昌其长，汉杰其次。……"③说得很明白，沈万三的真名叫"富"，字"仲荣"。

---

① 《周庄镇志》编纂委员会编：《周庄镇志》，卷二十三，沈万三，凤凰传媒出版股份有限公司，第1042页。
② [清]陶煦纂：《周庄镇志》，卷四，人物，《中国地方志集成》之《乡镇志专辑》（第6辑），江苏古籍出版社、上海书店、巴蜀书社，1992年，第545页。
③ 南京图书馆藏丁丙八千卷楼万历善本《坦斋刘先生文集》载。

## 沈万三究竟生于何时？卒于何时？

### （一）沈万三生于何时？

在《故沈伯熙墓志铭》中，卢充耘对沈庄的身世做了简要的介绍："公讳庄，字伯熙，姓沈氏，苏人也。其先世以躬稼起家，曾大父祐由南浔徙长洲，见其地沃衍宜耕，因居焉。大父富，嗣业弗替，尝身率其子弟力穑事，又能推恩以周急难，乡人以长者呼之。父旺，丰姿庞厚。有二子，长曰至，季即伯熙也。"①从中我们可以看出沈庄沈伯熙是沈万三沈富的孙子。然后卢充耘在墓志铭中又介绍了沈庄因何坐牢、因何而死的事。"洪武十九年春，兄至以户役故，缧赴秋官。时伯熙亦获戾京师，适与兄同系狱。……既而，伯熙先出，遂得疾甚，药莫疗。竟于其年五月二十一日卒于京，春秋四十。……"②沈庄是在明洪武十九年，也就是公元1386年死的，死时年仅40岁。那么，由此可以推算出沈庄是生于公元1347年。根据古代祖孙代传大约为50年时间计，古代人一般都早婚，20岁左右就要结婚成家。如20岁结婚，21岁有第二代，41岁时，第二代结婚。42岁时，第三代出生。如果这个推算有出入，其大致也是在50岁，第三代应该是出生了。则沈万三沈富的出生的具体时间应该是在公元1297年或者是公元1298年，也就是在元大德元年或者是元大德二年。

### （二）沈万三卒于何时？

《蓬轩吴记》中提到了朱元璋定鼎金陵后，亲自召见的是沈万三沈富的两个儿子沈茂、沈旺，"富卒，二子茂、旺。我太祖定鼎金陵，召廷见，令其岁献白金千锭，黄金百斤，甲马钱谷，多取资于茂。……后茂罪当辟，以有营建，工绪未讫，但黥颡为蓝党，犹得乘马出入。既而发辽阳从戎，籍其田数千顷……"③，讲得很清楚，跟朱元璋有关系的都是沈万三沈富的儿子的事情，只字未提沈万三沈富本人。前后文联系起来，可以断定沈万三沈富是死于元末。

---

① ［清］陶煦纂：《周庄镇志》，卷三，冢墓，《中国地方志集成》之《乡镇志专辑》（第6辑），江苏古籍出版社、上海书店、巴蜀书社，1992年，第530－531页。
② ［清］陶煦纂：《周庄镇志》，卷三，冢墓，《中国地方志集成》之《乡镇志专辑》（第6辑），江苏古籍出版社、上海书店、巴蜀书社，1992年，第531页。
③ 《周庄镇志》编纂委员会编：《周庄镇志》，卷二十三，沈万三，凤凰传媒出版股份有限公司，第1042页。

**周庄银子浜**

笔者认为黄暐的这个说法是可信的,因为黄和沈都是苏州人,两人相隔年代也不长,比较近,黄暐当时所了解的沈的事实还是比较清楚的,也比较符合史实,还没有明显的杜撰、演绎和传说的成分。

对此,同治《苏州府志》"杂记"中有更明确的记载:"张士诚据吴时,万三已死。……"①也就是说该志编者认为在张士诚据吴时的1356年,沈万三沈富已经死了。

也许有人会拿《明史·马皇后传》中的相关记载来质疑,传中说:"吴兴富民沈秀者,助筑都城三之一,又请犒军。帝怒曰:'匹夫犒天子军,乱民也,宜诛。'后谏曰:'妾闻,法者诛不法也,非以诛不祥。民富敌国,民自不详,天将灾之,陛下何诛焉?'乃释秀,戍云南。"②

其实,笔者前文已经解释清楚,"秀"是明初区别百姓身份等级的一个称号,是最上等的称号,不是一个人的真实名字。很明显,这个沈秀不是沈万三沈富,而是他的两个儿子沈茂、沈旺。因为明初,沈茂、沈旺曾积极向朱元璋政权献粮献金,所以其身份等级为最高的"秀"级。关于此,同治《苏州府志》"杂记"中有明确的记载:"洪武初以龙角来献,侑以白金二千锭,黄金三百斤,甲士十人,甲

---

① 《中国地方志集成·江苏府县志辑》(第10辑),[清]冯桂芬纂,[清]谭钧培、李铭皖修:《同治苏州府志》,卷一百四十六,杂记三,江苏古籍出版社,1991年,第704页。

② [西汉]司马迁,等著:《二十五史精华》(第四册),《明史精华》,列传,后妃,太祖孝慈高皇后,岳麓书社,1989年,第285页。

马十匹,建南京廊房一千六百五十四楹,酒楼四座,筑城凳阶,造铁桥水关诸处,费巨万万计。时方征用人才,茂为广积库提举,旺之侄玠为户部员外郎。"①

朱元璋定鼎金陵后,沈万三沈富的两个儿子沈茂、沈旺不只献粮献金,而且出资帮助朱元璋建设都城,其都城三分之一的基础设施(而不是后人曲解的修三分之一的城墙)都是沈茂、沈旺出资兴建的,为此兄弟俩花费了无数的钱财。沈茂及其子沈玠还因此被封官。

还有,在清代陶煦所编纂的《周庄镇志》中也有证据:"沈旺,字文度,万三之子。籍没后,其家漏赀尚富。"②很明显,明初被朱元璋抄家的是沈万三之子沈旺、沈茂,而不是其本人。这也是沈万三沈富在元末已死的一个旁证。

还有,明史是清朝时代的人编撰的,其史料的真实性自然不能和明朝时的史料相比,相对来说,明朝的史料比清朝的史料更具真实性。

分析到这里,相信大家都明白了关于沈万三沈富最接近于史实的真相了。

---

① 《中国地方志集成·江苏府县志辑》(第10辑),[清]冯桂芬纂,[清]谭钧培、李铭皖修:《同治苏州府志》,卷一百四十六,杂记三,江苏古籍出版社,1991年,第704页。

② [清]陶煦纂:《周庄镇志》,卷六,杂记,《中国地方志集成》之《乡镇志专辑》(第6辑),江苏古籍出版社、上海书店、巴蜀书社,1992年,第585页。

# 第九章 娄江的变迁

娄江是古代太湖水下泄入海的三江之一。古娄江是怎样一条运行线路？按照方志、史料上的说法，就是古吴淞江从西向东行至约位于今澄湖西大姚那个地方出现三分，北边的那条就是古娄江，中间的是古吴淞江，南边的是古东江。古娄江行经苏州城东面昆山方向入海。

## 第一节 古娄江的堙塞成陆

古娄江到底出现于何时？各时期的方志史料上说法不一，莫衷一是：有的说《禹贡》三江就是指古娄江、古吴淞江和古东江；有的说《禹贡》三江是指扬子江（长江下游）、中江（长江在中游分流后在安徽芜湖南部流入太湖）——吴淞江（中江入太湖，太湖水由吴淞江入海。中江和吴淞江几乎是在一条直线上。）和钱塘江（也就是古代的浙江）；有的说古代三江中只有古吴淞江是入海的，而古娄江和古东江是不入海的。关于这一点，范成大的《吴郡志》认为：古吴淞江分流后，南边的那条古东江是入小湖（就是那个白蚬湖）的，而北边的那条支流是返流入太湖的。

那么，什么时候古吴淞江南面的江和北面的江有入海通道的呢？从明初卢熊所编纂的《苏州府志》中的"春秋到明初的吴境地图"系列图中，笔者发现，一直要到那张"三国六朝郡境地图"中，才出现了通海的娄江和东江。据方志、史料的记载，最早提"三江入海"的是南齐人庾仲初注的《吴都赋》中的一段话："今太湖东注为松江，下七十里有水口分流，东北入海为娄江，东南入海为东江，与松江而三也。"[①]因此，有学者推断，可能是在六朝时期，当时北方战乱，大量人口南迁，造成了古代太湖流域的人口急剧增加，人多地少，于是太湖下游广大的

---

① [宋]朱长文撰，金菊林校点：《吴郡图经续记》，江苏古籍出版社，1999年，第47页。

沼泽、水域都逐步得到开发。由于太湖下游地区地势低下,沼泽湖泊遍地,开发时必须要排涝,然后才能进行围垦,于是就出现了此地特有的塘浦圩田体系。而为了能把低洼地区的水有效地排入长江、大海,就必然会开挖一条条通江、达海的河道,于是古吴淞江的南北就出现了最早的三十六条入江、入海通道,那就是著名的"三十六浦"。同样,东江和娄江的入海河道也就被开挖出来了,于是原来的"一江入海"也就变成了"三江入海"。

那么古娄江又是什么时候堙塞成陆的呢?关于这个,史料上也没有明确的记载。在宋代郑氏父子的水利书中,只是提到说在唐代,古娄江和古东江就已经湮塞成陆了。但更具体的时间没有。同样,湮塞成陆的原因也没有明确的说法。笔者通过将相关史料进行梳理后,终于弄明白其原因,归纳下来,大致有以下几点:

(一)海平面不断向东推移。随着长江和钱塘江所挟带的泥沙不断堆积,太湖下游海平面不断向东推移,这样就使得古娄江和古东江的流速减缓,河床不断变浅,泥沙也就不断淤积,久而久之,就造成了古娄江和古东江的淤塞成陆。

(二)海平面下降。在唐代中期,大约是八世纪时,我国大部分地区进入寒冷期,这使得海平面下降,太湖下游陆地自东延伸,三江河道延长江水流速减缓,不能有效冲刷浑潮,导致海水不断倒灌,大量海沙受海潮的顶托,在那些入海的江河口沉积,日积月累,就造成了古娄江和古东江下游的堙塞成陆。再加上其中游、上游地区不断遭到人为的围垦,这样就导致了整条古娄江和古东江的堙塞成陆。

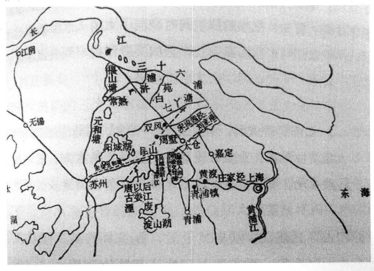

娄江水利体系示意图

（三）唐朝捍海塘的修筑。唐开元初，政府曾在南起钱塘江北岸、北到吴淞江入海口的绵延海岸线上修筑了捍海塘。这条捍海塘的修筑正好堵死了古东江的入海口，这样，东江也就渐渐埋塞成陆了。

而古吴淞江由于是天然江河，加上江面宽阔，上游来水量大，可以有效冲刷江中的泥沙入海，吴淞江的水位又高于海水水位，所以海潮所挟带的海沙也不能在吴淞江的入海口沉积。因此古吴淞江在唐代时的淤塞还不是很严重，而在唐代后期，太湖入海三江中只有吴淞江一江没有湮塞。

## 第二节　新娄江是如何产生的？

那么后来的娄江又是怎么一回事呢？这要从北宋至和年间的昆山主簿丘与权说起。宋以前的五代十国时期，长江以南地区曾出现了许多割据一方的诸侯国，他们的执政者都截留地方上的税赋、财政，不上交给中央政府。太湖下游地区当时属于吴越国，因为有雄厚的税赋、财政，所以能把地方上的水利搞得非常好。因此后来历朝历代的水利专家都认为吴越国时期太湖下游的塘浦圩田体系是最好的，而吴越国政权存在的约百年间，太湖下游只发生了一次大的水灾。可是，到了宋朝统一天下时，它首先做的就是把五代十国时期的诸侯国截留地方税赋、财政的弊端全部除掉，于是在宋初，就出现了一个奇特的官职，那就是到全国各地去催收、押运税粮的转运使。其中，太湖流域的转运使乔维岳为了便于转运地方上的税粮入京（当时称汴梁，现在称开封。），就把吴越国时期所形成的完善的塘浦圩田体系全部破坏掉了。这样就导致了太湖下游的有效泄洪排涝的体系失效，于是在多雨季节，太湖下游就会出现严重的洪涝灾害。

当时苏州城和昆山之间是一片汪洋，北有阳澄湖，南有沙湖、吴淞江，没有陆路通行。而到了有洪涝灾害时，其水域则情况更加恶劣，常有大风大浪，过往船只往往有沉没的危险。而一些湖盗船和走私船也会出没其中，劫掠往来船只，给社会治安造成很大的隐患。以前也有地方官员想在苏州城和昆山之间修筑一条陆路以通往来，但都没有成功，其原因，一是成本高，二是技术难度大。一直要到北宋至和初年，昆山主簿丘与权又上书言及此事，才得到昆山县令和平江府知府的支持，开始在苏州城和昆山之间修筑陆路。这次修筑，丘与权采用了一种独特的方法，所以就成功了。关于此事，沈括的《梦溪笔谈》中有详细的介绍："就水中以藼篠莴蒿为墙，栽两行，相去三尺，去墙之间旧水，墙间六丈，留其半以为堤脚，掘其半为渠，取土以为堤，每三四里则为一桥，以通南北之水。

不日堤城,至今为利。"①

因为这条塘路是在北宋至和年间修筑的,所以最初它被称为至和塘。至和塘原来有高而宽的堤岸,堤岸上种有杨柳、榆树等,还有 52 座桥梁。塘河的宽度在二三十丈,深度在三四丈。这条至和塘就是新娄江的雏形。

这条至和塘又叫昆山塘,它后来和太仓的太仓塘连接起来后,新娄江就基本形成了。那么,太仓塘又是一条怎样的河流呢?明初卢熊编纂的《苏州府志》上有这样的记载:"太仓塘自具塘桥至周泾出海。宋时湮洪,潮汐不通。至元时,娄港不浚自深,日往月来,不数年间,朝夕两汛,可容万斛之舟。"②就是说,到了元初,太仓塘入海口的刘家港已经又深又广了,在有潮汐时,可以容纳"万斛之舟",很明显是一个深水港了。

**新娄江**

那么,这个昆山塘和太仓塘又是怎么连接在一起的呢?这就要提到一位传奇人物,那就是宋末元初的海盗朱清。据《吴郡文编》中《朱清事迹》的记载,朱清是崇明岛人,从小就是一个无赖,后来在崇明的一位杨姓富人家里当佣奴,因不堪主人虐待,就把杨姓富人杀了,然后"劫其妻子,亡入海"③。继而和儿时伙伴张瑄结合,做起了海盗,抢官粮、贩私盐、劫客商……官府如追捕,朱清就"纵舟入洋,三日夜得沙门岛,……,见文登、彝维诸山,又北见燕山、碣石,往来飘

---

① [宋]范成大撰,陆振岳校点:《吴郡志》,卷十九,水利上,江苏古籍出版社,1986 年,第 262 页。
② [明]卢熊撰:《苏州府志》,卷三,塘,台北成文出版社有限公司,1983 年,第 191 页。
③ [清]顾沅辑:《吴郡文编》(第 4 辑),卷一百五十一,记事一,朱清事迹,上海古籍出版社,2011 年 12 月,第 612 页。

忽,习以为常。东北海道遂无不熟"①。为了逃避官府追捕,朱清常常会带着海盗船扬帆远航,沿着海岸线一路往北过黄海、到山东沿海,入渤海湾,在这些海域的一些岛屿中做剪径和抄掠的行当,也顺带做一些食盐和粮食的走私买卖。于是,朱清就发现了一条新的航线,就是从崇明岛到渤海湾的航线。对此,明代弘治年间的《太仓州志》卷八《杂传》中也有相似的记载:"若捕急,辄引舟东行,三日夜得沙门岛,……,见文登、夷维诸山,又北见燕山与碣石,往来若风与鬼,影迹不可得。稍息则复来,亡虑十五六返。私念南北海道,北固甚径,且不逢浅用。"②

朱清画像

这条航线的发现成就了朱清。元灭宋过程中,朱清的海盗船队投靠元,出力不少。元灭宋后,南宋的所有财宝、典籍等战利品要运回当时的首都大都(就是现在的北京),当时这趟差事就是朱清的海盗船承担的。也就是这趟差事,使得元政权上层对朱清有了好印象。元政权建立后,主要还是要靠江南地区的税粮来维持战争和政权的运作,"元都于燕,去江南极远,而百司庶府之繁,卫士编民之众,无不仰给于江南"③。必须要把江南地区的税粮源源不断地运往京都。但当时京杭大运河因常年战乱,已经不能用了。在这种情况下,朱清就向元朝当权者建议,将税粮由以往的河运改为海运,并向当时的当权者推荐了那条航线。这个建议得到了元朝丞相伯颜的认可,于是伯颜向朝廷推荐,任命朱清为宣慰使,专门负责江南地区税粮的解运。于是,从海上运粮成了元朝漕运的主要方式,史上简称"海漕"。海漕的兴起与发展促进了新娄江的兴旺。

为了能更好地解运税粮,在至元二十四年(1287),"水涝为灾,宣慰朱清谕上户开浚,自娄门导水由娄江以入于海,粗得水势顺下,不致甚害"④。"清乃浚

---

① [清]顾沅辑:《吴郡文编》(第4辑),卷一百五十一,记事一,朱清事迹,上海古籍出版社,2011年,第612页。
② [明]李端修,[明]桑悦纂:弘治《太仓州志》,卷八,杂传,广陵书社,2014年,第212 - 213页。
③ [明]宋濂著:《元史》,卷九十三,志,第四十二,食货一,海运,中华书局,1976年,第2364页。
④ [明]卢熊撰:《苏州府志》,卷三,水利,台北成文出版社有限公司,1983年,第212页。

开娄门至海口。于是刘家港潮渐西,势日深广。"①于是,这条连接至和塘和太仓塘、在刘家港入海的新航道——元代江南地区海漕的重要航道就出现了。又因为它与古娄江的运行通道近似,而其重要程度又远远超过古娄江,所以,后人就把这条新航线也称为娄江。于是,新娄江就真正成型了。对此,《苏州府志》在"娄江"条下对娄江和刘家港的关系有一番解释,认为宋代早失娄江故道,而朱长文所记载的宋代从苏州娄门东行70里的昆山塘逐渐发育,"娄江旧迹昭然可见",于是将之作为娄江看待,后来娄江"俗讹为刘家港"。而崇祯《太仓州志》对这一"俗讹"提供了两种解释:"刘家港亦呼刘家河,在州城东七十里,即娄江入海口,水面辽广,或曰,乡音刘娄互呼,刘者娄也。或曰唐宋间,崇明沙唯刘姚二姓,故名刘家,两者存疑也。"②很明显,当时这条新形成的航道之所以被称为娄江,是因为和刘家港有关,"刘""娄"在苏州地区的读音是相通的。这条新航道也就被称为"刘河",这条"刘河"又与娄江故道相似,于是叫着叫着,以讹传讹,这条新航道就逐渐被称为娄江了。

## 第三节 新娄江的重要作用

朱清负责的海漕繁忙时,每年通过新娄江,从刘家港出发,通过海道运往元朝京都的税粮超过了一百多万石,有些年份甚至要超过三百万石,朱清也因此"迁昭勇上将军,海道都漕运万户。元贞二年丙申授资善大夫、江南行省参知政事。大德四年庚子,升本省左丞户部尚书、江东宣慰使,赐玉带"③。"自朱清倡海运而崇明以功封侯伯及万千百户佩金银虎符者至百十余人,非清之亲戚、党羽,则厮养奴仆也。当是时,清父子势张甚,建宅武陵桥北,市有盐铁塘,为货易通渠,其子显祖立命填塞筑衢,田园宅馆遍东南,库藏仓庾相望。"④

海漕的兴旺促进了新娄江的入海口刘家港的繁荣,朱清在经营海漕的同时,还"通海外番舶,……,往来市易。太仓南门遂名六国码头,四方称天下第一

---

① [清]顾沅辑:《吴郡文编》(第4辑),卷一百五十一,记事一,朱清事迹,上海古籍出版社,2011年,第612页。
② [明]钱肃乐修,[明]张采纂:《崇祯太仓州志》,水利志,广陵书社,2010年,第212–213页。
③ [清]顾沅辑:《吴郡文编》(第4辑),卷一百五十一,记事一,朱清事迹,上海古籍出版社,2011年,第612页。
④ [清]顾沅辑:《吴郡文编》(第4辑),卷一百五十一,记事一,朱清事迹,上海古籍出版社,2011年,第612页。

都会"①。"……开市舶司于南关外,税家漕户番商贾胡蜂屯蚁聚,交集阛阓,粮艘商舶,高樯大桅森如林木,琳宫梵宇、朱门甲第市而列者不可胜纪。舆骑塞门巷,求谒皆用泥金帖子。客去付销匠,每贴数锾。其奢如此。有拂其意者,则缚而投诸海,莫敢言。"②这样的结果是"闻昔太仓民居不满百,清至遂成万家之邑,其势有以致之。亦适遭其时,故地气有然也"③。不满百户的太仓迅速成为有万家灯火的大镇。

这样的繁荣兴旺即使在朱清被剪除后,仍在继续。而到了元末,虽然在张士诚据吴时,新娄江在海漕中的重要地位有所削弱,但张士诚降元后,仍是通过新娄江将漕粮源源不断地运往刘家港,然后再通过海路运往元朝的京都。直到明朝建立,新娄江依然是主要的航运通道,所以后来的郑和下西洋也是在新娄江的入海口刘家港起锚的。

朱清海漕沙船

---

① [清]顾沅辑:《吴郡文编》(第4辑),卷一百五十一,记事一,朱清事迹,上海古籍出版社,2011年,第612页。
② [清]顾沅辑:《吴郡文编》(第4辑),卷一百五十一,记事一,朱清事迹,上海古籍出版社,2011年,第612页。
③ [清]顾沅辑:《吴郡文编》(第4辑),卷一百五十一,记事一,朱清事迹,上海古籍出版社,2011年,第612-613页。

# 第十章 苏州米市何以形成于明清?

在苏州阊门外有一座很有气势的五孔的石拱桥,叫五龙桥,据说是因为有五条河道汇聚于此,以此得名。这五条河道分别是山塘河、上塘河(京杭大运河古河道)、外城河(西环城河和北环城河两道,古称南濠和北濠。)和内城河,所以此处也被称为"五龙聚水"。这个独特的水系,在以水运为主要交通工具的古代,成就了明清时期阊门一带发达、繁盛的商业,阊门地区甚至被《红楼梦》的作者称为"红尘中最是一二等富贵风流之地"①。

出阊门,沿着上塘河(就是那条京杭大运河古河道。),往西走约七里,就到了因唐代诗人张继的一首《枫桥夜泊》诗而蜚声海内外的枫桥了。这个枫桥在唐代张继写诗时或许还真是只有一座桥,但到了清朝康乾时期,此地却成了赫赫有名的超级"米市"了。在雍正十二年(1734)一年的时间内,由湖广(湖南、湖北和江西)运往江浙的大米约一千万石(古代一石相当于现在的100多斤。),大多汇聚于该米市。来枫桥买米的有杭、嘉、湖、金、衢、严、宁、绍、台等府及福建等地区的商贩。而到了清末,枫桥米市就成了名副其实的城镇。这真是"因诗成名","因米成镇"了。

## 第一节 宋元时期何以没有著名米市?

在南宋时期,就流传有"苏湖熟,天下足"这样的谚语,意即在南宋时,苏州府和湖州府两地的粮食产出足够养活全天下的人了(指的是南宋统治区域的人口。),此谚语虽然有点夸张,但也说明在南宋时,吴淞江流域就已经是"天下粮仓"了。而到了元朝,漕粮由河运改为海运,平均每年通过太仓港运往元朝首都大都的粮食达到175万石,元朝政府对吴淞江流域的依赖程度更大了。但是,

---

① [清]曹雪芹著,高鹗续:《红楼梦》,第一回,人民文学出版社,1996年,第1页。

在宋朝时期，苏州出现了四个镇，即常熟的福山镇、庆安镇、梅里场和吴县的木渎镇；湖州有六个镇，如南浔镇、乌墩镇、新市镇等，其中没有一个镇是由米市而形成的城镇。而杭州、嘉兴等地区，在宋元时期也出现过一些市镇，但它们大多是丝绸业市镇。

到了元朝，吴淞江主干道的下游逐渐淤塞，导致太湖水下泄通道的主干道转向东北，使得娄江和白茆塘的航运地位日显重要，于是在娄江沿线和白茆塘、许浦等支流沿线出现了一些因发达的航运而兴起的市镇，这些市镇有许浦镇、涂松镇等，但到元朝后期就都衰败了。

宋元时期的"粮仓"之地，竟然没有形成一个米市，进而形成一个城镇，这真是奇了怪了。但细想想，又不觉得奇怪了。因为，所谓的"市"最早就是指产品交换的地方，然后发展成商品交换的"固定市"，然后又发展成大宗商品交易和货币流通的繁华的"经常市"。很明显，"市"的最主要的特征就是有"大量的商品交易和货币流通"。而在宋元时期，吴淞江流域的粮食大多作为赋税上交给了朝廷。百姓交完税粮后，所剩粮食只够自家生活所需，根本没有大额的余粮来做商品贸易。而那些拥有大宗田产的富豪也没有留下在本地从事大宗粮食贸易的史料记载。在元朝时期，元大都的粮食，主要仰靠南方。而福建、浙江等沿海的少地地区也是缺粮的地方。所以太湖下游吴淞江流域剩余的粮食也主要是运往北方或者是福建、浙江沿海等地销售。因此那些富豪所从事的粮食贸易主要是把本地的粮食运往北方或东南沿海缺粮的地方销售。米多的地方销往米少的地方，那么米市也只能是在米少的缺粮的地方出现。而整个宋元时期，吴淞江流域都是"米多的地方"，所以该地没有出现米市也是在情理之中了。

这种情况发生根本性改变是在明朝——到了明朝中后期，吴淞江流域的这个"粮仓"之地竟然成了"缺粮"地区，那么怎么会这样的呢？

## 第二节 "粮仓"之地何以成了"缺粮"地区？

### 高地地区日渐旱田化

在宋代，吴淞江流域的堰身以东的高地地区由于其塘浦圩田堰闸体系遭到毁灭性的破坏，加上吴淞江上游筑了塘路，清水日弱，清水不敌浑潮，导致其下游主干道及周边塘浦支流受到感应海潮的倒灌，使得大量潮沙淤积在吴淞江下游及其支流之内，而高地地区在少水时期不能得到有效灌溉，久而久之，就日渐干旱化。到了元代末期,吴淞江下游的淤塞情况已经非常严重,高田干旱化越来越明显。所以自元代以来,木棉首先在松江府的乌泥泾一带种植,那一带属于已经土壤沙化的高地垾身地区,已经不适合种稻,但比较适合种棉。然后棉花种植慢慢向四周扩散。这当然要归功于黄道婆,是她从岭南引进棉花种植和先进的棉布纺织技术。关于黄道婆的事迹,我们在教科书里都读到过。此处不再多说。而到了明代永乐年间,夏原吉实施"以黄代淞"工程,使得吴淞江成为黄浦江的支流,也进而使得吴淞江流域的丰水环境不再存在,从而进一步加速了吴淞江流域的全面淤塞,也进而使得吴淞江流域的高地地区更加干旱化,更加不适合种植水稻,而适合种棉,甚至到了"七分种棉,三分种稻"的程度。

棉田

## 重税导致苏松地区逃税严重,大量耕地被抛荒,良田减少

提起重税,就得从明初说起,明太祖洪武皇帝朱元璋因"苏州百姓拥护张士诚,并协助其守城"[1]一事而对苏州百姓怀恨在心,一当上皇帝,就以没收的那些富豪大户的田产作为官田,然后以此为标准,对苏州府和松江府的百姓课以重税。比如像著名的沈万三家族就被籍没田产数千顷(古代1顷相当于现在的100亩),还"独税其田九斗三升"[2]。清朝时期的赵昕在《苏郡浮粮议》中也提及此事,"自明太祖怒吴民为张士诚固守,籍豪家租簿定赋有田一亩起征至七斗

---

① [明]韩浚,张应武,等纂修:《万历嘉定县志》,卷之五,田赋考上,上海博物馆藏,明万历刻本,第83－84页。

② [明]黄暐撰:《蓬轩吴记》,沈富,苏州文献丛钞初编,古吴轩出版社,2005年,第192页。

外者,故苏赋视他郡独重,而松嘉湖次之"①。也就是说官田的赋税起征标准从每亩七斗到九斗不等,而当时与苏州、松江府并列的常州府的赋税是平均每亩一斗,两相比较,可见苏州府的赋税之重了。这样重的赋税,老百姓不管如何努力,都是无法完成的,所以该项重税政策实施还不到三年,就"苏之积逋至三十余万石"②。

而到了明成祖朱棣把首都迁到北京后,苏松地区的税粮就从运到南京变为运到北京,路程变长了,运输途中的不确定因素增多了,所以运费增加了,其损耗也多了。朝廷规定这些损耗仍要算在纳粮百姓的头上,也就是所谓的漕粮运输过程中的耗粮,这样一来,原本就粮税过重的苏松地区雪上加霜。所以到了宣德五年(1430),江南巡抚周忱来苏时,苏州府已经积欠了"七百九十万石"③粮税。

这样的重税导致的后果是明显的。首先百姓完不成粮税,官府就会"追比",把事主抓进衙门打板子,逼他交粮,事主往往会被打得遍体鳞伤,有的甚至被打死。更为恶劣的是,官府还会派官差上门催粮,把事主家里仅有的糊口的粮食也抢走。为了躲避官府的"追比",百姓纷纷逃离家园,这样就使得大片耕地被抛荒。曾经负责开浚吴淞江中段和吴塘、顾浦等支流的巡江御史林应训在《查通水利议处荒田疏》中对此惨状有所描述:"臣每到处见有昆山县十三等保,嘉定十六等都各区民群然泣告本区钱粮无措,男女流亡,田亩荒芜等情。臣随道府等官亲至此地,乃见村居寥落,四望蒿莱,仅有一二遗民苟延旦夕,大与他处不同。"④他了解下来的原因是该地区"砂土瘠薄……至嘉靖十七年,概均三斗之粮,于是敛日重而民日逃,田地由此而荒。……自隆庆五年到今,复征三斗重额,以致刑毙箠楚,民复逃而田益荒。夫赋重而钱粮无措则民不得不逃,民逃而水利不能修,则田不得不荒"⑤。虽然经过几任皇帝的减税,但到嘉靖年间,吴淞江流域高地地区不适合耕种粮食的民田的赋税仍然很重,每亩要征三斗重税。百姓完不成如此重税,又不想被官府"追比",只好去逃亡了,这样就导致了大量的耕地被抛荒,从而使得良田大幅减少。

---

① [清]顾沅辑:《吴郡文编》,卷三十四,赋役二,上海古籍出版社,2011年,第15页。
② [清]顾沅辑:《吴郡文编》,卷三十四,赋役二,上海古籍出版社,2011年,第15页。
③ [清]顾沅辑:《吴郡文编》,卷三十四,赋役二,上海古籍出版社,2011年,第15页。
④ [清]顾沅辑:《吴郡文编》,卷三十三,赋役一,上海古籍出版社,2011年,第544页。
⑤ [清]顾沅辑:《吴郡文编》,卷三十三,赋役一,上海古籍出版社,2011年,第544页。

## 明朝政府鼓励栽桑、种棉，导致粮田相应减少

明初洪武元年（1368），朱元璋曾下令"凡民田五亩至十亩者，栽桑、麻、木棉各半亩，十亩以上倍之"①。鼓励各地栽桑种棉。后来还规定可用棉布、棉花折纳税粮，"棉布一匹折（米）一石"，"棉花一斤折米二斗"②。这样的政策极大地鼓励了农家种植棉花和纺纱织布的积极性。洪武三年（1370），朱元璋在批复户部关于"请浙西四府秋粮内收布三十万匹"的奏疏时说："松江乃产布之地，止令一府输纳。"③可见，在明初，松江作为植棉产布之地已经小有名气了。

由于吴淞江流域高地地区的塘浦圩田堰闸体系遭到毁灭性的破坏，其田地旱化越来越严重，加上其土质是砂土，粗而松，地势又高，适于种植棉花。又因为该地区近海地区常会遭到海潮的侵害，而离海稍远的地方又很难解决灌溉问题，所以都不适合种植水稻。政府的鼓励和纺织业的快速发展，使得从松江到当时属于苏州府管辖的嘉定、太仓一带，在明朝前期就已经是"三分宜稻，七分宜棉"了。昆山一带"多种木棉，土人专业纺织"；嘉定一带"专种木棉"，种稻土地仅及棉豆土地的十分之一。④

太湖下游的东南部地区向来是以栽桑养蚕而闻名于世的，宋元时期，农家的蚕桑经营与商品经济关系日趋密切。南宋时一个叫陈旉的人在其著作《农书》中说："十口之家，养蚕十箔。每箔得茧一十二斤。每一斤取丝一两三分。每五两丝织小绢一匹，每一匹绢易米一石四斗，绢与米价相侔也。以此岁计衣食之给，极有准的也。以一日之劳，贤于终岁勤动，且无旱干水溢之苦，岂不优裕哉。"⑤一个家庭有10口人，养蚕10箔可以获茧120斤，收丝156两，可织小绢31匹，以1匹绢易米1石4斗的比价折算，31匹绢相当于43石4斗米，按当时最高亩产3石米计，需14亩4分7厘优质水田一熟的产量，才可以与之相抵。难怪陈旉《农书》要这么重视蚕桑经营了，并对之由衷赞叹道："中小之家，只此一件，自可了纳赋税，充足布帛了。"⑥

---

① ［西汉］司马迁，等著：《二十五史精华》（第四册），《明史》，志，食货，赋役，岳麓书社，1989年，第276页。
② 樊树志著：《明清江南市镇探微》，复旦大学出版社，1990年，第137页。
③ 樊树志著：《明清江南市镇探微》，复旦大学出版社，1990年，第137页。
④ ［明］韩浚纂，张应武，等修：《万历嘉定县志》，卷六，物产，齐鲁社，1987年，第114页。
⑤ 樊树志著：《明清江南市镇探微》，复旦大学出版社，1990年，第188-189页。
⑥ 樊树志著：《明清江南市镇探微》，复旦大学出版社，1990年，第189页。

桑林

进入明代,由于政府实施"五至十亩田必须栽桑半亩"的政策,吴淞江流域的蚕桑区更是桑林遍地,养蚕成风,从而使得蚕桑业、丝织业不仅产量、品种有所增加,而且产地和从业人员范围也日趋扩大。农家经营中蚕桑压倒稻作,蚕丝之丰歉成为一年年成好坏、有岁无岁的决定性因素。而随着明代熙、宣、成、弘朝以来丝织业由城镇向乡村推广,此中趋势更是明显。拿吴江县来举例:在宋元以前,整个吴江县还没有人会织绫绸,要到明朝的熙、宣年间,吴江市镇里才有人会用织机织绫绸,但那时还是要雇用苏州城里的专业人员来帮忙的。这种状况一直要持续到明朝的成化、弘治年以后才有所改变,那时以后,吴江农村里的村民也都基本上精于织绫织绸了,于是"震泽镇及近镇各村居民,乃尽逐绫绸之利,有力者雇人织挽,贫者皆自织"①。

而到了明朝中后期,一些原来栽桑养蚕、缫丝织绢的地区竟然也种起棉花来,平湖县"棉多于桑,布浮于帛";海盐县"地产木棉花甚少,而纺之为纱,织之为布者,家户习为恒业";嘉善县的魏塘镇、枫泾镇更是著名的棉纱、棉布产地。而正德《姑苏志》上说:"木棉布,诸县皆有之,而嘉定、常熟为盛。"②

如此大规模的栽桑、种棉必然导致原有粮食作物耕种面积的日渐减少。

## 栽桑、种棉收入大大超过种粮,导致粮食种植面积锐减

在明朝的赋役实施银两改折后,百姓为了完成赋役,就必须获得更多的银子,因为不仅田赋要用银子交纳,该服的各种徭役也要用交银子来代替。于是,普通百姓生产、生活的一切就是为了获得更多的银子,而为了获得更多的银子,

---

① 樊树志著:《明清江南市镇探微》,复旦大学出版社,1990年,第189页。
② [明]王鏊,等纂修:《正德姑苏志》,卷十四,土产,天一阁藏明代方志选刊续集(十一),江苏辑,上海书店,1990年,第937页。

吴淞江流域的百姓开始大量种植获利高的经济作物,而不是水稻和小麦等粮食作物。这样的经济作物主要是木棉和桑树,以及由此而兴旺发展的棉产品加工业和蚕桑丝织加工业。

  在吴淞江流域高地地区的棉作区,每当秋天棉花上市之时,市镇上的牙行商人就收购棉农出手的棉花,转销于外来客商,导致棉花集市贸易的不断兴旺。嘉定县新泾镇就是一个非常著名的棉花种植地区,其种植的棉花历来受到外地富商巨贾的青睐,附近农家"春作,悉以栽花为本业","花才入筐,即为远贩所购"①,棉花刚刚采摘下来,就被外来客商买走,真是非常畅销的商品啊!太仓的鹤王市也是一个远近闻名的棉花交易市场,"每岁木棉有秋,市场阗溢,远商挟重资自杨林湖泾达,而市之沃饶甲于境内"。"闽广人贩归其乡,必题鹤王市棉花。"可见其声誉卓著!"每秋航海来市,无虑数十万金。"②一季的成交额就有白银几十万两,可见当地的棉花商品交易量非常大。而界于华亭、青浦之间的七宝镇四乡也是棉花集散地,四乡农家所种棉花,"以供纺织,且资远贩,公私赖之"。棉农靠着种棉花,就可以"公私赖焉"。什么意思?就是靠种棉花和纺纱、织布的经济收入不仅可以完成官府的赋税,而且可以满足全家日常生活所需。比如嘉定县诸翟一带,"贫民竭一日之力,赡八口而有余"③。对此,嘉靖时期的松江人徐献忠在《布赋序》中说,"邑人以布缕为业,农氓之困藉以稍济。乡村纺织尤尚精敏,农暇之时,所出布匹以万计,以织助耕"④。

  那么,这种"以织助耕"的经济收入与纯粹的耕种粮食的经济收入相比,哪个更高呢?据当时的松江人张春华的记载,"木棉,……,一亩之入有百斤者为满担,倍者为双担"⑤。而1亩耕地用于种稻大约平均可以收米2石,这可以拿当地人何良浚的记载来作证,"西乡……土肥获多,每亩收三石者不论,只说收二石五斗……东乡田高岸陡……若年岁丰熟,每亩收一石五斗"⑥。再根据当时的上海县人叶梦珠记载的物价资料,我们就可以将两者的经济收益加以比较了:以康熙中物价较为平稳的年份为准,米价为每石银8钱,棉花价为每担银3两,2石米值银1两6钱,1担棉花值银3两。比较结果,种棉收入竟然超过种粮

---

  ① [清]苏渊纂,赵昕修:《康熙嘉定县志》,卷之四,物产,《中国地方志集成》之《上海府志辑》(第7辑),上海书店,1991年,第513页。
  ② [民国]王祖畬纂:《镇洋县志》,卷一,封域,上海古籍出版社,2015年,第2页。
  ③ [清]汪永安原纂,[清]侯承庆续纂,[清]沈葵增补:《咸丰紫堤村志》,卷二,风俗,《中国地方志集成》之《乡镇志专辑》,上海书店,1992年,第239页。
  ④ 樊树志著:《明清江南市镇探微》,复旦大学出版社,1990年,第138页。
  ⑤ 樊树志著:《明清江南市镇探微》,复旦大学出版社,1990年,第145页。
  ⑥ 樊树志著:《明清江南市镇探微》,复旦大学出版社,1990年,第147页。

收入的近一倍！这个优势太明显了。

农家如果不仅自己种棉，还自己织布，则收益更为可观。康熙时 1 匹标布值银 2 钱，农家妇女每日可织布 1 匹，以"棉三斤织布一匹"①，扣除工本银 9 分（以百斤棉值银 3 两计），净余银 1 钱 1 分。这就意味着：一个妇女劳动力以半月的时间织成 15 匹布，其收益可以相当于一亩稻田一熟的收益；清初一般农村短工，"日给工食银五分"②，农家妇女一日织布所得竟然高于短工工价的一倍。这种经济收入的压倒性优势，使得这一地区的棉作超过了稻作，木棉的种植大大超过了粮食的种植。

再来看看吴淞江流域低地地区的蚕桑区，在明朝后期，蚕桑区的蚕丝业已经由城镇向乡村推广、普及了，造成这种现状的根本原因在于：蚕丝经营受商品经济影响，桑、丝、绸等都可以作为商品出售，而其经济收益要比纯粹种植粮食大得多。谢肇浙在《西吴枝乘》中说，蚕桑之事"湖人尤以为先务，其生计所资，视田几过之"③。徐献忠在《吴兴掌故集》中说："蚕桑之利莫甚于湖，大约良地一亩可得叶八十个，每二十斤为一个，计其一岁垦锄壅培之费，大约不过二两，而其利倍之。"④因此，农家普遍认为"多种田不如多治地"⑤，即多种稻不如多栽桑。

明末湖州府涟市沈氏所撰《沈氏农书》和清初嘉兴府桐乡人张履祥在其著作《补农书》中也说："浙西之利，蚕丝为大"，"田地相匹，蚕桑利厚"，"余里蚕桑之利，厚于稼穑，公私赖焉，蚕不稔则公私俱困，为苦百倍。"⑥也就是说到了明末，杭嘉湖地区已经是栽桑之地和种粮之田在数量上是差不多的，而经营蚕桑的收益要比单纯种粮的收益大得多。我们拿栽桑养蚕、缫丝织绢和纯粹耕种粮食之间的经济收入进行比较：明末湖州涟市的沈氏所撰的《沈氏农书》中有这样的记载："壅地果能一年四壅，罱泥两番，深垦钯净，不荒不蟥，每亩产叶八九十个，断然必有。比中地一亩采四五十个者，岂非一亩兼二亩之息。"⑦一亩之地用于栽桑，亩收桑叶 80 个（1 600 斤），以每个价银 0.09 两计，80 个计银 7.2 两。一亩之田用于种稻，亩收米 3 石，以每石米价银 1.2 两计，3 石米计银 3.6 两。两相比较，栽桑的经济收益竟然比种稻高出一倍！

---

① 樊树志著：《明清江南市镇探微》，复旦大学出版社，1990 年，第 147 页。
② [清]高士鸃、杨振藻修，[清]钱陆灿，等纂：《康熙常熟县志》，卷之六，水利，《中国地方志集成》之《江苏府县志辑》（第 21 辑），江苏古籍出版社，1992 年，第 108 页。
③ 樊树志著：《明清江南市镇探微》，复旦大学出版社，1990 年，第 189 页。
④ 樊树志著：《明清江南市镇探微》，复旦大学出版社，1990 年，第 189 - 190 页。
⑤ 樊树志著：《明清江南市镇探微》，复旦大学出版社，1990 年，第 190 页。
⑥ 樊树志著：《明清江南市镇探微》，复旦大学出版社，1990 年，第 190 页。
⑦ 樊树志著：《明清江南市镇探微》，复旦大学出版社，1990 年，第 192 页。

明朝嘉靖时期的归安县人茅坤对此早已有所关注,他说:"地一亩用于栽桑,高产时可采叶两千斤,卖价为银五两至六两;中产可收一千斤,卖价为银二三两;低产所收也不下银一二两。而圩田一亩种稻,高产亩收米二石,次者一石五斗。"①当时"米价大抵每石银三钱至五钱左右"②,2 石米仅银 6 钱至 1 两左右,与 2 000 斤桑叶的卖价相比,相差 6 至 8 倍;与 1 000 斤桑叶的卖价相比,相差 2 至 5 倍;与桑叶最低产相比,也相差一两倍。即使以"万历十六年奇荒之米价每石银一两六钱"③计,2 石米价(3 两 2 钱)也仅及 2 000 斤桑叶价的一半左右。

通过比较,我们发现栽桑的经济收入明显高于纯粹的种粮的收入。徐献忠在明嘉靖时期就发现湖州一带农家"田中所入与蚕桑各具半年之资"④。就是说在明朝中期的嘉靖年间,那个在南宋时作为国家"粮仓"的湖州,其农家经营蚕桑收入与种植粮食收入所占比例就已经是各占 50% 了。明末清初的桐乡人张履祥的《补农书》中也有关于此的明确记载:"田极熟,米每亩三石,春花一石有半,然间有之,大约共三石为常耳。地得叶盛者一亩可养蚕十数筐,少亦四五筐,最下二三筐。若二三筐者即有豆二熟。"⑤这就意味着,"米贱丝贵时则蚕一筐即可当一亩之息"⑥。就是说栽桑养蚕的收入是种粮收入的四五倍到十几倍;即使根据平常年景来比较,栽桑一亩用以养蚕,其经济收入也比种粮一亩要高三至四倍。综合相关资料,可以得出以下结论:良地一亩可产桑叶 80 个,每个 20 斤,共 1 600 斤。一般情况,蚕出茧 1 斤吃掉桑叶 100 斤,能够出茧 10 斤,可以缫丝 1 斤。桑叶 1 000 斤,养蚕 10 斤,谓之本分蚕。亩产桑叶 1 600 斤,可养蚕 16 斤,缫丝 16 斤。

---

① [清]董世宁原修,卢学溥续修:《乾隆乌青镇志》,卷三十七,艺文下,上海书店,1992 年,第 801 页。
② [清]丁元正修,[清]倪师孟、沈彤纂:《乾隆吴江县志》,卷四十,灾祥,江苏古籍出版社,1992 年,第 188 页。
③ [清]董世宁原修,卢学溥续修:《乾隆乌青镇志》,卷四十一,旧闻上,上海书店,1992 年,第 890 页。
④ 樊树志著:《明清江南市镇探微》,复旦大学出版社,1990 年,第 193 页。
⑤ 樊树志著:《明清江南市镇探微》,复旦大学出版社,1990 年,第 193-194 页。
⑥ 樊树志著:《明清江南市镇探微》,复旦大学出版社,1990 年,第 194 页。

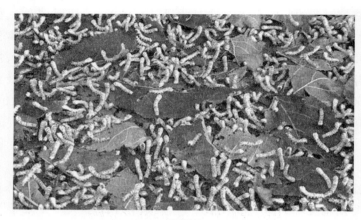

蚕桑图

根据这些资料,再分别结合明嘉靖中期、清康熙中期和清乾隆中期等三个不同时期的丝价、米价来进行对比。丝价:嘉靖中期每两价银 0.02 两,康熙中期每两价银 0.03~0.04 两,乾隆中期每两价银 0.06~0.08 两;米价:嘉靖中期每石价银 0.3 两,康熙中期每石价银 0.9 两,乾隆中期每石价银 3.8 两。①

然后我们拿 16 斤丝和 3 石米进行比较,结果如下。嘉靖中期:前者为银 5.12 两,后者为银 0.9 两,两者相差五六倍;康熙中期:前者为银 7.6 两至 10.2 两,后者为银 2.7 两,两者相差三四倍;乾隆中期:前者为银 15.3 两至 20.84 两,后者为银 11.4 两,两者相差也要一两倍。

蚕丝

---

① 樊树志著:《明清江南市镇探微》,复旦大学出版社,1990 年,第 193 – 195 页。

通过比较,我们发现即使在米贵丝贱时,蚕桑收益仍高于粮食。如果农家妇女将茧缫丝后织绢,经济收益就更加可观,常常超过男子从事田间劳作的收益。《沈氏农书》记载,农家妇女2人,全年可织绢120匹,每匹平价为银1两,共得银120两。扣除经丝(700两)价银50两、纬丝(500两)价银27两、丝线、家伙、线腊等价银5两、口粮10两,共计工本银90两,净盈利银30两。①

真是不比不知道,一比吓一跳!种植经济作物的收益大大超过种植粮食作物的收益,难怪到了明朝后期,吴淞江流域的高地地区就普遍种植棉花了,关于此,雍正年间任过浙江总督的程元章在奏折中说:"苏松常一般棉作区和耕地的比例大多是'稻三棉七'。"②就是30%种稻,70%种棉。而在《宣统太仓州镇洋县志》中也有这样的记载:"统计州县地不下八千余顷,大率种木棉者十之七,种稻者十之二,豆菽杂粮十之一。"③就是说在清朝末期,太仓镇洋80多万亩的田地,其中的70%(也就是56万多亩的田地)都是用来种植木棉的,而种植水稻的只有20%(也就是16万多亩田地)。而有的地方甚至是"专种棉花","不产米"。而吴淞江流域的低地地区也有很多地方是以栽种桑树为主,"杭嘉湖三府属地,地窄人稠,民间多以育蚕为业,田地大半植桑,岁产米谷,除办漕外,即丰收之年尚不敷民食,向借外江商贩接济"④。有些蚕桑区的耕地甚至也出现了"十分之七栽桑,十分之三种粮"⑤的比率。

"苏松常"棉作区是"棉七稻三","杭嘉湖"蚕桑区是"大半植桑",那么从明朝后期开始吴淞江流域的这个"粮仓"之地真正用来种植粮食的耕地的所占比例就一半都不到了,这样下去,这个自南宋以来的天下"粮仓"自然就成了"缺粮"地区了。

## 第三节　外粮大量进入,贸易兴旺,进而形成了米市

明朝中后期,商品经济不断向纵深发展,日益渗入农村,促使农家经营出现了商品经济的新模式。特别是明朝对赋役实施银两改折后,吴淞江流域的这种

---

　　①　樊树志著:《明清江南市镇探微》,复旦大学出版社,1990年,第196页。
　　②　樊树志著:《明清江南市镇探微》,复旦大学出版社,1990年,第235页。
　　③　[清]王祖畲纂修:《宣统太仓州镇洋县志》,卷三,风土,《中国地方志集成》之《上海府志辑》(第7辑),上海书店,1991年,第35页。
　　④　樊树志著:《明清江南市镇探微》,复旦大学出版社,1990年,第235页。
　　⑤　樊树志著:《明清江南市镇探微》,复旦大学出版社,1990年,第235页。

农家经营的商品化倾向,集中地体现在新型的棉作经济和蚕桑经济,以及其他经济作物栽培与手工业经营,日益明显地压倒了传统的稻作经济,从而改变了先前的以"苏湖熟,天下足"为标志的水稻种植为主体的农业结构,而代之以与商品生产密切相关的经济作物和加工这些经济作物的手工业。尽管这一地区仍是全国著名的水稻产地,但农家的经济收益不再以稻作为主。久而久之,原来的鱼米之乡也就成了"缺粮区"。顾炎武在《天下郡国利病书》中说"夏麦方熟,秋禾既登,商人载米而来者,舳舻相衔也。中人之家,朝炊夕爨,负米而入者,项背相望也"①。在明朝末期,昆山人顾炎武就目睹了原来是"天下粮仓"之地的苏松常、杭嘉湖地区"缺粮"的严重情况——每当夏天麦子熟了的时候,以及每当秋天稻谷收割入仓之后,就会有无数的外地粮船联翩而来,出现在京杭大运河与吴淞江流域的大大小小的江河之中。于是,那些中等收入的人家就纷纷前去买米来保证全家老小的一日三餐,于是路上、街上到处可见买了米,背着米袋子回家的人。

也就是说至少最早在明朝后期,吴淞江流域的广大地区(无论是城镇还是乡村)都出现了"仰食四方"的现象。据史料统计,当时吴淞江流域的低地地区(就是我们常说的那些鱼米之乡)已经要输入30%到40%的商品粮了。可想而知,吴淞江流域普遍种植木棉的高地地区和普遍栽桑养蚕的低地地区,所需外来的商品粮的所占比例就更高了。

那么,从明朝末期以后,进入苏松常、杭嘉湖地区的外来的粮食主要来自哪里呢?明朝有一位叫黄希宪的官员提到了这一点:"吴所产之米原不足供本地之用,若江广(江西、湖广)之米不特浙属借以济运,即苏属亦望为续命之膏。"②黄希宪用了"续命之膏"这样重的词来形容"江广"之米对吴地的重要性。进入清代以后,这种形势更加明显,《雍正朱批谕旨》中有一份鄂尔泰的奏折,其中有这样的话:"湖广全省向为东南诸省所仰赖,谚所谓'湖广熟、天下足'者,诚以米既充裕,水又通流之故。"③也就是说在明清之际,湖广(湖南、湖北和江西)地区已经成为全国重要的粮食基地了,南宋时期的"苏湖熟,天下足"变为了明清时期的"湖广熟,天下足"了。清朝雍正年间的《朱批谕旨》中有个叫何天培的地方官在奏折中对此也有所提及:"天下粮米……平日藉客商贩易流通……江浙

---

① [清]顾炎武纂:《天下郡国利病书》,吴淞备录,兵防考,顾炎武全集(第13册),上海古籍出版社,上海世纪出版股份有限公司,2011年,第589页。
② 樊树志著:《明清江南市镇探微》,复旦大学出版社,1990年,第233页。
③ 樊树志著:《明清江南市镇探微》,复旦大学出版社,1990年,第234页。

之米皆取给于江西、湖广。"①原来用来接济江浙地区的粮食都来自湖广。据全汉昇教授的估算,雍正十二年(1734)一年中,"自湖广运往江浙的食米,约为一千万石左右。装载这一千万石的湖广米船,由汉口出发,沿江而下,大部分都运往苏州出卖"②。外米不断涌入,商品粮大量输入,交易频繁,又数量庞大,就形成了兴旺的"米市",大约是在明朝后期,吴江的同里、平望就已经是很大的"米市"了。平望镇"米及豆麦尤多,千艘万舸,远近毕集"③;同里镇"米市官牙七十二家,商贾四集"④。而到了清朝康乾时期,枫桥就成了当时全国著名的"米市"了,"大多湖广之米辏集于苏郡之枫桥"⑤。

这些进入苏州枫桥的湖广之米的量的不同对苏州米价产生了不同的影响。苏州织造的总管李煦在康熙五十一年(1712)奏报米价时说:"苏州……因湖广客米到得甚多,所以米价甚贱,上号不出八钱,次号不出七钱。"⑥在康熙五十二年(1712)又说:"至于苏州米价,今日因湖广、江西客米来少,所以价值稍增。"⑦在康熙五十五年(1715)又说:"窃苏州八月初旬,湖广、江西客米未到,米价一时偶贵,后即陆续运至,价值复平。"⑧也就是说如果江西、湖广之米来得少,米价就上升;反之,米价就下降。

枫桥米市交易稻米数量如此之大,已经能左右米市行情了,真是超出笔者的想象。而到了清朝乾隆时期,当时修纂的《苏州府志》上就已经称枫桥市为"米市"了,而到了清末,枫桥就正式由亢

枫桥米行

---

① 樊树志著:《明清江南市镇探微》,复旦大学出版社,1990年,第234页。
② 全汉昇:《清朝中叶苏州的米粮贸易》,载《中国经济史论丛》(第二册),1972年,第573页。
③ [清]陈和志修,[清]沈彤,倪师孟纂:《乾隆震泽县志》,卷之四,疆土四,镇市村,广陵书社,2016年,第74页。
④ [清]周之桢纂,[清]阎登云修:《同里志》,卷八,物产,《中国地方志集成》之《乡镇志专辑》(第12辑),江苏古籍出版社,1992年,第31页。
⑤ 樊树志著:《明清江南市镇探微》,复旦大学出版社,1990年,第235页。
⑥ 樊树志著:《明清江南市镇探微》,复旦大学出版社,1990年,第240页。
⑦ 樊树志著:《明清江南市镇探微》,复旦大学出版社,1990年,第240页。
⑧ 樊树志著:《明清江南市镇探微》,复旦大学出版社,1990年,第240页。

升为镇了。

## 第四节 明清时期苏州几个重要米市简介

### 平望镇

平望镇"东接吴淞,北达镇扬淮泗齐鲁之域,行而为通津,坦而为要道"①,故"帆樯之萃,粟米之聚,百物喧阗。""里中多以贩米为业";"以米业为大宗"②,镇上米行、米栈遍布。平望镇不仅是商品粮集散中心,而且还制作特殊加工的冬舂米,这种冬舂米"虽他处亦有,而平望为独盛"③,商贩多至平望镇籴买。平望镇所集散的商品粮,一部分是本地生产的,另一部分则是邻近各乡镇及湖广、江西等地商人贩运而至的。镇上经营米业的牙侩开设米行,招接米商,由各地商贩在此籴买后转销他乡,生意十分兴隆。自明朝弘治年间到清朝乾隆年间,平望镇居民日增,"货物益备,而米及豆、麦尤多,千艘万舸远近毕集,俗以小枫桥称之"④。

### 同里镇

同里镇在明初,"地方五里,居民千余家,室宇丛密,街巷逶迤,市物腾沸,可方州郡"⑤。到了清初,"居民日增,市镇日扩"⑥。镇上米市在冲字圩、洪字圩、东稔圩等处,"官牙七十二家,商贾四集"⑦。

### 枫桥镇

明末清初,枫桥市的地位已在长洲县山塘市、浒市之上。康熙《长洲县志》

---

① [清]翁广平,等撰:《平望志》(三种)上册,卷首,旧序,广陵书社,2011年,第11页。
② [清]翁广平,等撰:《平望志》(三种)下册,生业,广陵书社,2011年,第228页。
③ [清]黄兆柽纂:《平望续志》,卷一,物产,《中国地方志集成》之《乡镇志专辑》(第13辑),江苏古籍出版社,1992年,第47页。
④ [清]翁广平,等撰:《平望志》(三种)上册,卷一,沿革,广陵书社,2011年,第18页。
⑤ 同里镇人民政府,吴江市档案局编:《同里志》(两种)卷之一,地舆志上,沿革,广陵书社,2011年,第33页。
⑥ 同里镇人民政府,吴江市档案局编:《同里志》(两种)卷之一,地舆志上,沿革,广陵书社,2011年,第33页。
⑦ 同里镇人民政府,吴江市档案局编:《同里志》(两种)卷之八,物产,广陵书社,2011年,第85页。

说:"枫桥,在城外,离治数里,与阊门相属,故称附郭,为储积贩贸之所会归。"①足见其时枫桥市已经是一个繁华的商业中心,但还没有因米市而闻名全国。到了康熙中叶以后,枫桥市作为米粮集散中心而日趋显赫。雍正年间蔡世远指出:"江浙之米原不足以供江浙之食,虽丰年必仰给于湖广。数十年来,大都湖广之米凑集于苏郡之枫桥,而枫桥之米,间由上海、乍浦以往福建。"②可见,康雍间数十年来,枫桥市已成为湖广之米的集散地。这是由于枫桥市有着得天独厚的地理条件,既靠近苏州繁华的商业区阊门,又在浒墅关南,浒墅关是著名的钞关,"地当南北通衢,为十四省货物辐辏之所,商船往来,日以千计"③。而且枫桥就在京杭大运河边上,通过大运河可以与长江相连,所以来自湖广、江西的载重三千石至四千石的运粮大船可以从长江直接开到枫桥,交通便利。

---

① 樊树志著:《明清江南市镇探微》,复旦大学出版社,1990年,第243页。
② 樊树志著:《明清江南市镇探微》,复旦大学出版社,1990年,第243页。
③ [清]凌寿琪撰,钦瑞兴点校:《浒墅关志》,广陵书社,2012年,重修浒墅关志序。

# 第十一章　对吴淞江来说，宋朝是最坏的朝代

## 第一节　现实的引发

笔者这些年一直在做吴淞江的课题研究，所以平时经常要到吴淞江沿线作实地考察。大约在 2017 年 6 月的某天下午，笔者在园区段吴淞江沿线考察时，沿着围墙边一条通往江边的、东西向的、人工挖的河沟的沟底行走（沟底有的地方有水，有的地方没有水。）。这条沟挖得很深，比笔者身高还高。笔者在沟底没水的地方边走边向四壁和沟底细细察看，在走到离江边 50 多米和 100 多米的地方，竟然在沟底和沟壁的底层发现了嵌在泥层中的河蚌壳和螺蛳壳，这大大出乎笔者的意料。而在离江边约五六百米的地方，笔者又意外地发现了一段圆柱形的外表看上去像是已经晒干的泥土的东西。但笔者捡起来，往两头细看时，发现那不是一段泥柱，而是一段已经大致泥化的树干（靠近树根根部那段）。这两个发现，让笔者模糊地感觉到：在若干年以前，在离现在的江边 50 米、100 米，甚至是五六百米的地方，可能都曾经是江的一部分，而不是陆地。而那段树干可能是长在江边的一棵树，由于遭受某种外力突然被江里的淤泥掩埋，然后一层层的淤泥一直将它掩埋，使它始终和空气隔绝，这段树干最终并没有腐烂掉，而变成了笔者发现它时的模样。

后来，笔者在吴江和原吴县交界处（在戈湾不远处）的吴淞江段考察时，发现那里江岸边打了很多碗口粗的木桩，这些木桩打得很深。木桩边散落了很多已经晒干的圆柱形的泥柱，泥柱中的土层分多种颜色，有青色的，有赭黄色的，有黑色的，有灰白色的，等等。笔者还在江边发现了大片的已经晒干的淤泥层，其宽度有几十米，淤泥的颜色呈灰白色。除此之外，笔者还看到了沙洲、沙地、滩涂地等多种形式的淤泥冲积形态。这说明在若干年以前，江边这一片陆地也曾经是江的一部分，后来，随着江里的淤泥不断沉积，才渐渐变成陆地。

第十一章　对吴淞江来说，宋朝是最坏的朝代

**吴淞江边的滩涂地**

这两处的实地考察发现，使笔者对吴淞江"究竟是在何时出现最明显的变窄变浅"这个问题有了浓厚的兴趣。经过潜心研究，笔者终于发现了一个历史上的大秘密：原来，导致吴淞江出现大幅度变窄变浅的罪魁祸首竟然是两宋时期。

吴淞江在至元十五年（1278）元朝政府设立松江县之前一直被称为松江。所以，在宋代，此江是被称为松江的，有时也被称为吴松江或者是吴江。松江县建立后，松江就改称为淞江了。又因为它流经吴地，所以就被称为吴淞江，以后无论是官方还是民间，都称此江为吴淞江了。

在宋代以前，方志史料上有关吴淞江的水利资料极少，而我们现在能看到的有关吴淞江流域的水利整治的理论、学说、具体举措、实施过的重大水利工程项目等方面的资料，都是从宋代开始的。

现在的吴淞江只是一条宽几十米到200～300米的黄浦江的支流，但在宋以前，却不是这样，据方志史料上的记载，那时的吴淞江"最宽处有二、三十里，最窄处有二里，而三江口有九里"①。唐宋时的一里为1 800尺，这个尺叫鲁班尺，也称营造尺，其一尺等于现在的0.32米，所以唐宋时的一里就相当于现在

---

① 吴江方志：《松陵吴淞江与黄浦江源头关系考》，吴江通官网。

的576米。那么将宋以前的吴淞江折算成米为单位的话,我们就可以理解古时的吴淞江究竟是一条怎样的大江了!那是一条最宽处有10 000~17 000多米、最窄处有1 152米、而三江口有5 184米宽的汹涌澎湃、一路奔流到海的大江。这样的一条大江入宋后下游最宽处还有9里,但是经过了整个有宋一代,到元代时却只剩下25丈了。在元代大德八年(1304)十一月,"仁发以吴淞江故道堙塞为浙西居民害,上疏条陈利病疏导之法。西至上海县界吴淞旧江,东抵嘉定石桥洪,迤逦入海。长三十八里,深一丈五尺,阔二十五丈。役夫一万五千,为工一百六十五万一千六百有奇。至九年二月毕工"①。也就是说到了元代的大德八年(1304),经过任仁发领导的疏浚工程后,吴淞江下游的宽度才达到25丈。如果不疏浚的话,连这25丈宽都没有。元代1尺相当于现在的31.68厘米,25丈换算成米就是79.2米。这样看来,两宋时期硬生生地把吴淞江下游缩小了65倍还多。这个大宋王朝真是厉害!难怪从此以后,吴淞江流域就水旱灾害频发,水利整治频繁了。那么,有宋一代为何要这么做呢?这个问题不是三言两语所能回答得了的。要解答这个问题,首先要了解宋代政权到底面临着怎样的一种窘境。

## 第二节 宋朝的窘境

从某种程度上来说,在中国历史上,宋朝是一个国土不完整的政权。先看北宋,其北方的燕云十六州始终没有被收回,而是一直被辽国霸占;其西北有西夏王朝统治着陕甘宁和青海一带;而西部有吐蕃统治着青藏和四川西边的一些地区;西南则有大理占据着云南一带。明显是个国土相对狭小而又人口众多的朝代。再看南宋,则更是半壁江山,其北边只到淮河——大散关一线;其西南还有大理占据着云南地区,其国土面积更是局促。

太祖赵匡胤是被其手下武将黄袍加身拥立上台的,所以为了防止武人篡位,也为了防止再现唐代后期的藩镇割据局面,整个宋代都是重文抑武,以文治国。在外交上是重和不重战,花钱买和平。先后对辽、西夏"纳币",南宋更是对金"纳币称臣"。"澶渊之盟"后,北宋每年向辽国付10万两白银和20万匹绢作为"岁币"买和平。后又在此基础上追加十万两白银。而给西夏的"岁币",起

---

① [清]顾沅辑:《吴郡文编》,卷二十四,水利二,上海古籍出版社,2011年,第384页。

初是每年给"银万两,绢万匹,钱二万贯,茶二万斤。开放边境市场,互通有无"①。后来,李元昊继位,对北宋发动战争,在延川、宜川和洛川等三河汇合处的三川口及六盘山下的好水川这两次战役中大败宋军。然后李元昊借此向宋朝要挟,于是"岁币"又有增加,变为"绢十三万匹,银五万两,茶二万斤,节日银两万两千两,绢、帛、衣着两万三千匹,茶一万斤;重开边疆榷场"②。在宋徽宗时期,宋、金合伙灭辽后,宋又把给辽的"岁币"转给了金,直到被金灭掉。而到了南宋,每年给金的"岁币"是白银25万两,绢25万匹。

有宋一代就是这样的窘境,加上经常要发生边界战争。军人又是实施募兵制,一旦从军就一直是军人,没有复员转业的制度,所以军人变得越来越多,军费开销也越来越大。这样加上国土狭小,人多地少。因此,宋朝政权从一建立就开始着眼于多创收,增加国家赋税收入,所以整个有宋一代都鼓励发展商业,重视发展商品经济。也始终在努力加大土地开发力度,以此增加粮税收入。因此,在五代吴越国钱氏统治时期就已经被开发得很好的赋税重地太湖流域就成了整个有宋一代扩大土地开发,增加税粮收入的重中之重。

那么五代吴越国时期的钱氏政权又是怎样开发太湖流域的呢?

## 第三节 吴越国钱氏统治时期的吴淞江流域水利建设

到了唐朝晚期,太湖水下泄入海的大通道只有吴淞江这一条江了,所以在五代吴越国时期,要开发好太湖下游,就必须要做好吴淞江流域的水利建设。对此,宋代的水利学者郑侨在其《水利书》中有所论述,他说:"昔禹治水,凡以三江决此一湖之水。今则二江已绝,唯吴松一江存焉。"③苏东坡在《进单锷吴中水利书状》中也说:"三吴之水潴太湖,太湖之水溢为松江以入海,海水日两潮,潮浊而江清,潮水常欲淤塞江路而江水清驶随辄涤去,海口常通,故吴中少水患。"④也就是说在五代吴越国时期,太湖下游的水利建设都主要是在吴淞江流域。

五代吴越国时期的吴淞江流域的水利建设的理论、学说、治水举措及具体

---

① 萧文子著:《简读宋朝史》,第十一章,现代出版社,2018年,第104页。
② 萧文子著:《简读宋朝史》,第十九章,现代出版社,2018年,第209页。
③ [宋]范成大撰,陆振东校点:《吴郡志》,卷十九,水利下,江苏古籍出版社,1986年,第279页。
④ [清]冯桂芬纂,[清]谭钧培、李铭皖修:《同治苏州府志》,卷九,水利一,《江苏地方志集成》之《江苏府县志辑》(第7辑),江苏古籍出版社,1991年,第258页。

的治水工程等方面的资料都是在宋及以后的水利人的水利书及相关奏折中体现出来的,而史书上没有任何相关记载。通过这些水利人的叙述,我们发现吴越国钱氏时期吴淞江流域的水利建设做得非常好。比如,元朝时也曾对吴淞江进行过大力整治的任仁发在其有关水利的奏折中对吴越国时期吴淞江流域的水利建设就有所阐述:"钱氏有国,全藉苏、湖、常、秀数郡所产以为国计,常时尽心经理,高田、低田各有制水之法,其间水利当兴,水害当除,合役军民不问烦难;合用钱粮,不吝浩大,必然为之。又使名卿专董其事,豪富上户言不能乱其耳,珍货不能动其心。又复七里为一纵浦,十里为一横塘,田连阡陌,位位相接,悉为膏腴之产。"①任仁发认为五代吴越国钱氏统治时期,对吴淞江流域的水利建设非常重视,肯花大钱,军民都乐意为水利建设出力。割据政权对吴淞江流域的高田、低田的不同区域有各自相对应的治水方法。而且修建了众多的横塘、纵浦,基本上是五里一纵浦,七里一横塘。这些塘、浦把田地围起来,连接起来,成为吴淞江流域著名的塘浦圩田。这样的塘浦圩田体系使得吴淞江流域的高地地区和低地地区,都成了膏腴之田。

从前文任仁发的阐述中,我们知道了吴淞江流域有高田区域和低田区域。那么,这两个区域是怎么来的?又是如何划分的呢?

### 何为高田、低田?

在北宋熙宁三年(1070),水利专家郑瑄在其水利奏折《六失六得》中为我们划出了一条高田、低田的分界线:"昆山之东接于海之堽(通现在的"冈"字。)陇,东西仅百里,南北仅二百里,其地东高而西下,向所谓东导于海而水反西流者是也。常熟之北接于江之涨沙,南北七八十里,东西仅二百里,其地皆北高而南下,向所谓欲北导于江而水反南下者是也,是二处皆谓之高田。而其昆山堽身之西抵于常州之境仅一百五十里,常熟之南抵于湖秀之境仅二百里,其地低下,皆谓之水田。高田者常欲水,今水乃流而不蓄,故常患旱也;水田者常患水,今西南既有太湖数州之水,而东北又有昆山、常熟二县堽身之流,故常患水也。"②

郑瑄认为吴淞江流域的高田和低田之间的分界线是在昆山东、常熟北(当时还没有松江、上海,而太仓也只是一个小村落。),这条分界线从北往南,就在现在的江阴、常熟、太仓、嘉定和金山一线,它是太湖平原最早的海岸线,是由古

---

① [清]顾沅辑:《吴郡文编》,卷二十四,水利二,上海古籍出版社,2011年,第382页。
② [宋]范成大撰,陆振岳校点:《吴郡志》,卷十九,水利上,上海古籍出版社,1986年,第264页。

扬子江和古钱塘江这两江的泥沙冲积、围合而成的,也就是最早的堽陇。这条最早的海岸线西部的太湖湖滨的高程仅为 2.5~3.5 米,这就是吴淞江流域的低地地区。而这条最早的海岸线以东的堽身地带的高程则达到 4~6.5 米,这就是吴淞江流域的高地地区。于是,在堽身东、西两边形成了高地和低地的差异地貌,进而也就有了相应的高田地区和低田地区。

那么,在五代吴越国时期,吴淞江流域的高田和低田地区的水利又是怎么建设的呢?笔者翻找相关资料,发现宋及以后的水利人对此有很多阐述。

## 吴越国时期,吴淞江流域高田、低田地区的水利建设

北宋水利专家郏亶在其奏折《六失六得》中有详细的说明,他说昆山的东面有个地名叫太仓,俗称堽身。堽身的东面有一条南北向的横塘,叫横沥,南边贯穿吴淞江,北到常熟。而东西向连接这条横沥的有许多小的河道,河道之间相隔二里或三里,这些河道往往被称作门。南北向的横沥即纵浦,而东西向的堽门、堰门、斗门则是横塘。横沥与河道被开挖得很深,而且建有用来蓄水的水坝(即堰),而在河道的交汇处往往设置水闸,这样的塘浦堰闸体系是古代在堽身之东用来蓄水以灌溉高田的。如果上游来水量大,那么就开那些"闸门"来泄水冲刷因感应海潮而倒灌进入的泥沙,而横沥就起到了分流的作用;如果水少,可以关闭水闸,蓄水以灌溉。郏亶曾经亲自到堽身之东进行实地考察,发现"其田尚有丘亩、经界、沟洫之迹在焉,是皆古之良田。……此治高田之遗迹也"[①]。

而低田地区,郏亶在昆山之南发现,那地方的下驾浦(即今夏驾浦)和小虞浦都是通吴淞江的。这些浦原来都很开阔,"阔者二十余丈,狭者十余丈"[②]。而这些纵浦又与横塘相连,横塘分纵浦的水势,"使水行于外,田成于内,有圩田之象焉"[③]。郏亶认为,这样的塘浦圩田保证了低田地区即使遇到大水之时,大水也不会侵害水田,而是一定会汇流到吴淞江,然后入海的。而元代的水利学者周文英在其水利著作《论三吴水利》中也对塘浦的功能做了阐述,他说:"旧制于江之南北为纵浦五十余条,湖之入江得以分其来势。于浦之东西为横塘,棋布于左右,潮退则横冲其淤泥,不致停积。"[④]就是说太湖水进入吴淞江后,部分水就会分流到那些吴淞江的支流——浦之中,而进入浦中的江水又会进入与浦

---

① [宋]范成大撰,陆振岳校点:《吴郡志》,卷十九,水利上,上海古籍出版社,1986 年,第 264 - 265 页。
② [宋]范成大撰,陆振岳校点:《吴郡志》,卷十九,水利上,上海古籍出版社,1986 年,第 265 页。
③ [宋]范成大撰,陆振岳校点:《吴郡志》,卷十九,水利上,上海古籍出版社,1986 年,第 265 页。
④ [清]顾沅辑:《吴郡文编》,卷二十四,水利二,上海古籍出版社,2011 年,第 285 页。

相连的塘中。塘里的江水在吴淞江的感应潮水退潮时,会将进入吴淞江及其支流里的潮沙冲回大海,使之不会在吴淞江及其支流里造成淤塞。

对于这样的塘浦圩田,范仲淹在《拜参知政事条陈水利议》中也有提及,他说:"江南旧有圩田,每一圩方数十里,如大城。中有河渠,外有门闸。旱则开闸引江水之利,涝则闭闸拒江水之害。旱涝不及,为农美利。"①范仲淹提到了与塘浦圩田相配的堰闸体系也是有效建设吴淞江流域高田和低田地区的关键所在。而郏亶之子郏侨更是认为在五代吴越国时期,钱氏政权在开发吴淞江流域时,做到了:"自吴江县松江而东至于海,又沿海而北至于扬子江,又沿江而西至于长洲、江阴界,一河一浦皆有堰闸,所以贼水不入,久无患害。"②

五代吴越国在吴淞江流域的开发过程中,除了形成了完善、高效的塘浦圩田和堰闸体系外,还有什么独特的治水举措呢?同治《苏州府志》中对此有明确的说明:"天祐元年(904),吴越钱氏置都水营田使,督撩浅夫疏导诸河。浚治新阳江,兼浚横塘通小虞浦。案钱氏募卒号为撩浅军亦谓之撩清,命于太湖旁,置卒四部,凡七、八千人,常为田事,治河筑隄,一路径下吴淞江,一路自急水港下淀山湖入海。居民旱则运水种田,涝则引水出田。"③说得很明白,在五代吴越国时期,钱氏政权设有专门的水利建设、管理机构叫都水营田司,下有都水营田使,还招募了四部共七八千人的军队,名为撩浅军,专门从事吴淞江沿线和东江故道(自急水港下淀山湖入海。)沿线的水利建设、保护工作,保证了吴淞江流域水利设施的有效运行。

还有开江营,《琴川志》卷一《营寨》中有这样的记载:"开江营,钱氏有国时所创,宋因之。有卒千人,为两指挥,第一在常熟,第二指挥在昆山。"④它的职责就是"专职修浚"。

对此,《吴郡通典》也有详细记载:"【钱】元璙性简约而恭靖,在苏州三十年,保全屏蔽,厥功甚伟。海虞二十四浦,潮汐二至,挟沙以入,淤塞支港。元璙遣开江营将梅世忠为都水使,每港募兵丁,设牏港口,按时启闭,以备旱涝。"⑤由此可见,开江营的统帅为都水使,梅世忠就是这样的职位,带领开江营兵管理塘

---

① [清]顾沅辑:《吴郡文编》,卷二十三,水利一,上海古籍出版社,2011年,第362页。
② [宋]范成大撰,陆振岳校点:《吴郡志》,卷十九,水利下,上海古籍出版社,1986年,第282页。
③ [清]冯桂芬纂,[清]谭钧培、李铭皖修:《同治苏州府志》,卷九,水利一,《江苏地方志集成》之《江苏府县志辑》(第7辑),江苏古籍出版社,1991年,第248页。
④ [宋]孙应时纂修,鲍廉增补,[元]卢镇续修:《琴川志》,卷五,水利,宋元方志丛刊(第二册),中华书局,1990年,第1201页。
⑤ 中国农业科学院南京农学院中国农业遗产研究室编纂:《农史研究集刊》(第二册),第149页。

浦圩田的堰闸体系,以保旱涝无患。

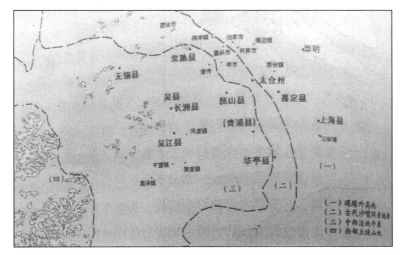

**太湖流域东部地势示意图**

同时,还疏浚南、北出海、入江塘浦。由于在唐朝晚期,古娄江和古东江都已经埋塞成陆,太湖水下泄通道只有吴淞江一条大江。于是在吴越国时期,钱氏政权在吴淞江的北边和南边分别疏浚了几条水系,以代替原来的古娄江和古东江入江、入海泄水通道。在吴淞江北边疏浚的水系分别有"无锡莲蓉河,武进庙堂港,常熟疏泾、梅李"和"七丫、茜泾、下张诸浦"①;在吴淞江南边的疏浚工程分别有"起长安堰至盐官,彻清水浦入于海"和"开大盈、顾汇、柘湖,下金山小官浦以入海"②。

此外,吴越国还开通了新洋江,朱长文的《吴郡图经续记》卷中《水》有相关记载:"新洋江,在昆山县界,本有故道,钱氏时尝浚治之,号曰新洋江。既可排流潦以注松江,又可引江流溉堘身也。"③新洋江的开通使得在旱季可以引吴淞江之水灌溉高田,又可以在多水时节,把高田之水排入吴淞江,从而做到旱涝无害。

五代吴越国时期吴淞江流域的水利建设搞得那么好,难怪北宋时期的水利学者郏侨要对此大加赞赏了:"其来源去委悉有堤防、堰闸之制,旁分其支派之流,不使溢聚,以为腹内畎亩之患,是以钱氏百年间岁多丰稔,唯长兴中一遭水

---

① 何永强著:《钱氏吴越国史论稿》,浙江大学出版社,2002年,第296页。
② 何永强著:《钱氏吴越国史论稿》,浙江大学出版社,2002年,第296页。
③ [宋]朱长文撰,金菊林校点:《吴郡图经续记》,卷中,水,江苏古籍出版社,1999年,第50页。

耳。"①虽然钱氏政权没有一百年,只有70多年(907—978),但郑侨的赞美还是让我们感受到了五代吴越国钱氏政权在开发吴淞江流域时,在水利建设上所做出的杰出成就。

那么,为什么如此完美、高效的水利建设体系到了宋代就出问题了呢?

## 第四节 入宋时的吴淞江流域水利现状

从方志史料中的内容来看,入宋以后,吴淞江流域开始水旱灾害增多,水利兴作频繁,各种水利建设理论也层出不穷。

那么,到底发生了什么变化,才导致了这种种问题的出现呢?

下面先让我们来看看入宋以来,吴淞江流域的水利现状到底是怎样的。

### 上游五堰被废,太湖水量暴增

太湖上游在宋以前,曾经在溧阳县的高淳地方筑有五座水坝(五堰),用来节制安徽宣歙、金陵和九阳江这三处的上游来水。这其中的一部分上游来水通过五座水坝中的分水、银林两座,被引入芜湖和太平州。这样就有效地调节了上游进入太湖的水量。但是,到了五代十国的末期,一些商人要从安徽的宣歙地区向两浙地区(浙东、浙西地区,就是现在的江苏省的长江以南和整个浙江地区,还包括现在上海的一些地区。)通过水路贩运木材(木业是徽商的一大经营行业),却被五座水坝阻碍,于是这些商人就诱骗地方官员拆毁了这五座水坝,"五堰既废,宣歙、金陵、九阳江之水或遇五六月暴涨,则皆入宜兴之荆溪,由荆溪而入震泽。盖上三州之水东灌苏、常、湖也"②。入宋以后,朝廷没有及时将被废掉的五座水坝修复,所以一到五六月份多雨季节,上游雨水暴涨,一股脑儿地通过宜兴的荆溪进入太湖,导致太湖湖水陡增,如果下泄不畅,就会东灌"苏、常、湖"三州。

---

① [宋]范成大撰,陆振岳校点:《吴郡志》,卷十九,水利下,上海古籍出版社,1986年,第278页。
② [清]顾沅辑:《吴郡文编》,卷二十三,水利一,上海古籍出版社,2011年,第376页。

# 第十一章 对吴淞江来说,宋朝是最坏的朝代

吴江塘路

宋初,太湖水的下泄入海大通道只有吴淞一江,其上游湖水入江处除了有唐时苏州刺史王仲舒在元和年间筑的塘路阻水外,此时上游也是茭、芦丛生,淤积严重。而最要命的就是北宋庆历二年(1042),时任苏州通判李禹卿认为吴淞江靠太湖处风浪大,常常要摧毁、飘没漕运粮船。为了便于运送漕粮,李禹卿就上奏朝廷,征用民夫,在吴江松陵和平望之间筑了一条塘路,这条塘路正好横亘在太湖和吴淞江之间,"横绝五六十里"①,造成太湖水下泄通道突然变窄,这样就"每至五六月之间湍流峻急之时,视之则吴江岸东之水常低于岸西之水一二尺"②,于是就导致太湖之水"尝溢而泄,以至壅灌三州(苏州、常州和湖州)之田"③,太湖水下泄不畅,首先在上游的低地地区泛滥,引发洪涝灾害。

## 中下游塘浦堰闸体系被毁,淤塞严重

上游如此,中下游又怎样呢?北宋的水利学者郏亶在其水利奏折《六失六得》中曾详细叙述了圩田中的农户是如何破坏塘浦圩田、堰闸体系的,而这样的破坏是从五代十国末期的堙塞高田开始的,他说:"是皆古之良田,因堰门坏,不能蓄水,而为旱田耳。堰门之坏,岂非五代之季,民各从其行舟之便,而废之耶?"④郏亶认为高田原来都是良田,但在五代末期,那些圩田里的农户为了自己

---

① [清]顾沅辑:《吴郡文编》,卷二十三,水利一,上海古籍出版社,2011年,第376页。
② [清]顾沅辑:《吴郡文编》,卷二十三,水利一,上海古籍出版社,2011年,第376页。
③ [清]顾沅辑:《吴郡文编》,卷二十三,水利一,上海古籍出版社,2011年,第376页。
④ [宋]范成大撰,陆振岳校点:《吴郡志》,卷十九,水利上,上海古籍出版社,1986年,第265页。

的出行、耕种便利,就把原来的一些起到蓄水灌溉(少水时)和泄洪排涝(多水时)作用的河道(堽门)、堤坝毁坏掉了,于是导致这些河道很快淤塞,从而湮没成陆,加快了高田的旱化,良田变为旱田。

后来,这样的破坏由高田地区向低田地区蔓延,渐成燎原之势。对此,郏亶还举了很多破坏的做法,比如"或因田户行舟、安舟之便而破其圩,或因人户侵射下脚而废其堤,或因官中开淘而减少丈尺,或因田主只收租课而不修堤岸,或因租户利于易田而故要淹没,或因决破古堤、张捕鱼虾而渐至破损,或因边圩之人不肯出田与众做岸,或因一圩虽完、旁圩无力而连延毁坏,或因贫富同圩而出力不齐,或因公私相咎而因循不治"①。

除了民间的破坏外,政府的破坏也是毁灭性的,这在郏亶的儿子郏侨的《水利大略》中有所提及,他认为:"端拱中,转运使乔维岳不究堤岸堰闸之制与夫沟洫畎浍之利,姑务便于转漕舟楫,一切毁之。"②端拱是北宋太宗的第三个年号,总共只有两年,那就是公元988年和公元989年,那时,吴越国已经纳土入宋。宋王朝征服、收降了各地的割据政权后,派出了许多负责赋税征收和转运入京的转运使去各地,而在原吴越国地区的转运使乔维岳为了便于转运漕粮,就把吴越国时期吴淞江流域原来完善、高效的塘浦堰闸体系全部毁掉了。

郏亶像

这样的堤防及堰闸的尽遭毁坏导致了高田良田日渐变成旱田,而低田地区则在大水之年,下雨的雨水还没一尺高,湖里的水还没涨二三尺高,就"一抹尽为白水"③了。

那么入宋以来,吴淞江下游入海处又是一种怎样的情形呢?

---

① [宋]范成大撰,陆振岳校点:《吴郡志》,卷十九,水利上,上海古籍出版社,1986年,第268－269页。
② [宋]范成大撰,陆振岳校点:《吴郡志》,卷十九,水利下,上海古籍出版社,1986年,第278页。
③ [宋]范成大撰,陆振岳校点:《吴郡志》,卷十九,水利上,上海古籍出版社,1986年,第269页。

## 下游入海处茭芦丛生,沙泥涨塞

入宋以来,吴淞江下游入海处的情况也很糟,对此,北宋另一位水利专家单锷在《吴中水利书》中有所提及:"又睹岸东江尾与海相接之处,茭芦丛生,沙泥涨塞。"[①]吴淞江下游入海处到了北宋的元祐年间(1086—1094),已经是长满了芦苇和蒿草,大量的泥沙和海沙沉积在入海口,已经形成了严重的淤塞现象。

那么,这整条吴淞江为什么入宋以后,其水利状况会变得越来越糟呢?这就要从大宋王朝的国情和国策上去分析了。前文已经提及,整个大宋王朝就是一个国土不完整的政权,其国策对内是重文抑武、以文治国;对外是重和不重战,花钱买和平。每年向周边邻国付大笔太平费"岁币"。加上人多地少,使得整个有宋一代一直在千方百计地增加耕地面积。于是,还有很大开发前景的位于当时苏州境内的吴淞江流域就被盯上了。

**吴淞江边丛生的茭芦**

---

① [清]顾沅辑:《吴郡文编》,卷二十三,水利一,上海古籍出版社,2011年,第376页。

## 第五节 入宋以后，吴淞江流域"占水为田"肆无忌惮

据方志史料记载，宋初，苏州一州的赋税是"一十七、八万石"①，到了郏亶时的熙宁年间（1068—1077）已增加到"三十四、五万石"②。而范仲淹在任苏州知州时，通过对苏州一州一年全部产出的计算，"苏州一州之田，出税者三万四千顷，中稔之利，每亩得米二石至三石，计出米七百余万石"③。当时，整个东南地区一年所交的全部税粮为"六百万石"④，于是范仲淹得出了"一州之出超出整个东南一年所交全部税粮"⑤的结论。

范仲淹上奏给朝廷的《时事条陈》中的这个内容，无疑给大宋朝廷留下了深刻的印象，也使得大宋王朝对苏州倍加青睐，希望此地能有更多的产出。于是，在政策上，对此地明目张胆，甚至是肆无忌惮的"占水为田"现象就置若罔闻了，睁一只眼、闭一只眼，甚至是暗中鼓励。

那么，苏州地区"占水为田"的情况严重到怎样的程度呢？据相关史料统计，苏州在北宋雍熙前后（984—987）的耕地数在 140 万亩左右，到了景祐年间（1034—1037），耕地数增加到 340 万亩，50 年间增加了近 1.5 倍。而到了南宋端平二年（1235）更是增加到了 1 200 万亩，其耕地数是北宋景祐年间的 3.5 倍，雍熙年间的 8.5 倍。这些新增的耕地面积主要来自湖区或滨水地区。这可以从吴淞江流域"占水为田"的情况变迁中得到印证，景祐年间，张方平出任昆山知县时，他看到的吴淞江流域还是"地旷人少，占田无限，但指四至泾浜为界"⑥。就是说在北宋景祐年间，吴淞江流域还有很多无主的水田，可以任意占有。而到了北宋后期，在宣和元年（1119），当时管理农田的一个叫农田所的机构就出台了这样的法规："远年逃田、天荒田、草莳茭荡及湖泺等地，并大量步田，立四至坐落。"⑦就是把长满蒿草、芦苇、野菱的河滩、湖荡都作为耕田进行丈

---

① ［宋］范成大撰，陆振岳校点：《吴郡志》，卷十九，水利上，上海古籍出版社，1986 年，第 263 页。
② ［宋］范成大撰，陆振岳校点：《吴郡志》，卷十九，水利上，上海古籍出版社，1986 年，第 263 页。
③ ［清］顾沅辑：《吴郡文编》，卷二十三，水利一，上海古籍出版社，2011 年，第 362 页。
④ ［清］顾沅辑：《吴郡文编》，卷二十三，水利一，上海古籍出版社，2011 年，第 362 页。
⑤ ［清］顾沅辑：《吴郡文编》，卷二十三，水利一，上海古籍出版社，2011 年，第 362 页。
⑥ 苏简亚主编：《苏州文化概论》，第五章，五，凤凰出版传媒集团，江苏教育出版社，2008 年，第 94 页。
⑦ 苏简亚主编：《苏州文化概论》，第五章，五，凤凰出版传媒集团，江苏教育出版社，2008 年，第 94 页。

量,并确定四边范围。招募佃农进行耕种。这是政府从法律层面认可"占水为田",也鼓励"占水为田"的做法。

进入南宋以后,"占水为田"更是进入了一个新的高潮,主体不只有政府和民间,还有军队。南宋初,吴淞江上游吴江塘路两边都已堙塞成陆,成片的湖滩基本都被军队侵占为田,史书上称其田为"坝田"。南宋乾道年间(1165—1173),朝廷以空名官诰补授官资的方式劝谕开耕两浙荒地。而在南宋淳熙(1174—1189)时,宋孝宗继续采用蠲放苗税的政策鼓励两浙民户"占水为田"。

整个有宋一代,这样"占水为田"的田地种类主要有"沙田""塘涂田""围田、湖田""葑田"这四类。其中的"沙田",《正德姑苏志》卷十五《田地》中对它是这样定义的:"民自经营沙涨地为田。"①就是江河湖泊中的泥沙所淤积而成的水地,被百姓私自占为耕田。那么,百姓为什么会热衷侵占这样的"沙地"呢?元代,山东人王桢,写了一本很有名的书,就是《农书》。王桢的《农书》道出了其中的奥秘,他在"田制门"篇里说:"沙淤之田也。或滨大江,或峙中洲,四围芦苇,以护堤岸,其地常润泽,可保丰熟。普为塍埂,可种稻秫;间为聚落,可艺桑麻。或中贯潮沟,旱则频溉;或旁绕大港,涝则泄水;所以无水旱之忧,故胜于他田。"②由于沙田处于涨没不定之中,所以农户可以根据田块的不同情况和不同格局,种植不同的粮食作物和经济作物。而且由于水利设施做到位,沙田始终能得到好的保护,因此能做到旱涝保收。正是这个原因,导致了百姓都乐意侵占江河湖泊中的泥沙淤积之地作为"沙田"来耕种。

王桢《农书》

而其中的塘涂田又称滩涂田、塘田、涂田。王桢《农书》是这样定义它的:"其潮水所泛沙泥,积于岛屿,或垫溺盘曲,其顷亩多少不等;初种水稗,斥卤既尽,可为稼田","凡潢污泗互,壅积泥滓,水退皆成污滩,亦可种艺。"③那么,百

---

① 苏简亚主编:《苏州文化概论》,第五章,五,凤凰出版传媒集团,江苏教育出版社,2008年,第95页。

② 苏简亚主编:《苏州文化概论》,第五章,五,凤凰出版传媒集团,江苏教育出版社,2008年,第95页。

③ 苏简亚主编:《苏州文化概论》,第五章,五,凤凰出版传媒集团,江苏教育出版社,2008年,第95页。

姓为什么对这种地方也感兴趣呢？北宋水利学者郑瑄在其水利书中曾提及其原因，他说："吴人以一易再易之田，谓之白涂田，所收倍于常稔之田，而所纳租米，亦依旧数，故租户乐意间年淹没也。"①原来是因为这种田的收成很高，甚至超出已熟耕田的一倍以上，但是其所交的税粮是和已熟耕田一样的，所以老百姓都要千方百计地去侵占这些滩涂为田了。

围田是一种新开发的耕地，与圩田不同，圩田是已熟耕地。围田一般是军队开发的比较多，他们往往把一片滩涂围成耕地，所以规模也比较大。比如在南宋初，太湖"濒湖之地，多为军下兵卒侵据为田"，"盖队伍既众，易于施工，累土增高，长堤弥望"②，尽是耕田。

开禧二年(1206)，卫泾在一个有关东南水利的奏折中说："自绍兴末年始，因军中侵夺濒湖水荡工力易办，创置堤埂，号为坝田……隆兴、乾道之后，豪宗大姓，相继迭出，广包强占，无岁无之，陂湖之利，日晙月削，已亡几何，而所在围田，则遍满矣。以臣耳目所接，三十年间，昔之曰江、曰湖、曰草荡者，今皆田也。"③

葑田在苏州东、南部吴淞江流域普遍存在，是被广泛侵占的水田种类之一。北宋的蔡宽夫是这样定义"葑田"的："吴中陂湖间，茭蒲所积，岁久根为水冲荡，不复与土相着，遂浮水面，动辄数十丈，厚亦数尺，遂可施种植耕凿，人据其上，如木筏然，可撑以往来，所谓葑田是也。"④也就是说"葑田"是水里野生的蒿草、芦苇、菖蒲等水生植物的根与泥土脱离后，一年年的枯萎的植物不断堆积而形成的、浮在水面上的几尺厚、几十丈大的"浮动田块"。对此，林和靖有诗咏及，"阴沉画轴林间寺，零落棋秤葑上田"⑤，等等。

总之，在有宋一代，囿于国情，面对人多地少的压力，政府大力鼓励各种名目的"占水为田"，于是吴淞江流域的草葑茭荡和滩涂沙地等，都被大量侵占，大量开垦，这样，到了南宋绍熙年间(1147—1200)，整个吴中就"四郊无旷土，随高

---

① [宋]范成大撰，陆振岳校点：《吴郡志》，卷十九，水利上，上海古籍出版社，1986年，第269页。
② [清]冯桂芬纂，[清]谭钧培、李铭皖修：《同治苏州府志》，卷九，水利一，《江苏地方志集成》之《江苏府县志辑》(第7辑)，江苏古籍出版社，1991年，第261页。
③ [宋]卫泾：《论围田札子》，载[宋]卫泾著《后乐集》，卷十三，奏议，影印文渊阁四库全书，台北商务印书馆，1986年，集部别集类，第1169册，第654页。
④ 苏简亚主编：《苏州文化概论》，第五章，五，凤凰出版传媒集团，江苏教育出版社，2008年，第95页。
⑤ 苏简亚主编：《苏州文化概论》，第五章，五，凤凰出版传媒集团，江苏教育出版社，2008年，第95页。

下皆为田"①了。

据学者闵宗殿的统计,两宋期间太湖地区被废的湖泊有10个,被围的有11个。其中最为典型的是淀山湖,南宋中叶,"湖之围为田者大半"②;元代以后,湖面仅剩约二百里,但"富户每把流水的港口塞闭了,把淀山湖闪做旱地和田"③。

这样肆无忌惮地"占水为田"无疑给吴淞江流域的水利造成了致命的危害,所以入宋以来,吴淞江流域就水旱灾害频发了。而大宋王朝对吴淞江流域的水利治理却是始终抱着权宜心态,其采取的举措也是权宜之计。

## 第六节 宋朝在吴淞江流域水利治理上的权宜举措

### 水旱灾害不断增多

入宋以来,朝廷在吴淞江流域水利建设上的种种不当举措(前文已叙及,不再多说。),导致了从宋朝开始,该区域的水旱灾害逐渐增多,这在《吴郡图经续记》《吴郡志》《太湖备考》等方志史料中都有所记载,比如北宋天禧(1017)、天圣(1023)年间吴中发大水;明道二年(1033)苏州发大水,持续的大暴雨导致洪水泛滥,造成大片农田被淹,灾民超过十万户;熙宁元年(1068),岁旱河竭;元丰元年(1078)七月四日夜,苏州大风雨,潮高二丈余。漂荡尹山至吴江塘岸,洗涤桥梁,沙土皆尽,唯石仅存。昆山张浦沙保有600户,悉漂尽。唯余五户空屋,人亦不存;元丰四年(1081)七月,苏州大水。西风驾湖水,浸没民间。凡边湖者皆荡尽,或举家不知所在。松江长桥亦推去其半。桥南至平望皆如扫,内外死者万余人;元祐六年(1091),太湖积水为患……南宋绍兴二十八年(1158)七月,平江大风雨,潮漂数百里坏田庐;隆兴二年(1164),苏、湖、秀(嘉兴)皆大水,浸城郭,坏庐、圩田;绍熙五年(1194)八月,平江府大雨,水坏田庐甚众;嘉定十六年(1223)五月,平江府水害稼,漂民庐,溺死者甚众;咸淳八年(1272)四月初八,浙水西(吴郡)地发(白毛)遍白……

---

① [宋]范成大撰,陆振岳校点:《吴郡志》,卷二,风俗,江苏古籍出版社,1986年,第13页。
② 闵宗殿:《两宋东南围湖》,收入于江苏省水利史志编纂委员会,中国水利学会水利史研究会编《太湖水利史论文集》,1986年,第79页。
③ 闵宗殿:《两宋东南围湖》,收入于江苏省水利史志编纂委员会,中国水利学会水利史研究会编《太湖水利史论文集》,1986年,第79页。

## 大宋王朝如何对待"治本"主张?

水旱灾害多了,自然要治理,吴淞江流域水利的治理有两种方法,那就是"治本"和"治标"。"治本"的方法就是拓宽、疏浚吴淞江主干道。北宋熙宁年间的郏侨就曾说过:"吴松古江,故道深广,可敌千浦。"①他认为太湖泄水主要靠吴淞江,如果能把吴淞江拓宽、疏浚,就能有效地使太湖水下泄入海,因为古吴淞江是既深又广,其泄洪排涝的功能相当于一千条塘浦的功能。所以郏侨反对每当发生洪涝灾害时,政府只是疏浚在昆山、常熟的沿海、沿江的吴淞江的支流塘浦。他认为那些塘浦位于堙身高地,而太湖水通过吴淞江从低地过来,光疏浚高地的塘浦只能暂时起作用,过不了多久就会因海潮倒灌而导致那些塘浦淤塞,不能从根本上解决问题。但他的这种主张,朝廷不感兴趣,为什么?因为此时吴淞江流域"占水为田"现象已经非常严重了,朝廷已经从中得到好处了,多收了很多赋税,自然不会去做"退田还水"的事。

到了元祐年间,吴江塘路东边已经沙涨成陆,而且已经有人在此耕种、居住,逐渐形成了一个村落,"江岸之东自筑岸以来,沙涨成一村,昔为湍流奔涌之地,今为民居民田桑枣场圃,吴江县由是岁增旧赋不少"②。但是,单锷认为这样做是得小利、损大害,"虽然增一邑之赋,反损三州之赋不知几百倍也"③。由此,他提出的治理吴淞江流域水利的措施是:"今欲泄震泽之水,莫若先开江尾茭芦之地,迁沙村之民,运其所涨之泥,然后以吴江岸,錾其土为木桥千所,所以通粮运。"④单锷的水利主张得到苏东坡的赏识,苏东坡自己也曾说过:"若要吴松江不塞,吴江一县之民可尽徙于他处,庶上源宽阔,清水力盛,沙泥自不能积,何致有堙塞之患哉!"⑤苏东坡替单锷把水利书送达朝廷,极力推荐,但朝廷未予采纳。

---

① [宋]范成大撰,陆振岳校点:《吴郡志》,卷十九,水利下,上海古籍出版社,1986年,第279页。
② [清]顾沅辑:《吴郡文编》,卷二十三,水利一,上海古籍出版社,2011年,第376-377页。
③ [清]顾沅辑:《吴郡文编》,卷二十三,水利一,上海古籍出版社,2011年,第377页。
④ [清]顾沅辑:《吴郡文编》,卷二十三,水利一,上海古籍出版社,2011年,第377页。
⑤ [清]顾沅辑:《吴郡文编》,卷二十四,水利二,上海古籍出版社,2011年,第382页。

**苏东坡画像**

这样的结果是在意料之中的,朝廷正在千方百计地开发吴淞江流域,以增加耕地和税收。你单锷却说要鉴开吴江塘路,迁沙村之民,"退田还江",这不是明显的"哪壶不开提哪壶",跟朝廷唱反调吗?还有,"江尾荚芦之地"是说"开"就能"开"的?这么大的工程要花多少钱?要用多少劳力?要持续多长时间?你单锷有没有算过?可能大家没有概念,笔者举同样是在北宋年间的一个计划实施的水利工程来说明,北宋后期,有官员蒋璨、赵子潇向朝廷汇报计划实施的一项吴淞江流域的水利建设,计划要疏浚常熟县的梅里塘、白茅浦、崔浦、福山浦、黄泗浦和昆山县的新洋江、小虞浦、顾浦、郭泽塘等,其花费总共是"役夫三百三十七万四千六百工,钱三十三万七千四百贯,米一十万一千五百石,各有奇"①。

你看,只是疏浚吴淞江的九条塘浦支流,开销就那么大。更何况要拓宽、疏浚当时仍有九里宽的吴淞江下游?这个成本之大是难以想象的。当时的北宋朝廷每年要向西夏、辽等国付一大笔"太平钱""岁币",边境也经常发生战争。国防军费又高,人多地少,开销很大,自然对这样的"治本"工程不感兴趣。不只朝廷不感兴趣,那些既得利益者也不感兴趣,即使是普通老百姓也都对这样的"治本"工程不感兴趣。

既然"治本"行不通,那只好"治标"了。

---

① [清]顾沅辑:《吴郡文编》,卷二十四,水利二,上海古籍出版社,2011年,第381页。

## 大宋王朝如何对待"治标"主张?

纵观整个大宋王朝在吴淞江流域所实施的水利建设举措,用一句话来概括,就是"头痛医头,脚痛医脚"。"治本"的主张打动不了大宋王朝,"治标"的举措实施起来也是要么"雷声大、雨点小",要么"虎头蛇尾",要么"无疾而终",总是患得患失,摇摆不定。

### (一) "三合一"派

比如,曾提出"筑圩、置闸、浚河"三合一治水主张的范仲淹在治理吴淞江流域的水患时,就曾遭到朝野的多方责难,好不容易实施了,刚开始没多久,就被朝廷以某种原因调任明州(今浙江宁波),要不是有位转运使替他说情,请求朝廷将他留在苏州完成治水工作,那么范仲淹在苏州的治水工作就无疾而终了。

在主持疏浚了白茆塘、福山港、黄泗浦、许浦、奚浦、三丈浦、茜浦、下张浦和七丫浦后,范仲淹为了更有效地疏导吴淞江流域的洪涝,还想将吴淞江中游的大湾盘龙汇裁弯取直,但朝廷不让他将该项水利工程实施,借个由头将他调走。于是,范仲淹在吴淞江流域的治水工作就虎头蛇尾了。

### (二) "治田"派

另一位水利专家郏亶认为要搞好吴淞江流域的水利,必须先"治田",恢复吴越国时期完善、高效的塘浦圩田及堰闸体系,他是吴淞江流域水利建设中的"治田派"。郏亶雄心勃勃,想在吴淞江流域实现他的治水主张。为了说服朝廷接受他的主张,并支持他的工作,熙宁三年(1070),郏亶在奏折中处处强调他治水的出发点是为了保护吴淞江流域的耕田,并恢复五代吴越国时期的无论是低田还是高田均为"膏腴之田"的盛况。郏亶的这一策略很有效果,他的主张得到了朝廷的支持,熙宁五年(1072),朝廷任命他为"司农寺丞,提举两浙,兴修水利"①。

于是郏亶到苏州实施他的治水举措,"凡六郡三十四县,比户调夫,同日举役,转运、提刑皆受约束。民以为扰,多逃移。会吕惠卿被召,言其举措乖方,六年正月遂罢役"②。

郏亶此次治水动作很大,有点想当然,不只"扰民",还"扰官",自然遭到两浙地区官民的一致反对,于是百姓逃役、官员告状,闹得怨声载道,朝廷只好下

---

① [宋]范成大撰,陆振岳校点:《吴郡志》,卷十九,水利上,上海古籍出版社,1986年,第278页。
② [宋]范成大撰,陆振岳校点:《吴郡志》,卷十九,水利上,上海古籍出版社,1986年,第278页。

诏停止这项治水工程。

据范成大《吴郡志》的记载,郏亶此次去苏州负责实施这项浩大的水利工程时,在熙宁六年(1073)正月十五元宵节那天,还遭到了200多名身份不明的表面上是民工的人群的围攻、打骂,还连累他的一个小儿子也因此受了伤。

这就是最顺朝廷意的吴淞江流域水利建设中的"治田派"的下场。

### (三)"浚河"派

"治田派"的下场如此,"浚河派"的下场更是可想而知,单锷就是"浚河派"的代表,但他的主张即使有大学士苏东坡的极力推荐,也没得到朝廷的认可和采纳。

### (四)"置闸"派

至于"置闸"派,其代表人物是赵霖,当时任苏州户曹,因与朱勔关系好,他的主张得到朝廷采纳,朝廷派他去苏州的昆山、常熟沿海的吴淞江流域的最古老的"三十六浦"上去"置闸",可是,据《宋史·河渠志》上的记载,在政和六年八月(1116),赵霖开始兴工,没多久就落得个"两浙扰甚,诏罢役"①的下场。赵霖刚开展工作,民间的反对声就非常大,大到迫使朝廷马上下诏取消这项工程。

单锷《吴中水利书》

由此可见,宋代著名的治水派代表,无论是"筑圩、置闸、浚河"三合一治水派,还是"治田派";也无论是"置闸派"还是"浚河派",他们的治水主张都没有得到有效的、彻底的实施,这正是大宋王朝在吴淞江流域这片水域上,"占田"重于"治水"心态的显著体现,这样的心态伴随着整个有宋一代。这样的心态导致了大宋王朝在吴淞江流域的治水上只是采取权宜之计,"头痛医头,脚痛医脚"。

梳理有宋一代在吴淞江流域治水方面的举措,我们更能读出大宋王朝在吴淞江流域大肆"占水为田"的"坚强决心"。

## 宋朝在吴淞江流域流域水利治理上的权宜举措

北宋大中祥符五年(1012),转运使徐奭奏置开江营兵,专修吴江塘路;天禧二年(1017),发运使张纶疏港浦,导太湖水下海;天圣元年(1023),徐奭筑堤浚

---

① [宋]范成大撰,陆振岳校点:《吴郡志》,卷十九,水利下,江苏古籍出版社,1986年,第291页。

潦;庆历二年(1042),苏州通判李禹卿堤太湖八十里为渠;庆历八年(1048),知吴江县李问、尉王庭坚始建长桥;至和二年(1055),昆山县主簿邱与权筑昆山塘,命该塘为至和塘;嘉祐四年(1058),招置苏湖开江兵士;嘉祐五年(1059),转运使王纯臣督苏湖常秀,并筑田塍;治平三年(1061)知吴江县孙觉大筑荻塘;元祐六年(1091),导苏州诸河;元符三年(1099),诏役开江兵卒开治河湖浦港,修垒堤岸,开置斗门水堰;崇宁二年(1103),提举常平徐确开吴淞江;大观三年(1109),从许光凝奏请,开淘吴淞江,置闸;宣和二年(1120),立浙西诸水则碑。①

南宋绍兴二十八年(1158),诏补开江营兵;乾道元年(1164)诏苏州招置缺额开江兵士;乾道五年(1168),增置撩湖军;淳熙六年(1179),浚至和塘;淳熙十三年(1186),提举罗点开淀山湖;淳熙十七年(1190),提举刘颖浚淀山湖,泄吴淞江;绍定五年(1232),修吴江长桥。②

从前文的梳理中,我们可以看到光一个"开江营兵"的设置,从提议到朝廷真正实施,其前后竟然被拖延了将近半个世纪的时间。而由于北宋灭亡,"开江营兵"也随之解散。到南宋成立,重建"开江营兵"时,已与初建时相距了整整一百年的时间。而增招"开江营兵"时,也与初建时相距了整整106年的时间。通过这件事,我们可以深切地感受到大宋王朝在吴淞江流域水利治理上的赤裸裸的权宜心态。

## 第七节 "占田"重于"治水"所导致的严重后果

这样的权宜心态必然导致吴淞江流域的人为"占水为田"情况越来越严重,也必然导致吴淞江流域的严重淤塞,并使得整条吴淞江日渐变窄变浅。这在元代也曾整治过吴淞江水利的任仁发的《水利议答》中有所反映:"将太湖东岸出水去处或钉栅,或作堰,为筑狭,为筑桥,及有湖泖港汊,又虑私盐船往来,多行塞籪,所以清水日弱,浑潮日盛,泥沙日积,而吴淞江日就淤塞。"③任仁发提到了吴淞江流域的许多人为"占水为田"的做法,比如钉栅、筑堰、筑狭、筑桥、塞籪等,这些做法所造成的危害导致吴淞江主干道里的清水日渐减弱,而浑潮越来

---

① [清]金友理撰,薛正兴校点:《太湖备考》,卷三,水治,江苏古籍出版社,1998年,第110－112页。
② [清]金友理撰,薛正兴校点:《太湖备考》,卷三,水治,江苏古籍出版社,1998年,第112页。
③ [清]顾沅辑:《吴郡文编》,卷二十四,水利二,上海古籍出版社,2011年,第382页。

越强盛,于是江里的泥沙不断累积,从而使得吴淞江日渐淤塞。越淤塞,越"占水为田";越"占水为田",越淤塞。这样就形成了恶性循环。而恶性循环必将导致恶性后果。关于此,明末的顾炎武在《日知录》卷十中也有所提及,他说:"自政和以后,围湖占江,而东南之水利亦塞。于是,十年之中,荒恒六七,而较其所得,反不及前人。"①顾炎武认为是在北宋徽宗以后,吴淞江流域的"占水为田"情况日趋严重,造成了东南水利毁灭性的破坏,从而导致该流域十年之中竟有六七年都是荒年的窘境。

这样,通过整整有宋一代的肆无忌惮、变本加厉的"占水为田",吴淞江主干道就日渐淤塞,不断变窄变浅。到了宋末元初,由于下游入海口严重淤塞,吴淞江主干道出现了明显的转向、改道趋势。关于这一点,元代的水利官员周文英说得很清楚:"水势既分,又浅涩不能通泄,又被塘东占种菱荷障碍,难以冲激随湖沙土,于是,淤塞三江,致令水势转于东北,迤逦流入昆山塘等处,由太仓刘家港二处港浦入海。"②也就是说到了宋末元初,吴淞江泄水入海的通道已经明显转向东北了,这自然是大宋王朝在吴淞江流域水利治理上的"鱼和熊掌不可兼得"的"'占田'重于'治水'"抉择的必然结果。这样的结果也导致了吴淞江主干道的不断淤塞,不断变窄变浅。通过整个有宋一代的"占水为田",吴淞江这条其下游在宋初还是宽9里(相当于现在的5 184米)的大江,到了元初,就只剩下25丈(相当于现在的79.2米多一点)了,变窄了整整65倍还多,由此,我们可以想象大宋王朝在吴淞江流域"占水为田"的情况有多严重了。很明显,大宋王朝是导致吴淞江大幅度变窄变浅的罪魁祸首。经过了两宋时期肆无忌惮的"占水为田"后,吴淞江被迫走上了"支流化"的历程。

---

① [清]顾炎武撰,华东师范大学古籍研究所整理:《顾炎武全集》之《日知录》,卷之十,治地,上海世纪出版股份有限公司,上海古籍出版社,2011年,第428页。
② [清]顾沅辑:《吴郡文编》,卷二十四,水利二,上海古籍出版社,2011年,第385页。

# 第十二章　吴淞江流域市镇与乡村行政设置之间的关系

前段时间,听说政府要进行行政编制改革,把一些经济发达镇升级为县级市。这个消息使笔者对江南市镇的历史更有兴趣。在古代,市是集市,镇是城镇,镇比市大。按照著名学者樊树志的说法,非农常住人口在500户以上的称为镇。而不满500户的则称为集市。市、镇都是经济单位,不是行政单位。二者都属于市场体系。古代县以下的基层行政单位名称则屡有变化,在变化过程中,甚至还出现了在现在的我们看来很奇怪的名称。而市、镇成为行政单位最迟要到清朝后期。

## 第一节　"十六图"是个什么"图"?

前段时间,因与东山有文化活动的合作,所以常跑东山的几个古村落。活动期间,为了便于工作,一直在陆巷的一个叫十六图的饭店用餐。同事觉得这个饭店的名称比较特别,有一次就问饭店老板为何起这样的名字,有何特别的意义。饭店老板谦谦一笑道:"没什么特别的,因为我家就是十六图的。"

同事听了还是不明白,因为他是城里人。但笔者是清楚的,因为笔者在研究吴淞江查阅方志史料时,经常能看到"某乡领多少都多少图"的记载。其中的"图"是一个乡以下的基层的行政单位,相当于村,但比村要小。

"图"的出现要比"都"晚,历史上是先有"都"后有"图"的。在唐代时,县以下的基层行政划分是实行乡里制的,"百户为里,五里为乡"①。到了宋代,约在北宋熙宁三年(1070),朝廷实行新法,"诏畿内之民,十家为一保,选主户有干力

---

① [唐]张九龄撰:《唐六典》,卷三,影印文渊阁四库全书,第595册,史部十二·职官类一·官制之属,台北商务印书馆,1986年,第31页。

十六图饭店

者为保长;五十家为一大保,选一人为大保长;十大保为都保,选为众所服者为都保正,又以一人为之副"①。当时是十家为一保,50家为一大保,500家为一都保,每一个行政单位都有一个负责人,最小的为保长,最大的是都保正。看过《水浒传》的人都知道,晁盖在上梁山落草前就是担任"保正"的职位。笔者小时候,曾听父亲偶尔说起祖父在新中国成立前也当过保长。当时不清楚保长的职位有多大,一直以为"保长"就是"乡长"。现在才明白,其实两者之间差别还是很大的。

到了熙宁六年(1073),北宋全面实施保甲法,改五户为一保,五小保为一大保,十大保为一都保。比原先的规模都缩小了一半。据史料记载,北宋时期,属于平江府(当时苏州的行政称谓。)的吴县共有20都,长洲县有19都,吴江县有五乡。当时北宋县以下基层组织已经形成了"乡——都——保"的行政建置。

到了南宋绍兴十二年(1142),朝廷实施经界法后,"里"在绝大多数地区都名存实亡了,"都(保)"成为乡之下最重要的土地登记单位和赋役金派单位。

---

① [元]脱脱,等修撰:《宋史》,卷一百九十二,兵志六·乡兵三·保甲,中华书局,1977年,第4767页。

进入元朝,"乡都"制逐步定型,而"乡里"制日渐式微。

明朝初期,推行黄册里甲制度,"凡编排里长,务不出本都,且如一都有六百户,将五百五十户编为五里,剩下五十户,分派本都,附各里长名下,带管当差。不许将别都人口补凑"①。这个制度的建置是:1 都有 600 户,其中 550 户分为 5 里,剩下 50 户划给 5 位里长领导,从事相应差役,而且不准拿别的都的人来充数。为什么要这样做呢? 主要还是明朝开国皇帝朱元璋要保障征税和差役的供应。

到了明朝中后期,在嘉靖年间,南直隶巡抚欧阳铎和苏州知府王仪实施一条鞭法和均田均役法的赋税改革,使得原来的里甲赋役体系被打破。而到了清初顺治十四年(1657),吴江知县雷琎仿照浙江嘉兴、湖州属县的明季成法,率先创行均田均役改革,"通计一县田亩,按图均配;旧五百五十七图半,裁并为五百有七图,每图二千亩,每甲田二百亩"②,到了康熙元年(1662),江苏巡抚韩世琦奉旨通行此法,"通计合邑田亩,和盘打算,按图衷益,品搭停匀"③,至此,我们终于明白了一"图"到底是一个多大的规模——拥有 2 000 亩田地的村落。"图"以下还有"甲",一"图"分为十"甲"。

而到了康熙五十一年(1712)"地丁合一"后,为了使田地和人丁一一对应落实,又实施版图法。版图法于雍正三年(1725),由太仓直隶州知州温尔逊率先推行。次年,苏州府各州县也相继实行。版图法的特征是"以户归田,以田归丘,以丘归圩,以圩归图"④,从此按图征粮,"里"这个行政单位就不用了,而"以圩合图,以图合都"⑤。也就是说要到清雍正年间,这个"图"的行政建置才真正确定下来,而"图"以下还有一些小单位,如"圩""丘""田""户"等。于是,县以下的基层单位就变为"乡——都——图"了。

清朝的沈藻采在其编纂的《元和唯亭志》卷一"都图"中提到了政府实施"都图"行政区划的作用所在,"都图之设由来尚已,欲以正经界,均井田。舍此奚辨? 吾里附近各村区圩不少,为按图详列之,俾经理者有所考而冠之,分防武

---

① 【明】李东阳,等纂:《大明会典》,卷二十,户部七·户口二·黄册,台北新文丰出版公司,1976年,第 357 - 358 页。
② [清]叶燮纂:《康熙吴江县志》,卷七,徭役,康熙二十四年刻,三十九年增刻本,第 46 页。
③ [清]高士䴊,杨振藻修,[清]钱陆灿,等纂:《康熙常熟县志》,卷九,徭役,清康熙二十六年刻,第 158 页。
④ [清]陈和志修,[清]沈彤,倪师孟纂,陈其弟点校:《乾隆震泽县志》,卷三十,清田粮,广陵书社,2016 年,第 449 页。
⑤ [清]陈和志修,[清]沈彤,倪师孟纂,陈其弟点校:《乾隆震泽县志》,卷三十,清田粮,广陵书社,2016 年,第 450 页。

弁亦以识地理之限也"①。其根本作用就是校正行政管理疆界,划清田地的界限,以便于管理。

所以,文中开首所提到的"十六图"就是"都"管辖下的编号为第 16 的"图"。

## 第二节 "横扇"是个什么"扇"?

前些天,几个高中同学在一起喝茶。闲谈间,有位在吴江工作的同学向笔者请教一个问题:吴江横扇这个地名是怎么来的?代表了什么意思?这是个很复杂的问题,不是三言两语所能回答的,所以笔者当时对那位同学说改天再详细告知。

这个地名的由来最早要从朱元璋建立大明皇朝说起。朱元璋定都南京,把苏州和松江两地作为他的最重要的赋税征收区,对苏松两府课以重税。导致遭受这样的惩罚的原因是多方面的。一是在元末,苏州的老百姓都支持张士诚,与朱元璋对抗;二是,当时的太湖下游、吴淞江流域得到了大幅度的开发,其田地的产出非常高。明初政权建都南京,苏松地区是明初政权的真正的粮仓;三是许多豪族大户大肆占水为田,兼并土地。这些土地后来大部分被朱元璋没收了,成为官田。为了多征税粮,在洪武四年(1371),朱元璋设立了"粮长制度",起初,每名粮长每年要负责征解 10 000 石的税粮指标,后来也有减少到几千石的。当时著名的富豪沈万三沈富的两个儿子沈茂和沈旺两兄弟就都是朱元璋任命的粮长。

粮长制度在洪武十一年(1378)曾被废止,到了洪武十八年(1385)又重新恢复。本来,粮长制度与行政区划的关系不大,但是因为在一些地方出现了问题,比如在当时的常熟县,有地方官吏营私舞弊,败坏朝廷律令,把粮长调离他们本该管辖的都图村落,调到八九十里,甚至是一百多里远的陌生的地方去当粮长。同时调其他地方的粮长来管理本都图的税粮的征收。这样做,造成了税粮征解上的"钱粮不清,田地不真"的问题。于是,朱元璋将常熟县原来的 30 多名粮长全部革职。并严令"从本县并各处有司设法自办……不许地方犬牙相制,只叫

---

① [清]沈藻采纂:《元和唯亭志》,卷一,都图,《中国地方志集成》之《乡镇志专辑》(第 7 辑),江苏古籍出版社、上海书店、巴蜀书社,1992 年,第 118 页。

管着周围附近的人户,易催易办"①。也就是必须要用本地人来征解本地的税粮,并形成制度。

随着这样的制度的建立,粮长所负责的区域——"区"就产生了,并成为一个实际的区划单位。这个"区"的税粮的征解由正、副粮长负责,正、副粮长各负责一片区域,这一片区域就被称为"扇",正粮长负责的区域被称为"正扇",副粮长负责的区域被称为"副扇"。为什么会称之为"扇"呢?史料上说,是因为"其谓之扇者,正副粮长割地管辖,各立簿籍一扇故也"②。就是说正、副粮长是根据各自手里掌握的一扇征解税粮的簿籍(就是俗话所说的纳粮花名册。有的地方也叫鱼鳞册。)征解税粮的缘故。现在,我们终于知道这个"扇"是什么意思了。

**横扇街景**

那么,这个"扇"的规模有多大呢?由于其划分是以"都"为依据的,所以其规模应该是在"都"和"图"之间。比如,在明初的吴江县,"定为六乡,辖都三十有二,分四十六区,每区设粮长二人"③,大的都如二十九都一都就被划分为六区,而小的都则每都一区,而更小的都则没有区。④ 再拿《元和唯亭志》卷一,"都图"中关于"南十九都"的记载来作证,"南十九都正扇"下面管辖"十七图、

---

① [明]陈三恪撰:《崇祯海虞别乘》,大诰,广陵书社,2018年,第2-5页。
② [明]韩浚,张应武,等纂修:《万历嘉定县志》,卷之一,疆域考上·乡都,齐鲁书社,1987年,第690页。
③ [明]莫旦编纂,陈其弟校点:《弘治吴江志》,卷二,乡都,广陵书社,2018年,第75页。
④ [明]莫旦编纂,陈其弟校点:《弘治吴江志》,卷二,乡都,广陵书社,2018年,第75页。

二十三图、二十四图、二十八图、三十五图、四十八图"等六个"图",而"南十九都副扇"下面管辖"二十二图、二十六图、二十九图、三十图、三十一图、三十二图、五十八图"等七个"图"。①

由于"区"这一级有粮长专门负责,而"都"一级则没有对应的职役,所以就使"都"仅成为里甲编排和县级以下地域单位的连接点,基本上不履行任何行政职能,逐步由实入虚;"区(扇)"则因发挥实际职能而成为实实在在的一级区划,开始替代"都"原有的功能。万历《常熟私志·凡例》中"旧五十都,今八十一扇"②的记载,就是证明。

这样的粮长制度和里甲制度相互配合,就使赋役体系能得到保障:"凡田,区以领图,图以领圩,圩以字拆号,以数编赋,以则定其册曰流水,图曰鱼鳞,以序姓氏,以正封洫,于是田有定数,赋有常额。"③"区—图—圩"区划序列也因此成型。嘉靖《太仓州志》对此曾有明确的记载:"户籍之制,必画十甲为一图,图置一里长,差科出焉。其法循编排之格,以周年为限。又合数图为一都,都大者则分上下区,区置一粮长,租税责焉。其法简富殷之家,而不限以年。里长者,凡有司无远近设之,唯粮长则置于赋多之地。"④

通过以上的分析,我们可以确定,"区"(扇)这种区划主要是在税粮多的"都"和那些比较大的"都"才有。而横扇这个地方很显然应该是有粮长的一个比较大的地方,所以地名中有"扇"。那么,为什么叫"横扇"呢?据《吴江县志》中的记载,横扇在明末清初还是一个村落,有一条横港穿村而过,沿横港划分为上、下两扇,所以此地被称为横扇。横扇这个地名就是这么来的。

到了清雍正年间(1723—1735),横扇逐渐兴盛,据原乡公所壁碑记述:"芦苇滩畔,渔户以鸣榔为号则群聚以为市,间设二、三酒肆,以享渔户,常晒帆补网于其间,渔农杂处,各安生理。"⑤到了乾隆、嘉庆年间(1736—1820),街市日趋繁荣,有鱼行、米行、布点、酱园、酒坊、油坊、南北杂货店、茶馆、酒店等,成为太

---

① [清]沈藻采纂:《元和唯亭志》,卷一,都图,《中国地方志集成》之《乡镇志专辑》(第7辑),江苏古籍出版社、上海书店、巴蜀书社,1992年,第121-122页。
② [明]姚宗仪纂:万历《常熟县私志》,凡例,广陵书社,2018年;台北成文出版社有限公司,2007年。
③ [明]周伦:《杨侯清理田赋记》,万历《昆山县志》,卷八,遗文,《中国方志丛书》华中地方志第433号,台北成文出版社有限公司,2007年,第587页。
④ [明]周士佐修,张寅,等纂:嘉靖《太仓州志》,卷五,乡都·市镇村附,天一阁藏明代方志选刊续编(第20册),上海书店,1990年,第361页。
⑤ [清]陈和志修,[清]沈彤,倪师孟纂:《乾隆震泽县志》,卷之四,疆土四,镇市村,广陵书社,2016年,第75页。

湖边一个农副产品交易中心,"其盛不减市镇"①。到了宣统二年(1910)试行区域自治,横扇被设置为镇。

## 第三节 "七都""八都"何以成镇?

通过前面的分析,我们可以明白"横扇"之所以能发展成镇,主要是因为该地历史上有粮长这个职役的设置。有政府行政职能设置的地方,其所管辖的范围就会不断增加,这样就导致该地区域的扩大,这就为该地发展成为市镇奠定了坚实的基础。

但是在明朝前期,都图是行政单位,而市镇是经济单位;都图是户籍编制区划,而市镇是商贸聚集之地;都图重视的是税粮的征解,而市镇主要是商业税收,其所占比例极小。两者之间应该是有区别的,很明显是属于两个截然不同的区划单位。可是,后来又是什么原因导致了两者之间的混淆不分,甚至是互换呢?

七都农贸市场

在明初的时候,市镇是归属于都图的,这主要是政府以征收田赋税粮为主,而市镇的商业税收所占比例很小,所以其商税的征收机构都是设置在县一级的

---

① [清]陈和志修,[清]沈彤,倪师孟纂:《乾隆震泽县志》,卷之四,疆土四,镇市村,广陵书社,2016年,第75页。

## 第十二章 吴淞江流域市镇与乡村行政设置之间的关系

行政建置的地方,一般市镇是不设置的。

一直要到明朝中后期,情况才有了变化。明正德年间,由王鏊、吴宽等人编纂的《姑苏志》,把"市镇"和"乡都村"编在了一个篇章里。这说明在明朝中期,都图和市镇已经相互混淆,分得不是很清楚了。这从某种程度上也证明了,在明朝中期,苏州地区的市镇的迅猛发展,越来越引起朝廷的关注。

也就是从那时开始,市镇的商税改由牙行负责征收,政府也开始重视起市镇商税的征收,比如,在《正德姑苏志》卷第十八,"乡都市镇村附"章节中有关于长洲县的市镇记载,其中关于"许市"镇(就是现在的浒墅关镇。)的记载是这样的:"去县西北二十五里,一名浒墅……民居际水,农贾杂处,为一大镇,有巡检司、急递铺,景泰间置钞关于此。"①那时的浒墅关镇已经是苏州西北大运河的水上交通枢纽了,农贾杂处,货运繁忙,商税量大,所以政府在那儿设置了"钞关"(税收机构)也就是说从那时开始,苏州的一些商税量大的市镇上已经有税收机构了。

除了税收机构的设置外,有些市镇随着其发展,变得越来越繁荣,聚集的人口也越来越多,那样的人口是三教九流、各色人等都有的,于是就带来了治安问题,有些市镇上的治安问题甚至还很严重,于是政府部门开始在一些重要的和治安问题严重的市镇上设置叫巡检司的管理机构。这在清朝的沈眉寿和纪磊编纂的《震泽镇志》中有所提及:"吴秀重建震泽司碑记,震泽旧有市井而无官曹,强凌弱、众暴寡,势不能免。我太祖高皇帝(指明朝开国皇帝朱元璋)以其地独远郡邑,西连苕霅,东接吴淞,南临携李,北枕太湖,无知之徒哨聚出没。不有以镇之,孰从而警之? 于是设巡馆,置吏兵以保障兹土。此震泽司之所由立也。"②说得很明白,巡检司就是管治安的。因为该机构是管治安的,所以不只是像税收机构那样只管镇区的一小块地方,而是既要管市镇区域,也要管四周乡村。当时,一般市镇的镇区区域不大,就长、宽各两、三里的面积,但如果把四周乡村都包括进去的话,那面积就大得多了。就拿那个"许市"镇来看,其镇区范围只有"三里",但是"横泾浜、唐家浜、西渔庄、东渔庄、太平桥巷等,都归其管辖"③。而在明弘治《吴江志》中也记载了震泽镇巡检司的管辖范围,"在本镇,去县治西南九十里,巡检李进重建,一官一吏,弓兵三十名,管九都、十都、十一

---

① [明]王鏊,等纂修:《正德姑苏志》,卷第十八,乡都市镇村附,镇四,天一阁藏明代方志选刊续编(一二),上海书店,1992年,第91页。

② [清]沈眉寿,纪磊编纂:《震泽镇志》,卷四,公署,《中国地方志集成》之《乡镇志专辑》(第13辑),江苏古籍出版社、上海书店、巴蜀书社,1992年,第384页。

③ [清]凌寿祺撰,钦瑞兴点校:《浒墅关志》,修志凡例,一,广陵书社,2012年。

都、十二都、十三都地界"①。

据《吴江县志》记载,在清雍正四年(1726)吴江分县,震泽由镇升为县,共管辖"全都16,不全都7;全保1,不全保4;全图278,不全图17;全圩1 512,不全圩3"②。这段史料透露了这样的信息:就是在清朝雍正时期,震泽管辖下的那些"不全的都和图"是与其他县、市镇合管的。这证明市镇和都图之间已经是"你中有我,我中有你",界限已经越来越模糊了。

这种变化是明显的,也是根本性的:以前是市镇从属于都图,界限分明。后来逐渐混淆不分,再后来是市镇管辖都图。(虽然只是部分的管辖职能,比如巡检司。)这也是因为市镇不断发展壮大,对朝廷的作用越来越大,所以导致朝廷对其管辖方式做了根本性的改变。

吴江的几个巡检司的设置和其他地方有明显区别,其他地方都是设置在市镇的,但吴江的几个巡检司却是设置在一些大的村落的。比如长桥、简村、烂溪、泗渎这四个巡检司就都是设置在村落的,其中的泗渎巡检司原先设在六都,后来又移到吴溇村(属七都),"去县治西南一百里,一官一吏,弓兵三十名,管五、六、七、八都地界"③。这似乎是因为这几个地方的地位极其重要,或者是因为其治安情况不容乐观。但不管怎样,巡检司的设置扩大了其所在地的管辖范围,这一举措也相应地使七都和八都的行政管辖范围不断变大。这为后来七都、八都升乡变镇提供了条件。

到了清末宣统元年(1909),实施地方自治。第二年推行区域自治,各镇开始要确定传统管理疆域,于是震泽县所管辖的市镇就有所变化,形成了新的市镇,比如"震泽镇、严墓镇、平溪镇、横扇镇、吴溇镇(就是七都镇)、梅堰镇、庙港镇(就是五都镇)"④等。趁着这次机会,七都、八都就都成了市镇。这样,作为行政建置的"七都""八都"就成了作为市场划分的"市镇"单位,两者之间就这样做到了"身份互换",此时的"镇"已经变为名副其实的行政管理单位了。

这是江南市镇发展过程中所出现的一个奇特现象,值得对之进行深入研究。

---

① [明]莫旦编撰,陈其弟校点:弘治《吴江志》,卷四,官宇,广陵书社,2018年,第164页。
② 吴江地方志编纂委员会编纂:《吴江县志》,第一卷,建置区划,第二章,行政区划,江苏科学技术出版社,1994年,第54页。
③ [明]莫旦编撰,陈其弟校点:弘治《吴江志》,卷四,官宇,广陵书社,2018年,第164、165页。
④ 吴江地方志编纂委员会编纂:《吴江县志》,第一卷,建置区划,第二章,行政区划,江苏科学技术出版社,1994年,第54页。

# 第十三章 吴淞江与古代苏州赋税征收之间的相互关系

在清朝康熙年间,曾担任过苏州一把手的慕天颜在《请减苏松浮粮疏》中详细讲述了苏州税源的发展历程:"臣细查苏松赋税源流,《禹贡》扬州厥田下下,唐天宝时财赋始增,宋宝祐、景定间苏郡苗米额至三十万,……元世祖时,悉循宋旧,迨延祐中,苏州府夏税丝二万二千余斤,秋粮八十八万余石。……明洪武初定天下赋税,官田起科每亩五升三合五勺,民田每亩三升五勺,重租田每亩八升五合五勺。唯苏州因张士诚久抗不下,怒其附寇,取豪族租簿,俾有司加税,名为官田,故苏赋独重……建文方诏减免,永乐仍复洪武旧制,宣德五年敕谕减租,每田一亩旧额一斗至四斗者减十分之二,自四斗一升至五斗者减十分之三。正统元年官田准民田起科……当是时,苏州逋税七百九十万……忱与知府况钟曲算奏减之。而王鏊犹称民间重额尚未尽除。继此因漕运递增,耗米沿为正粮,并入平米额内,不分正耗,至万历时代有所增加。"①

在这个奏疏里,慕天颜提到苏州府的税源要到唐朝天宝年间时才开始有明显的增加,也就是说在唐朝天宝年间以前,苏州府的赋税一直不是政府的征收重点对象,因为在这以前苏州府的田一直是"下下田",至少在中央政府眼里是这样的。那么,到底发生了什么事,才导致了苏州财赋征收的明显增加呢?这就要从吴淞江流域的成功开发说起。

---

① [清]顾沅辑:《吴郡文编》第一辑第二册,卷三十四,赋役二,上海古籍出版社,2011年,第3-4页。

## 第一节 吴淞江流域的成功开发使古代苏州成为赋税重地

### 六朝至隋唐,赋税开始增加——塘浦圩田形成时期

台湾学者黄淑梅在《六朝太湖流域的发展》一书中提到了吴淞江流域有塘浦的原因:"故中央太湖周围地势特别低下,积水无法顺畅排出长江及东海,造成中央地区时常积水为患。相反的,沿江、沿海地区地势反而高亢,无法得到江水及湖水的灌溉,形成旱灾。"①很明显,是由于吴淞江流域地区的地势独特:靠近太湖地区的区域低下,常常会发生洪涝灾害;而靠近江(长江)海(东海)地区的区域地势较高,因得不到及时有效的灌溉,常常会发生旱灾。关于这一点,我们可以在北宋水利专家郏亶的一份奏折中得到印证,他在《上治田利害奏折》中同样也分析了吴淞江流域的地理特征:"昔禹之时,震泽为患,东有堰阜以隔绝其流。禹乃斩断堰阜,流为三江。东入于海,而震泽始定。震泽虽定,于环湖之地,尚有二百余里可以为田。而地皆卑下,犹在江水之下,与江湖相连。民既不能耕植,而水面又复平阔,足以容受震泽下流,使水势散漫,而三江不能疾趋于海。其沿海之地,亦有数百里可以为田。而地皆高仰,反在江水之上,与江湖相远。民既不能取水以灌溉,而地势又多西流不得蓄聚。春夏之雨泽,以浸润其地。是环湖之地,常有水患;而沿海之地,常有旱灾。"②

在分析了这个自然环境的缺点后,黄淑梅认为要克服此一缺点,唯有以开辟沟渠来改善。"本区水利沟渠有二类,直贯南北者为纵浦,东西横向者为横塘。然据所得的资料,在六朝时代的水利设施多以塘为名,未见以浦为名者,即所修沟渠以东西向者为主。推其原因当为本区天然水道以南北向者居多,六朝时代也是本区水利设施的草创时期,故先着手开辟东西走向的横塘以链接南北向之天然河川,形成水利沟渠网的雏形。至于在南北向河川间再开辟纵浦,联以横塘,形成密集的水利网要留待六朝以后才能完成。"③

对此,郏亶也做了详细解释:"古人遂因其地势之高下,井之而为田。其环

---

① 黄淑梅著:《六朝太湖流域的发展》,第四章,农业的发展,第二节,水利设施与耕作技术,台湾联鸣文化有限公司,1982年,第115页。
② [宋]范成大撰,陆振岳校点:《吴郡志》,卷十九,水利上,江苏古籍出版社,1986年,第267页。
③ 黄淑梅著:《六朝太湖流域的发展》,第四章,农业的发展,第二节,水利设施与耕作技术,台湾联鸣文化有限公司,1982年,第116页。

湖卑下之地,则于江(吴淞江)之南北,为纵浦以通于江(吴淞江)。又于浦之东西,为横塘以分其势而棋布之,有圩田之象焉。"①这样形成的塘浦是怎样的规模呢?郏亶也做了详细的解释:"其塘浦,阔者三十余丈,狭者不下二十余丈。深者二三丈,浅者不下一丈。且苏州除太湖之外,江(吴淞江)之南北,别无水源。而古人使浦深阔若此者,盖欲取土以为堤岸,高厚足以御其湍涓之流。故塘浦因而阔深,水也因之而流耳。非专为阔其塘浦以决积水也。故古者堤岸高者须及二丈,低者亦不下一丈。"②那么,这样规模的塘浦圩田体系到底有什么用处呢?郏亶总结出了以下几个方面——固堤护田,泄洪排涝,蓄水灌溉。他是这样说的:"借令大水之年,江湖之水,高于民田五、七尺;而堤岸尚出于塘浦之外三五尺至一丈。故虽大水,不能入于民田也。民田既不容水,则塘浦之水自高于江,而江之水亦高于海,不须决泻,而水自湍流矣。故三江常浚,而水田常熟。其塍浦之地,亦因江水稍高,得以畎引以灌溉。此古人浚三江,治低田之法也。所有沿海高仰之地,近于江者,既因江流稍高,可以畎引。近于海者,又有早晚两潮可以灌溉。故亦于沿海之地及江之南北,或五里、七里而为一纵浦,又五里、七里而为一横塘。港之阔狭,与低田同。而其深往往过之。且塍阜之地,高于积水之处四五尺至七八尺,远于积水之处四五十里至百余里,固非决水之道也。然古人为塘浦阔深若此者,盖欲畎引江海之水,周流于塍阜之地。虽大旱之岁,亦可车畎以溉田。而大水之岁,积水或从此而流泻耳。非专为阔深其塘浦,以决低田之积水也。至于地势西流之处,又设塍门、斗门以潴蓄之。是虽大旱之岁,塍阜之地,皆可耕以为田。此古人治高田,蓄雨泽之法也。故低田常无水患,高田常无旱灾。此数百里之地,常获丰熟。此古人治低田高田之法也。"③

低地地区和高地地区的开发是不同的:低地地区主要是要在大水之年,使得吴淞江及其支流里的水不会进入到水田里去,就必须要建造又高又宽又厚的堤岸来围住水田,即开挖横塘纵浦,而且这些塘浦必须要开挖得既深又宽,堤岸也必须修得又高又大。塘浦里的水不能进入到田里,就会渐渐抬高水位,高到超过吴淞江的水位,就会驱使吴淞江里的清水往东流,一直入海。而在少水年份,这样的塘浦又能起到蓄水的作用,以灌溉低田。

同样,在塍身高地地区,必须要挖又深又宽的、纵横交错的河道,这样,上游来水多的时候,可以协助其入海;上游来水少的时候,可以蓄雨泽,引江潮,以资

---

① [宋]范成大撰,陆振岳校点:《吴郡志》,卷十九,水利上,江苏古籍出版社,1986年,第267页。
② [宋]范成大撰,陆振岳校点:《吴郡志》,卷十九,水利上,江苏古籍出版社,1986年,第267页。
③ [宋]范成大撰,陆振岳校点:《吴郡志》,卷十九,水利上,江苏古籍出版社,1986年,第267-268页。

灌溉。

在六朝和隋唐时期，吴淞江流域的开发主要是以政府组织管理的屯田，包括军屯和民屯，所以能动用大量的人力、物力，进行有效的开发，从而形成完整的网格化的塘浦圩田体系。这样的塘浦圩田体系到了唐代中期就已经产生了明显的成效，所以其农田产量也得到了大幅度的提升，因此，此时朝廷对苏州地区的征税开始增加。

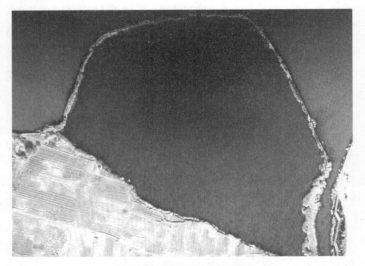

独墅湖至今尚存的圩田遗迹

## 宋代，赋税明显增加——泾浜小圩逐渐取代塘浦大圩

宋代的水利专家郏亶在奏折中曾说过这样的话："以谓天下之利，莫大于水田，水田之美，无过于苏州。"①说明在北宋的熙宁年间，苏州的水田已经是天下最美的水田了。他在奏折中又提到，"故国初之税，才十七八万石，今乃至于三十四五万石"②。北宋初年（960），苏州每年的纳税额是十七八万石，而到了熙宁初年（1068），就已经增加到了三十四五万石。在这一百年的时间里，其赋税足足增加了一倍左右，这种增加是很明显的。这一方面是由于人口的恢复、增加，另一方面也是吴淞江流域农田得到进一步开发的结果。这种农田开发的增加是在破坏原有塘浦圩田体系的基础上，逐渐形成了另一种体系而造成的，那种体系就是小圩泾浜体系。

---

① ［宋］范成大撰，陆振岳校点：《吴郡志》，卷十九，水利上，江苏古籍出版社，1986年，第262页。
② ［宋］范成大撰，陆振岳校点：《吴郡志》，卷十九，水利上，江苏古籍出版社，1986年，第263页。

## 第十三章 吴淞江与古代苏州赋税征收之间的相互关系

宋朝以前,吴淞江流域的塘浦圩田已经形成网格化的体系,那时圩田的每圩都有一个圩长,每一两年都会率领圩田里的农户修筑堤防,疏浚塘浦港汊,所以能做到低田地方的塘浦堤岸能常年保持牢固,而高田地方的塘浦港汊也能经常保持畅通。而到了五代的钱氏吴越国时期,则又产生了专门从事吴淞江流域水利管理的撩浅军"撩浅指挥之名"①,郏亶认为这是沿用了古代治理吴淞江流域的"遗法"。②

吴淞江

那么,如此好的一套管理体系怎么一到宋代就失灵了呢?郏亶认为,一方面是由于北宋初年经过长年的战乱,塘浦圩田管理的古法已经隳坏,而上任的水利官员又领导不力;另一方面,是负责转运漕粮的转运使为了便于转运漕粮,而把吴淞江流域完善、高效的塘浦圩田堰闸体系全部毁坏掉了。同时,住在大圩里的农户为了各自的利益,纷纷对塘浦体系进行了人为的破坏。

郏亶认为这些破坏行为造成了严重的后果:"故堤防尽坏,而低田漫然复在江水之下也。每春夏之交,天雨未盈尺,湖水未涨二三尺,而苏州低田,一抹尽为白水。其间虽有堤岸,亦皆狭小沉在水底,不能固田。唯大旱之岁,常、润、杭、秀之田,及苏州堙阜之地,并皆枯旱,其堤岸方始露见。而苏州水田,幸得一熟耳。盖由无堤防为御水之先具也。民田既容水,故水与江平,江与海平。而海潮直至苏州之东一二十里之地,反与江、湖、民田之水相接,故水不能湍流,而三江不浚。"③如此花样繁多的人为破坏导致了原有的塘浦圩田体系瓦解,于是

---

① [宋]范成大撰,陆振岳校点:《吴郡志》,卷十九,水利上,江苏古籍出版社,1986年,第268页。
② [宋]范成大撰,陆振岳校点:《吴郡志》,卷十九,水利上,江苏古籍出版社,1986年,第268页。
③ [宋]范成大撰,陆振岳校点:《吴郡志》,卷十九,水利上,江苏古籍出版社,1986年,第269页。

完善高效的水利设施失去了有效泄洪、蓄水，固护低田、灌溉高田的功能，虽然农田增加了，但造成了低田常涝，高田常旱的后果。久而久之，农田里的水与吴淞江里的水持平，而吴淞江里的水又与海水持平。这样一来，清水与浑潮之间没有足够的落差，清水就不能有效冲刷浑潮，反而使得浑潮深入吴淞江，有时感应海潮竟然能够到达苏州古城东面一二十里的地方，海潮带来的海沙得不到吴淞江清水的有效冲刷，就在吴淞江下游不断淤积，这样就造成了"三江不浚"。

## 农田不断增加，水利建设越来越频繁

宋以前的完整的网格化的塘浦圩田堰闸体系遭到破坏后，形成了宋代以后的泾浜小圩体系，一些沙洲、沼泽地、湖泊、河岸、江堤都被侵占为田，吴淞江流域的农田不断增加。因为失去了完整的网格化塘浦堰闸体系的庇护，水旱灾害也开始增多，所以水利建设也多了起来。比如宋代范仲淹开始大规模治理太湖水患，他主持开浚了吴淞江，以及常熟、昆山之间的茜泾、下张、七丫、白茆和浒浦五河，并在沿江诸浦设置闸门，用以拒沙挡潮，排泄积潦，造福了数州百姓。仁宗至和二年（1055），邱与权主持修筑昆山塘，使苏州和昆山一带的积水得以排除，苏州一带因此"四郊无旷土，高下悉为田"①。叶清臣请疏盘龙汇、沪渎港入于海，等等。而在南宋的150多年间，吴淞江流域只是在"景定间一二次水灾"②，说明其水利建设发挥了泄洪防涝、固堤护田、蓄水灌溉的有效作用。

小圩泾浜体系形成后，小块的圩田不断增多。到了宋代，这样的圩田，已成为农业生产中稳产高产的良田，就是前文中郑瑄提到的"最美的水田"。也就是范仲淹在《拜参知政事时条陈水利议》中提到的旱涝保收的低地水田。还有一些葑田，也主要是在低地地区的吴淞江流域，因茭芦丛生而形成的能浮在水面的大面积的可以用来耕种的独特模式的田块。

## 生产工具改进，实现了精细化、集约化经营，赋税大增

在宋代，吴淞江流域耕种农田的生产工具也得到了进一步的改进，比如已经广泛使用的曲辕犁是当时最先进的耕田工具（曲辕犁在陆龟蒙的《耒耜集》里就已经出现，到了宋代更是被广泛使用。），水轮的发明与运用使得农田的灌溉能力增强，同时也进一步提高了抗御旱灾的能力。那时吴淞江流域的农田里，水车已经到处可见，据《吴县水利志》记载：提水灌溉有人车、牛车和风车三种，

---

① ［宋］范成大撰，陆振岳校点：《吴郡志》，卷二，风俗，江苏古籍出版社，1986年，第13页。
② ［宋］范成大撰，陆振岳校点：《吴郡志》，卷十九，水利上，江苏古籍出版社，1986年，第269页。

统称为龙骨水车。人车又有手牵和脚踏两种,其中的手牵车在三车中是最小的一种结构形式,只能用于阳城(即现在阳澄湖)极低小块零星低洼圩荡田中。牛车的使用最为广泛,遍布全县各乡村。利用自然风力为原动力的风车,多用在水面宽广的东部阳城、淀泖(淀山湖和三泖湖)沿大湖大江地区。

生产工具的进一步改进,也使得农户能对田地实行精耕细作,并已形成了一套比较完整的技术与经验,从而能实行集约经营。因此,吴淞江流域农田的产量既高又稳,"其一亩所出视他州辄数倍"成为"国之仓庾"[1]。范仲淹在《拜参知政事时条陈水利议》中称,东南每岁上供600万石米,苏州"一州之田,中稔之岁,出米700余万石"[2]。在范仲淹时的宋代苏州一地一年所出之米竟然已经超过了整个东南一年的赋税的总量!能做到这一点,吴淞江流域的成功开发显然是主要原因。

对此,元代的水利专家任仁发曾在一份有关吴淞江水利建设的奏折中说过这样的话:"晋宋以降,仓廪所积,悉仰给于浙西之水田,故曰,苏湖熟,天下足。"[3]这说明在元代已经流传有"苏湖熟,天下足"这样的谚语了,这也证明了吴淞江流域的成功开发对苏州经济发展的重要促进作用。任仁发还提到五代时钱氏的吴越国和南宋朝廷都是靠吴淞江流域的赋税来保证国家的运行的,"钱氏有国、亡宋南渡,全藉苏湖常秀数郡所产以为国计"[4]。这也证明了吴淞江流域的成功开发造就了苏州在全国数一数二的经济地位。

## 元代,大户、豪强大量兼并土地,水利兴作,赋税大增

到了元代,情况又发生了变化,"今岁一、二年三、四年水灾频仍"[5],这是什么原因呢?元代的水利专家任仁发是这样认为的,以前"常时尽心经理高田低田各有制水之法,期间水利当兴,水害当除。合后军民不问烦难,合用钱粮不吝浩大必然为之,又使名卿重臣专董其事。豪富上户,言不能乱其耳,珍货不能劲其心,又复七里为一纵浦,十里为一横塘,田连阡陌,位位相接,悉为膏腴之产,以故二三百年之水灾罕见。"而元朝成立以来是这样的,"国朝四海一统,又居位者未知风土,所以视浙西水利与诸处无异,任地之高下,任时之水旱,所以一二

---

[1] [清]顾沅辑:《吴郡文编》,卷二十三,水利一,上海古籍出版社,2011年,第363页。
[2] [清]顾沅辑:《吴郡文编》,卷二十三,水利一,上海古籍出版社,2011年,第362页。
[3] [清]顾沅辑:《吴郡文编》,卷二十四,水利二,上海古籍出版社,2011年,第382页。
[4] [清]顾沅辑:《吴郡文编》,卷二十四,水利二,上海古籍出版社,2011年,第382页。
[5] [清]顾沅辑:《吴郡文编》,卷二十四,水利二,上海古籍出版社,2011年,第382页。

年间水旱频仍"①。任仁发的言下之意就是:吴淞江流域的水利建设以前之所以治理得好,是因为在针对低田和高田的治理时是按照不同方法进行的,而且要有名卿重臣来负责领导实施,并且按照古制做到"七里一纵浦,十里一横塘",只有这样才能做好水利,保证"二三百年之水灾罕见"。而在元代,由于朝廷不懂地方上的不同,不能因地制宜地进行水利建设,只是不分东西南北,在水利建设上实施"一刀切",那肯定是要出事的。

另外,是因为到了元代,吴淞江流域的占水围田现象越来越严重,特别是淀山湖和三泖湖之间,往往有人占水围田达到几万甚至几十万亩的规模,这就使得元朝时期,吴淞江流域(尤其是古代吴淞江支流东江地区)的农田规模得到了明显的扩大。

同时,在元代,也对吴淞江的水利进行了整治,比如任仁发认为要治理好吴淞江流域的水利,其实要做好三个方面的工作:"浚河港必深阔,筑圩岸必高厚,置闸窦必多广,设遇水旱就三者而乘除之,自然不能为害。"②关于这一点,任仁发还提到了北宋名臣范仲淹,称范仲淹也是这个观点:"范文正公,宋之名臣,尽心于水利,尝谓修圩、浚河、置闸,三者如鼎足,缺一不可。"③

那么,在元代为什么做不好呢?任仁发认为,"浙西河港、圩岸、闸窦无官整治,遂致废坏,一遇水旱,小则小害,大则大害,是以年年有荒芜,不可种之田深可痛惜。今朝廷废而不治者,盖募夫供役取办于富户,部夫督役责成于有司,二者皆非其所乐,所以滑吏豪民构扇,必欲沮坏而后已。朝廷未见日后之利,但厌目前之扰,是以成事则难,坏事则易。东坡亦云,官吏惮其经营,百姓畏其出力,所以累行而终辍,不能成久远之利也"④。政府不用心,相关部门怕事,滑吏豪民破坏,百姓不肯出力,这种种原因导致了元代在"修圩、浚河、置闸"这三方面水利建设的失效。

所以,任仁发认为还是要设立专门的行都水监司,来负责对吴淞江的治理,由独立的部门,专门的人来管理此事,"民可使由之,不可使知之。事之利害,久而始明,彼小民无知,但见工役之烦;豪民肆奸又吝供输之费,所以百般阻挠,但谓无益以败乃事。殊不知浙西有数等之水极治方略,皆不相同,非立专司,岂能成功"⑤。

---

① [清]顾沅辑:《吴郡文编》,卷二十四,水利二,上海古籍出版社,2011年,第382页。
② [清]顾沅辑:《吴郡文编》,卷二十四,水利二,上海古籍出版社,2011年,第383页。
③ [清]顾沅辑:《吴郡文编》,卷二十四,水利二,上海古籍出版社,2011年,第383页。
④ [清]顾沅辑:《吴郡文编》,卷二十四,水利二,上海古籍出版社,2011年,第383页。
⑤ [清]顾沅辑:《吴郡文编》,卷二十四,水利二,上海古籍出版社,2011年,第383页。

当时的政府接到任仁发关于治理吴淞江的《水利议答》的奏疏后,很重视,在大德八年(1304)夏五月,"中书省准浙江行省咨任仁发言吴淞江淤塞奏立行都水监,仍于平江路设置直隶中书省及命行省平章彻里提督疏浚"①。

政府并下诏规定了各项政策措施,"诏条云修浚河道闸坝一切合用物料行省即于官钱内收买应付,又浙西苗粮户内起夫一万五千名自备什物,每名工后一年免粮一十五石,其军站除瞻后地外依上料著僧道也,里可温答失恋不分常住,并权豪官员不以是何投下不纳官粮之家,以地五顷著夫一名,从行都水监选委廉干官员部夫督役其有肇立事功,廉能称职者行都水监其迹举明其著明夫户集凡差役权行蠲免"②。

于是,在大德八年(1304)十一月,"仁发以吴淞江故道堙塞为浙西居民害上疏条陈利病疏导之法,西自上海县界吴淞旧江,东抵嘉定石桥洪迤逦入海,长三十八里,深一丈五尺,阔二十五丈,役夫一万五千,为工一百六十五万一千六百有奇"③。这个工程到大德九年(1305)二月全部竣工。

农田大幅度增加,与任仁发对吴淞江下游河道疏浚的水利工程有密不可分的关系,诸如此类的水利建设使得元代苏州的赋税比之宋代有了更大幅度的增加,由宋代的三十万石增加到八十万石。

## 第二节 明朝重税导致逋逃严重,使得吴淞江流域水利遭到致命性破坏

### 苏府赋税何以独重?

从文首的慕天颜的奏折中,我们可以看到,因为苏州百姓曾经拥护张士诚,使得朱元璋在攻打苏州城时,攻了十个月,才将城攻下,损失惨重。所以,朱元璋在明朝建立后,就加重苏州一地的赋税。他竟然把没收的苏州地区的豪族的田地租簿交给有司,作为官田的税收标准。对此,清朝的赵昕在《苏郡浮粮议》中有详细的记载:"自明太祖怒吴民为张士诚固守,籍豪家租簿定赋有田一亩起

---

① [清]顾沅辑:《吴郡文编》,卷二十四,水利二,上海古籍出版社,2011年,第384页。
② [清]顾沅辑:《吴郡文编》,卷二十四,水利二,上海古籍出版社,2011年,第384页。
③ [清]顾沅辑:《吴郡文编》,卷二十四,水利二,上海古籍出版社,2011年,第384页。

征至七斗外者,故苏赋视他郡独重,而松嘉湖次之,载在王圻续文献通考。"①

这么重的赋税,自然是无法完成的,所以百姓纷纷逃离家园,躲避重税。地方官员也是毫无办法,只好接受革职,甚至重罚的后果。"未及三年,苏之积逋至三十余万石。"②三年不到,苏州府就积欠了三十多万石的赋税。这情况使得朱元璋自己也觉得过分了,"明太祖旋亦悔之,曰:'民至二年不偿,其困可知。'将所欠积逋尽行蠲免。至十六年又特命减税:凡一亩科七斗五升至四斗四升者,准减十分之二;四斗三升至三斗六升者,俱止征三斗五升。其以下仍旧"③。

即使这样,"苏州一郡除夏税之外,秋粮增至二百七十四万六千九百九十石,视原额已逾二倍以外矣"④。

到了建文帝即位,"命照各郡县起科亩不得过一斗。此建文二年二月之诏,班班可考"⑤。其减赋力度之大超过想象,同时也可见朱元璋对苏州府所加的赋税有多重了。

到了明成祖朱棣篡位,又恢复到朱元璋时的赋税标准。后来迁都北京,南粮北运,路上有各种损耗,这些损耗都要算在苏州府的赋税中,于是其赋税征收甚至比朱元璋时还要重。因此,到了宣德五年(1430),周忱来苏时,苏州府已经积欠赋税"七百九十万石"⑥,于是他和苏州知府况钟"苦心调剂,疏减八十余万石。……又创为平米法,因输将之远近,为耗米之多寡,历年递减。三岁之中,苏州得余米三十万石,又苏松有军职,月俸一项计其耗费,每用六斗至一石。忱复与钟曲算奏请,使之赴领本地,得省费六十余万石,民以稍甦"⑦。

周忱和况钟的努力收到明显的成效,但是,到了万历年间,又多出来一个"辽饷","至万历中,又增辽饷,每亩九厘,较宋多增七倍,较元多增三倍"⑧。赋税又重上加重了。

## 赋税超重导致的后果

赋税的加重,使得了农民逃税现象严重,农民因为交不清赋税,所以纷纷逃离家园,导致田地被人为抛荒,水利建设也无人管理,所以吴淞江流域的水系淤

---

① [清]顾沅辑:《吴郡文编》,卷三十四,赋役二,上海古籍出版社,2011年,第15页。
② [清]顾沅辑:《吴郡文编》,卷三十四,赋役二,上海古籍出版社,2011年,第15页。
③ [清]顾沅辑:《吴郡文编》,卷三十四,赋役二,上海古籍出版社,2011年,第15页。
④ [清]顾沅辑:《吴郡文编》,卷三十四,赋役二,上海古籍出版社,2011年,第15页。
⑤ [清]顾沅辑:《吴郡文编》,卷三十四,赋役二,上海古籍出版社,2011年,第15页。
⑥ [清]顾沅辑:《吴郡文编》,卷三十四,赋役二,上海古籍出版社,2011年,第15页。
⑦ [清]顾沅辑:《吴郡文编》,卷三十四,赋役二,上海古籍出版社,2011年,第15页。
⑧ [清]顾沅辑:《吴郡文编》,卷三十四,赋役二,上海古籍出版社,2011年,第15页。

塞严重,水旱灾害频发。对此,负责开浚吴淞江中段和吴塘、顾浦的水利官员林应训在《查通水利议处荒田疏》中有形象的描述:"臣每到处见有昆山县十三等保,嘉定十六等都各区民群然泣告本区钱粮无措,男女流亡,田亩荒芜等情。臣随同道府等官亲至其地,乃见村居寥落,四望蒿莱,仅有一二遗民苟延旦夕,大与他处不同。"①"鱼米之乡""人间天堂"竟然成了"人间地狱"!

  见到此情此景,林应训很难过,"臣触目伤心,乃召集附近知因父老细询其故"②。他了解到的情况自然是赋税太重导致了逃亡现象严重,"随据众称安亭以西十二、十三等保属之昆山以东,十六、十七、十九等保属之嘉定,各区砂土瘠薄……至嘉靖十七年,概均三斗之粮,于是敛日重而民日逃,田地由此而荒。……自隆庆五年到今,复征三斗重额,以致刑毙棰楚,民复逃而田益荒。夫赋重而钱粮无措则民不得不逃,民逃而水利不能修则田不得不荒。以臣所睹,参之群情,致荒之由大概见矣"③。昆山、嘉定地区一些砂土瘠薄地区,也要每亩征税三斗,这么重的税如果完不成,百姓就会被官府"追比",经常会遭到拷打、刑讯,有的甚至被官府打死了。百姓对此毫无办法,唯有逃亡。逃亡越来越多,致使田园荒芜,农田水利失修,久而久之,吴淞江流域就变得淤塞更加严重,水旱灾害就更加频发。

  对此,林应训认为,"臣窃谓:欲复荒田,莫若先开水利;欲复荒民,莫若先停逋欠,次议减赋"④。

  赋税的过重,导致吴淞江流域的农户逃税现象严重,从而使得吴淞江流域的农田水利年久失修,毁坏严重,江河水系的淤塞越来越严重,也就使得吴淞江的水量越来越少,也从而导致了明代夏原吉的"黄浦夺淞"水利建设的实施,从而使得吴淞江的地位日趋下降,最终成了黄浦江的支流。永乐二年(1404),"户部尚书夏元吉治水东南,导吴淞江,一由昆山夏驾浦,一由嘉定吴塘北,入娄江"⑤。

  "以浦代淞"就是在范家浜开挖一条河道,形成一条干流,使黄浦水流从现在的复兴岛向西北流,直接由吴淞口入江。

  《明史》卷一百四十九,列传第三十七,"夏原吉"载:"永乐元年,命原吉治之。寻命侍郎李文郁为之副,复使佥都御史俞士吉赍水利书赐之。原吉请循禹三江入海故迹,浚吴淞下流,上接太湖,而度地为闸,以时蓄泄。从之。役十余

---

① [清]顾沅辑:《吴郡文编》,卷三十三,赋役一,上海出版社,2011年,第544页。
② [清]顾沅辑:《吴郡文编》,卷三十三,赋役一,上海出版社,2011年,第544页。
③ [清]顾沅辑:《吴郡文编》,卷三十三,赋役一,上海出版社,2011年,第544页。
④ [清]顾沅辑:《吴郡文编》,卷三十三,赋役一,上海出版社,2011年,第544页。
⑤ [清]金友理撰,薛正兴校点:《太湖备考》,卷三,水治,江苏古籍出版社,1998年,第114页。

万人。原吉布衣徒步,日夜经画。盛暑不张盖,曰:'民劳,吾何忍独适。'事竣,还京师,言水虽由故道入海,而支流未尽疏泄,非经久计。明年正月,原吉复行,浚白茆塘、刘家河、大黄浦。"①

据上海府县旧志丛书《万历青浦县志》卷之六"水利下"中的记载,明永乐元年(1403),夏原吉奏云:"吴淞江延袤二百五十余里,广一百五十余丈,西接太湖,东通大海,前代屡疏导之,然当潮汐之冲,沙泥淤积,屡浚屡塞,不能经久。自吴江之长桥至自夏驾浦约一百二十里,虽云通流,多有浅狭之处。自夏驾浦抵上海县南跄浦一百三十余里,潮汐壅障,菱芦丛生,已成平陆,欲即开浚,工费浩大,且渰沙淤泥,难以施工。臣等相视,得嘉定之刘家港,即古娄江,径通大海。常熟之白茆港,径入大江,皆系大川,水流迅急。宜浚吴淞江南北岸安亭等浦港,以引太诸水入刘家、白茆二港,使直注江海。又松江大黄浦,乃通吴淞江要道,今下流壅遏难流,旁有范家浜至南跄浦口,可径达海。宜疏浚令深阔,上接大黄浦,以达茆湖之水。"②

**外白渡桥**

于是开通范家浜,上接大黄浦,下接南跄浦口,引导淀山湖和三泖湖一带湖水由大黄浦入范家浜东流,在复兴岛附近同吴淞江汇合后折向西北至吴淞口入长江。开挖范家浜河道12 000丈,河面阔30丈,新河道地势低,泄水通畅,水流

---

① 张廷玉,等撰:《明史》,卷一百四十九,列传第三十七,夏原吉,中华书局,1974年,第98页。
② [清]冯桂芬纂,[清]谭钧培、李铭皖修:《同治苏州府志》,卷十,水利二,《中国地方志集成》之《江苏府县志辑》(第7辑),江苏古籍出版社,1991年,第269页。

湍急，不浚自深，河口不断扩大为"横阔头二里余"的黄浦江。天顺二年（1458），开通吴淞江宋家浜河段（今靠近外白渡桥的苏州河段），形成今吴淞江下游新河道。成化八年（1472），筑杭州湾海塘，东江下游完全封闭。黄浦总汇杭、嘉之水，又有淀山、泖荡诸水以建瓴之势，"从上灌之，是以流皆清驶，足经敌潮，虽有浑浊，不能淤也"①。范家浜浚治后，范家浜浚治后，大部分的太湖水就不是直接进入吴淞江，而是通过塘浦支流进入黄浦江，从此，黄浦江的水势就比吴淞江大好几倍，已然成为太湖水下泄的主干道。至嘉靖元年（1522），黄浦江水系全面形成，自那以后，在上海境内，吴淞江成了黄浦江的支流。

在《同治苏州府志》的卷十"水利二"中，有海瑞在大开吴淞江时所写的奏折，有些话道出了明以后，吴淞江与赋税之间的复杂关系，他说："……而吴淞江尽泄太湖之水由黄浦入海。今年以来，水利官旷职不修，巡抚亦不留心，潮泥日积，填于本江，无所泄泻，太湖因之奔涌处处，农田受灾，岁稼不登，唯有坐弃。欲图永利，比浚吴淞江。夫吴淞江一水既为国计所需、民生所赖，修之、举之岂可一日缓耶？"②

---

① ［清］冯桂芬纂，［清］谭钧培、李铭皖修：《同治苏州府志》，卷十，水利二《中国地方志集成》之《江苏府县志辑》（第7辑），江苏古籍出版社，1991年，第280页。

② ［清］顾沅辑：《吴郡文编》，卷三十二，水利一〇，上海古籍出版社，2011年，第528页。

# 第十四章 吴淞江流域的文化有多悠久?

说起华夏文明,以前往往会说"黄河是中华民族的母亲河"之类的话。我们似乎也把这些当成了史实。但随着这些年新的考古发现的曝光,我们才明白,越来越多的新的考古发现已经证明,我们的华夏文明不只是源自黄河流域,还有长江中下游地区。

笔者在研究吴淞江时,发现吴淞江流域的文化出现得比较早,它在长江流域的文明中,也是极具代表性的,值得专门对此做个梳理,以让更多的人了解。

## 第一节 吴淞江流域的远古文化

### 综 述

根据考古发现,我们可以把吴淞江流域最早的远古文化确定在距今 6 000 ~ 7 000 年前,即新石器时代晚期。该时期的文化有个专用的名称,叫马家浜文化,吴淞江流域相关的文化遗址主要有草鞋山遗址和绰墩遗址。草鞋山遗址在现在的苏州市园区唯亭镇东北的 2 公里处,该遗址北面离阳澄湖只有 650 米,因中心有草鞋山土墩而得名。绰墩遗址位于现在的苏州市昆山正仪的绰墩村,该墩因唐朝一个叫黄番绰的人葬于此而得名。这两个遗址都在阳澄湖边,也都在娄江边,都属于吴淞江流域。

20 世纪 90 年代,中国和日本的考古学家曾经联合开展了对草鞋山遗址的古稻田的考古挖掘,在草鞋山、夷陵山两个土墩的外围发现了古代稻田和文化堆积,面积很大,约 45 万平方米。经专家鉴定,该遗址是一处历史悠久的,延续了 7 000 多年的范围广阔的聚落遗址。

第十四章　吴淞江流域的文化有多悠久？

草鞋山遗址

绰墩遗址被评为中国 2000 年重要考古发现之一，又在 2006 年 5 月被国务院核定为第六批全国重点文物保护单位。该遗址中心区总面积约 29 万平方米。南京博物院曾先后多次对此进行了考古挖掘和研究，证明该遗址最早的文化遗存距今已有 6 000 多年的历史。

绰墩遗址

这两个遗址是吴淞江流域迄今为止发现的年代最早的文化遗址,属于马家浜文化时期。当然,它们还包含其他年代的文化遗存,即从马家浜文化到崧泽文化,再到良渚文化。良渚文化后似乎有个断层,但在绰墩遗址中后来考古学家又发现了衔接良渚文化的马桥文化。接下来就是商周、春秋吴越文化了,这时期的历史文化众所周知。

在吴淞江流域的距今约 6 000 年前的崧泽文化时期的主要有崧泽遗址和张陵山遗址。其中,崧泽遗址位于现在的上海市青浦区城东 4 公里的赵巷镇崧泽村境内。该处在古代就位于吴淞江边上,属于吴淞江下游沪渎的一个地方。东晋吴国内史袁崧曾在此筑沪渎垒,以防海盗。后来"五斗米道"的孙恩攻打沪渎,袁崧战死,被葬在该村北的土山上,后来该村就叫崧泽村。崧泽遗址是在 20 世纪 60 年代被发现的,在 1961 年和 1976 年先后挖掘了 3 次,发现了几何印纹陶遗存和新石器时代的居住遗址,清理墓葬 100 座,出土有石器、玉器、牙器、骨器和陶器等 621 件文物。经专家考证,该处遗址是属于距今 6 000 多年前的新石器时代文化遗址,此类文化在当时的全国是第一次发现,所以该类文化被称为"崧泽文化"。

崧泽遗址

其中的张陵山遗址位于现在的苏州市吴中区角直镇偏西的 2 公里处,有东、西两座土墩,相距 100 米,当地人称东山、西山。该遗址面积约 6 000 平方米,曾出土有玉器和陶器等文物,经鉴定,该遗址是属于距今 5 500 ~ 6 000 年前的文化遗址。

距今 4 000~5 000 年前的良渚文化的遗址在吴淞江流域非常多,昆山一带有 23 处,张家港、常熟地区有 20 处,上海有 10 多处。这些遗址以位于昆山张浦镇赵陵村村北的赵陵山遗址(就在吴淞江边上)为中心,形成了一个良渚文化的聚落群。中心周边有草鞋山、张陵山、少卿山、绰墩、越城、龙南遗址等,外围有原吴县的华山、龙登山、东庄、澄湖、窖墩上、平江山、宝山、笔架山、黄泥山、大姚山、岭脚下、上淹湖畔、上方山、金鸡墩,还有昆山的荣庄、南石桥、滨西、谢篱、施家埭、老庙、太史淀、龙滩湖,以及吴江的袁家埭、彭家里、刘家浜、九里湖、同里、太平桥、唐湾里、刘关圩、八字塘、亭子港,等等,约 68 处。遗址之密集,范围之广泛,超出今人的想象。

**草鞋山遗址介绍**

作为中心的赵陵山文化遗址曾于 1990 年、1991 年和 1995 年,进行了 3 次考古发掘。根据出土文物鉴定,确定其上层为春秋时代文化遗存,中层为良渚文化遗存,下层为崧泽文化遗存。该遗址在 2013 年 5 月,被国务院核定为第七批全国重点文物保护单位。

由于某些至今还未找到的原因,辉煌千年的良渚文化在距今 4 000 年左右突然消失了,何以消失?这在现在仍是一个谜。良渚文化以后,在长江下游的文明演进过程中出现了一个明显的断层。但是,没想到,后来在吴淞江流域找到了衔接这个断层的文化遗址,那就是马桥文化遗址。马桥文化遗址主要有马桥遗址和绰墩遗址。其中的马桥遗址位于现在上海市闵行区马桥镇东面的俞塘村,其地理位置属于吴淞江流域古东江的下游,其文化距今约4 000年前。马桥文化下来就是我们众所周知的商周文化和春秋文化了。

我们知道,大禹治水的年代大约是在公元前2 000年以前,因为夏朝是在公元前2070年建立的。那么就是说大禹治水的年代至今也只有4 000多年的历史。那是中原至今有考古证据的最早的历史了,更往前就是至今还没考古证据的尧舜时代,再往前就是有点神话色彩的炎黄时代了,更往前就完全是神话时代了。而吴淞江流域辉煌的良渚文化时期的年代就比大禹治水的年代早。更何况还有比良渚文化时期更早的崧泽文化和马家浜文化!所以,我们以后再也不要说中华文明源于黄河流域了。

那么吴淞江流域的远古文化到底怎样呢?不瞒读者诸君,笔者研究至此,真的被其文化的灿烂、辉煌,深深地震撼了!

## 文化特点

根据吴淞江流域至今已经发现的,笔者对考古发掘的文化遗址的出土文物及考古发现资料的归纳、整理、研究,总结出了体现其文化灿烂的几个方面,简述如下:

### (一)是我国最早大范围栽培、种植水稻的地区之一

在草鞋山遗址的发掘中发现了距今6 000年前的属于马家浜文化时期的具有灌溉系统的大面积的水稻田,这在我国是最早发现的。其出土的炭化稻形状有长粒形、椭圆形等形态,经专家鉴定,确为人工栽培的稻谷。

同样,绰墩遗址的水稻田的田块土样经南京农科院检测,发现每克土样的水稻植物蛋白石密度超过了5 000个,也就是说这些田块都有大量的水稻生长过。而南京农科院通过对其出土的炭化稻谷进行检测,发现它们是人工种植的粳稻。在遗址的良渚文化遗存中,还发现了24块水稻田,这些水稻田都有水沟和蓄水坑等灌溉系统。

在崧泽遗址的下层文化遗存的发掘中,发现了一个藏粮食和农具的地窖,在地窖里面发现了距今约6 000年前的人工栽培种植的粳稻和籼稻的稻谷。

这些都证明了吴淞江流域是我国最早大面积栽培和种植水稻的地区之一。难怪当时曾经参与考古发掘的日本考古队考古学家在打开草鞋山的文化堆积层,发现远古的水稻田时,震惊得半天说不出话来。在心情平静些后,他们连连

第十四章 吴淞江流域的文化有多悠久？

稻作示意图

赞叹道："这真是不亚于西安兵马俑的考古发现！"这次考古发现意义重大，为中国稻作农业起源、栽培稻的起源提供了实物依据，确实是我国考古史上的重大发现。

（二）已经能够建造干栏式建筑的房屋

在吴淞江流域的几个远古文化遗址中都发现了木骨泥墙的地面式房屋住宅的遗存。在草鞋山的第10层，考古人员发现的居住遗迹有柱洞、木板、木桩等构件。木柱竖在地面上，是房屋的柱子，有的木桩下面填一到两块木板，用来防止木桩沉陷，在木桩周围还发现了印有芦苇痕迹的烧土块、草绳，用草绳绑扎的草束、芦席和箔席等。其中的3号房址平面呈圆形，由10个柱洞围成，直径2.3~2.7米，面积约6平方米，柱洞内有的残留木桩，有的残留朽木痕迹，两间的间隔约0.5~1米。距离最大的间隔是门道之处。

在崧泽遗址的发掘中，考古学家也发现了古人的居住遗址。那些住宅是用树干、芦苇和茅草等材料建造而成的。而在柱子的底下还发现了方块垫板，这垫板是用来防止地面塌陷的。房子外面还挖有饮煮用的灶坑。很明显，在崧泽文化时期，先民建造住宅，已经有了居住和生活功能的区分。

而在绰墩遗址的第二次挖掘中，发现并清理出了2处良渚文化时期的房屋住址。一座是长方形，房子开阔有11米，进深6.5米。其建筑结构除了已具备房基、梁架、屋顶外，墙体运用芦苇、竹、木材等作为墙骨来增加牢度。另一座房子为圆形，东侧是门道，中间是灶坑，旁边是窖穴。这座圆形房子是专门用来炊煮的厨房。圆形房子外西北部有两灰坑,说明那时人类已经有一定的环保意识,不仅炊煮分设,而且已有专用的垃圾坑。

这些考古发现的用来建造房屋的木梁、桩柱、榫卯构件等,都与我们后来称之为干栏式建筑有关。干栏式建筑一般都在底部设置横梁,用木桩支撑横梁,再在横梁之上建造居住空间。

干栏式建筑主要是为了防止潮湿,吴淞江流域四周皆水,河流、湖泊、沼泽等到处都是。又离东海近,常年受海洋性季风气候的影响,所以此地的先民就发明了这种利于防潮的干栏式建筑。这样的发明竟然是在距今6 000~7 000年前,真是难以想象。

**干栏式建筑**

以前,我们知道干栏式建筑是在河姆渡文化发现的。一提起干栏式建筑,人们就首先想到的是河姆渡文化。其实,吴淞江流域的干栏式建筑与河姆渡时期的在年代上应该是差不多在同一时期,只不过河姆渡文化遗址最早发现而已。这样分析下来,就不得不让笔者对吴淞江流域的远古文化刮目相看了。

(三) 分工明确、工艺先进的手工业

对吴淞江流域远古文化遗址发掘、出土的文物进行分析,我们发现,当时先民的经营活动已经有明确的分工,其手工生产已经分出纺织、制陶和琢玉等门类,甚至还有酿酒,而且其工艺都达到一定的先进水平。

比如在纺织方面,在绰墩遗址的马家浜文化层,考古人员竟然挖掘到了一件磨制得非常光洁的蛇纹石纺轮,经专家鉴定,该石纺轮是属于距今7 000多年

## 第十四章 吴淞江流域的文化有多悠久？

前的吴淞江流域的先民用来手工纺织劳动的实物。

同样,草鞋山遗址的结构性房屋中挖出了 6 000 多年前的炭化的纺织品残品,还挖到了一张由野马的马筋织成的革布,该革布考证下来,也是属于距今 6 000 多年前的先民纺织的实物。

而在崧泽文化遗址发掘中,考古学家还发现了大量桑树花粉。

也就是说吴淞江流域的先民们在距今 7 000 多年前就已经学会了纺织;而在距今 6 000 多年前,其纺织工艺已经很先进了;到了距今 5 000 多年前,则已经学会栽桑养蚕了。

在制陶方面,其工艺的多样性体现得更加明显。在草鞋山遗址的考古发掘中,出土了许多鼎、罐、壶、豆、杯、钵、盆和盘等陶器。而且出土了一件几何纹扁壶,是崧泽文化时期发现的新器形。还有一些带腰沿的碟形器、瓢形器等,都是以前没有见过的器形。而在其中的 T304 墓葬中,甚至还出土了花瓣形彩陶。这些发现让考古学家们惊喜连连。

绰墩遗址的陶器出土还要丰富,在 1961 年 1 月第一次发掘时,出土了许多鼎、豆、罐、壶、甗、盉(古代先民用来调和酒、水的器具)等陶器,其中的盉不仅造型优美,而且形式多样。这不仅体现了那时吴淞江流域的先民比较先进的制陶工艺,而且从另一个角度证明了那时的吴淞江流域水稻种植广泛,粮食非常多,

**崧泽遗址陶器**

于是,有一部分粮食被用来酿酒了,所以会有这么多的陶盉。而在 1998 年的第三次考古挖掘中,则出土了大量马桥文化时期的陶器,陶器分为泥质陶、印纹陶和原始陶三种质地。器形有凹圜底罐、凹足甗(古代的一种炊具)、三足盘、簋

（古代一种盛食物的器具）和豆等。纹饰有篮纹、席纹、回纹、梯格纹、云雷纹和叶脉纹等，美轮美奂。而在2004年的第四次考古发掘中，又有了惊人的发现，竟然出土了一件通体刻有鸟纹的阔把黑皮陶壶，其精湛的制作工艺犹如鬼斧神工，可以说是代表了良渚文化时期制陶工艺的最高水平。而另一只彩绘木漆碗的出土更是为考古学家所料未及。你能想象吗？在三四千年前的吴淞江流域的先民们竟然已经能够制作出精美的漆器了！

至于琢玉方面的工艺体现就更加突出了。现在无论是历史学家，还是考古学家，一般都认可"我国'青铜文化'之前的文化是太湖流域的良渚文化时期的辉煌的'玉石文化'"这个观点。在草鞋山、张陵山、绰墩等遗址的崧泽文化遗存中清理的墓葬中都出土了一些玉器，比如玉璜、玉玦和玉耳坠等。而在草鞋山遗址的墓葬中还出土了大量的良渚文化时期的玉器。其中有一件是1973年考古学家在遗址的M198号墓葬中挖到的玉琮。该玉琮整体外方内圆，表面刻有象征兽面的纹饰。现在有专家考证出该纹饰中的兽面是野猪，至于为何要在如此重要的礼器上刻上野猪纹饰，就不得而知了。这件玉琮在我国史前墓葬中是首次出土的，它的出土，解决了玉琮的断代问题，所以这件珍贵的器物被誉为考古史上的"中华第一琮"。

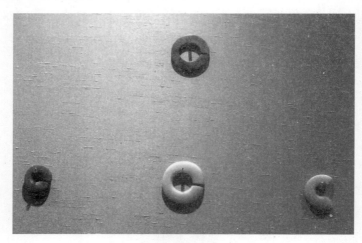

**良渚时期玉器**

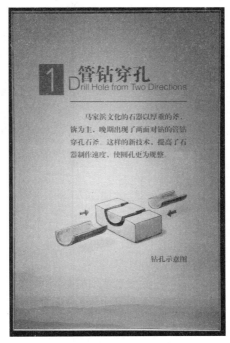

**管钻穿孔**

在赵陵山遗址中也挖掘出了200多件玉器,其中有些玉器上的神人鸟兽透雕玉饰体现了精湛的琢玉工艺。

总的来说,吴淞江流域的良渚文化时期的玉器形状和纹饰都是形式多样,工艺先进的。有冠状器、三叉形器、锥形器、柱形器、带钩和匙,等等,纹饰有半圆形饰、牌饰等,还有鸟、龟、鱼等动物雕像。玉器多通体磨光,规整精美,并使用了切割、管钻技术(比如张陵山遗址中出土有玉镯、玉瑗、玉管和穿孔玉斧就是很好的证明。)。玉器都镂雕复杂,可谓冠绝古今。

上面,笔者简要叙述了吴淞江流域远古文化中先进的手工业。制作工艺如此高超的陶器,雕刻如此精美的玉器,竟然是由距今 4 000~5 000 年前,甚至是距今 5 000~6 000 年前的吴淞江流域的远古先民们亲手制造出来的,你能想象吗?他们用自己的聪明才智,创造出了吴淞江流域的历史文化灿烂、辉煌的远古文明,这真的让笔者惊叹不已!

(四)吴淞江流域远古文化的贫富分化和阶级分层现象

在吴淞江流域的这些远古文化遗址的墓葬中出土的文物中有玉琀,那是古人在下葬时放在死者的嘴里的,这样的随葬品肯定是要比较富有的人才有。还

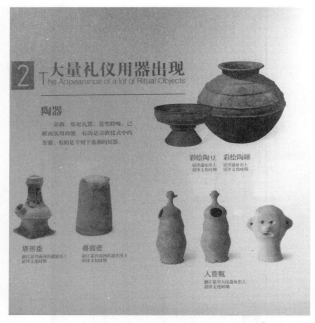

礼器

有玉琮,那是礼器,必须是有一定身份或者是一定权力的人才能拥有。而一般的墓葬主人的随葬品只是石器和陶器,这就明显体现出远古先民的贫富差别来。而这一点,在赵陵山遗址中体现得最为明显,在遗址的中层文化层,也就是良渚文化层,考古学家发现了94座墓葬,这些墓葬都与中心的那个10来米高的椭圆形土筑高台关系密切,从高土台开始,依次是祭坛、外河道、大片红烧土坯、丛葬人殉墓、大型贵族墓及中小型墓。这样的按墓主贫富贵贱分区埋葬,并有大规模的集中杀殉现象的墓葬,在良渚文化遗址中属于首次发现。这个意义非常重大。我们以前学的历史,都是说中国要到夏朝建立以后,才出现贫富分化、阶级分层,并进入奴隶社会阶段,且出现了人殉现象。可是,随着吴淞江流域远古文化遗址考古出土文物研究新成果的出现,中国历史上的贫富分化、阶级分层的现象最早出现的时间被大大地提前了。

第十四章 吴淞江流域的文化有多悠久？

祭坛

军权、神权和王权的起源

吴淞江流域的远古文化竟然是如此悠久，如此灿烂、辉煌！实在是出乎笔者的意料。笔者相信，随着新的考古发现的不断曝光，吴淞江流域的历史、太湖流域的历史、长江流域的历史，甚至是中华民族的历史都将被不断修正。

而在当下,我们应该好好保护、珍惜这些远古文化的遗址,使其承载的中华早期文明代代传承下去。

## 第二节　吴淞江流域的隐逸文化

曾经浩瀚的吴淞江穿越古今,从洪荒的亘古年代奔涌而来,历经沧海桑田,演绎了多少悲壮、激越,可歌可泣的英雄事迹?演绎了多少赤子故国、离愁别恨的文人感慨?又演绎了多少笑傲江湖、寄情山水的隐士情怀?每每翻阅史料,总让人激情澎湃,思绪万千。这其中不乏建功立业而又明哲保身、遗世独立而又彪炳千秋、卓尔不群而又人格独立的智者,他们无论是在治世还是乱世,都不约而同地选择在吴淞江边隐居,他们的身份各有不同:有做官的,甚至是做大官的;有平民百姓、文人雅士;也有闻名于世的富商巨贾。他们的隐居方式也不尽相同:有真隐的,有半耕半隐的,也有先仕后隐的。他们隐居的目的也各有不同:有的是厌倦官场而退隐,有的是淡泊名利、甘于隐逸,有的是与社会格格不入才去隐居的,也有的则是为了避祸而迫不得已去隐居的,等等,不一而足。这些智者成就了吴淞江千古流芳的隐逸文化。

**吴淞江景观**

古时的吴淞江流域不仅风景优美,而且物产丰富,同时又偏离朝廷,偏离政治中心,所以,无论是在太平时期还是在乱世,都是适宜隐居的极佳区域。

历史上,那些曾经在吴淞江边隐居的隐者中,有一些是大名鼎鼎的,而且是比较成功的、极具智慧的隐者,他们的智慧至今对我们依然有启迪作用,所以下面笔者挑选其中几位略做介绍。

## 范蠡——功成身退的"逃诛"者

说到吴淞江上的智者,最早的恐怕就是那位帮助勾践复国、灭吴的范蠡了。范蠡的智慧大家都耳熟能详。《吴越春秋》上说:"范蠡去越,乘舟出三江之口,入五湖之中。人莫知其所适。"①范蠡为什么要"功成身退"呢?因为他觉得越国国君勾践为人"长颈鸟喙,鹰视狼步,可与共患难而不可共处乐,可以履危不可处安"②。就是说范蠡觉得勾践这个人脖子细长,嘴巴突出像鸟嘴,看人像鹰,走路似狼。这样的人是只可共患难,而不可共富贵的。

难道范蠡会看相、算命? 那倒不是,那只是范蠡用来劝导文种的说辞。其实范蠡对勾践起疑心是在越灭吴后的一次庆功宴上。据《吴越春秋》的记载,勾践灭吴后,耀兵淮上,诸侯毕贺,周元王也派使者给勾践赏赐。此时,勾践志得意满,竟然想自封为王(那时只有周天子可以称王,而勾践的封号是子爵)。后来被范蠡劝谏后,才没做出如此狂妄举动。

回到吴地,勾践在文台摆庆功宴,命乐师作"伐吴之曲"。乐师在作曲前占了一卦,是个"屯"卦,其卦辞是"元亨利贞,勿用有攸往,利建侯"③。这个卦是个吉卦,意思是"利于举行大祭。不要出远门,利于建立自己的邦国"④。

见占到这么好的卦,大夫文种马上上前向勾践捧上祝贺之酒,还说了一段祝酒词,内容翻译成现代的语言,是这样的:"老天爷保佑,大王得到福报。大臣们尽心谋划,这是大王的品德。宗庙辅政,连鬼神都来帮忙。大王不忘记臣子,臣子都尽心竭力。苍天在上,这是不能遮掩、蒙蔽的。献上两升祝福酒,祝大王'万福无极'。"⑤

勾践听了文种的祝酒词,并没有显出高兴的样子,而是"默然无语"⑥。比时已经高兴过头的文种显然没有注意到勾践脸色所显示的不快,继续兴高采烈

---

① [汉]赵晔著,[元]徐天祜音注:《吴越春秋》,卷十,勾践伐吴外传,江苏古籍出版社,1992年,第147页。
② [汉]赵晔著,[元]徐天祜音注:《吴越春秋》,卷十,勾践伐吴外传,江苏古籍出版社,1992年,第146页。
③ [宋]朱熹注:《周易本义》,卷之一,上经,屯卦,中华书店,1994年,第23页。
④ 房松令著:《学易必读·周易真解精述》,屯卦,大连理工大学出版社,1993年,第28页。
⑤ [汉]赵晔著,[元]徐天祜音注:《吴越春秋》,卷十,勾践伐吴外传,江苏古籍出版社,1992年,第145页。
⑥ [汉]赵晔著,[元]徐天祜音注:《吴越春秋》,卷十,勾践伐吴外传,江苏古籍出版社,1992年,第145页。

道:"大王贤德仁厚,灭掉仇敌吴国,没有忘记回国。赏赐将遍及所有有功将士,毫不吝惜。这样那些说闲话的人就无话可说了。这样就君臣和谐,保佑越国千万年。我再献酒两升,祝大王万岁无疆。"于是"台上群臣大悦而笑,越王面无喜色。"①

看到这一幕,范蠡明白了勾践是个"爱江山,不爱功臣"的主——功臣都在等着领赏受封,但勾践却"面无喜色"。于是,范蠡就想离开了。但当时他们还在吴地,如果范蠡那时离开,就有失君臣之义。于是,范蠡在跟着勾践回越的路上,私下跟文种说了他对勾践长相的看法,当然还有其他的话,比如:"高鸟已散,良弓将藏。狡兔已尽,良犬就烹。"②"子若不去,将害于子。"③"知进退存亡而不失其正,惟贤人乎?"④等。可是,文种此时正在兴头上,没有把范蠡的忠告当回事。

回到越国后,在勾践二十四年(473)九月丁未,范蠡向勾践辞别,勾践是这样回复他的:"留,跟你共执国政;走,就把你的妻子儿女都杀掉。"⑤

范蠡听了,不为所动,他回复勾践道:"我听说君子是根据规律处事的,所以他的计谋不会违背规律,死了也不会受到怀疑,这是他的内心正直守信的缘故。我既然离开了,我的妻子儿女又犯了什么法?你要把他们都杀掉?国民和将臣会怎么看你?大王,你好自为之,我这就告辞了。"⑥

范蠡像

---

① [汉]赵晔著,[元]徐天祜音注:《吴越春秋》,卷十,勾践伐吴外传,江苏古籍出版社,1992年,第145页。
② [汉]赵晔著,[元]徐天祜音注:《吴越春秋》,卷十,勾践伐吴外传,江苏古籍出版社,1992年,第146页。
③ [汉]赵晔著,[元]徐天祜音注:《吴越春秋》,卷十,勾践伐吴外传,江苏古籍出版社,1992年,第146页。
④ [汉]赵晔著,[元]徐天祜音注:《吴越春秋》,卷十,勾践伐吴外传,江苏古籍出版社,1992年,第145-146页。
⑤ [汉]赵晔著,[元]徐天祜音注:《吴越春秋》,卷十,勾践伐吴外传,江苏古籍出版社,1992年,第146页。
⑥ [汉]赵晔著,[元]徐天祜音注:《吴越春秋》,卷十,勾践伐吴外传,江苏古籍出版社,1992年,第147页。

于是,范蠡独自一人离开越地,乘一叶扁舟,过三江口,由吴淞江进入太湖,没人知道他的具体藏身地是在什么地方。

而在范蠡走后的第二年(勾践二十五年),文种被赐死。

因此,从某种程度上来说,范蠡称得上是吴淞江上有史以来的第一位智者。

## 张翰——"莼鲈之思"的见机者

张翰是个很有个性的文人,一般文人都有怪脾气,《晋书》上说他"纵任不拘"①,用现在的话来说,就是比较任性,不拘小节。那么他又是怎么个"任性"法呢?先来看看他是怎么去做官的。一天,张翰在阊门游玩,突然听到一阵美妙的琴声从河上飘来。于是,他就循着琴声找去,在河上的一条船上,他找到了那个弹琴的人,于是自报家门,也请教对方尊姓大名。原来那人是会稽名士贺循。于是,俩人互道仰慕,攀谈起来,谈得很投机,可谓相见恨晚。

谈了一会儿,张翰问贺循准备去哪里。贺循回答说去京都洛阳做官。张翰听了竟然说:"我也正好有事去京都。"于是,他也不去和家人说一声,道个别,就跟着贺循去洛阳了。竟然来了次"说走就走的做官"!你说这个张翰是不是很"任性"?

到了洛阳,当时的执政、齐王司马冏聘请张翰做了个大司马东曹掾的文职。过了一段时间,张翰觉得洛阳的气氛有点不对劲,好像在空气里闻到了血腥味。于是,他去找也在洛阳做官的同乡顾荣商量,私下对顾荣道:"看这局势会乱。在这节骨眼上,那些享有四海之名的人,想全身而退比较难。我本来就是个山野民夫,在社会上没什么名望,想退就退,比较好办。老兄你一向以明察来防患于未然,以智慧来保障后路的,所以,应该不会有什么困难吧?"

顾荣听了张翰的试探,拉着他的手,显得愁容满面道:"我也想和你一

张翰画像

---

① [唐]房玄龄原著:《晋书》,文苑,《二十五史精华》(第二册),岳麓书社,1989年,第127页。

起回老家,去南山上挖野菜,在三江(吴淞江、古娄江、古东江)里舀水煮茶喝啊!"①

时间过得很快,马上就入秋了。一天,张翰在衙门里办公,望见窗外秋风起,马上就想到老家的应季美食"菰菜、莼羹和鲈鱼鲙"应该都要上市了。于是他推案而起,感叹道:"人活着主要是要适意,顺应自己的性情志向,怎么可以为了功名而跑到几千里外去做官呢?"

发了这个千古传扬的感叹后,张翰马上向上级打辞职报告,然后也不管上面批不批准,就自说自话地卷铺盖回老家了。竟然来了场"说走就走的辞官"!你说他是不是很"任性"?

张翰辞官回家后不久,齐王司马囧就被河间王司马颙、长沙王司马乂假托皇帝命令推翻(诬其犯有谋反罪),并被诛灭三族。接着就是长期的"八王之乱"。这段历史我们在中学教科书上都学到过,此处就不再赘述。总之,张翰借托对家乡的"莼鲈之思"而躲过了"八王之乱",而他的同乡、享有文坛盛誉的陆机、陆云兄弟就没有他的那种智慧,最后死于"八王之乱"。兄弟俩临死前慨叹,再也听不到吴淞江上的"华亭鹤唳"了。于是大家都称赞张翰"未卜先知",是个见微知著的智者。

由此,张翰发明的"莼鲈之思"经过千百年的文化积淀,成了中国传统知识分子的"文化乡愁"。

### 陆龟蒙——埋首诗文的绝仕者

陆龟蒙本来是住在苏州城里的临顿里的,后来做了一段时间的地方官的幕僚后,大概觉得自己实在不适合从事公务员工作,于是就搬到吴淞江边的甫里去隐居了。据宋代的《吴郡图经续记》的说法,"陆龟蒙宅,在松江上甫里。鲁望,唐相元方七世孙也,始居郡中临顿里,晚益远引深遁,居震泽旁,自号甫里先生"②。这段话说得很清楚,就是说陆龟蒙字鲁望,是唐朝宰相陆元方的七世孙,原来在苏州城里的临顿里居住,后来就远离苏州城,去震泽旁的吴淞江边的甫里隐居了,并给自己取了个外号叫"甫里先生"。

大家都知道陆龟蒙是隐居在甪直的,那么究竟是在甪直的什么地方呢?对此,笔者曾去甪直古镇外面四周考察,发现在古镇的西南面确实有个叫甫里的村落,靠近现在的苏昆太高速公路,在吴淞江的南面,离现在的吴淞江距离很

---

① [唐]房玄龄原著:《晋书》,文苑,《二十五史精华》(第二册),岳麓书社,1989 年,第 127 页。
② [宋]朱长文撰,金菊林校点:《吴郡图经续记》,卷下,园第,江苏古籍出版社,1999 年,第 62 页。

近。而在唐时,吴淞江江面非常宽,唐朝晚期陆龟蒙隐居在甫里时,那时的甫里应该就在吴淞江边。陆龟蒙自己的诗文中也说自己的水田在"松江南",且与"松江相通","余耕稼所在松江南,旁田庐门外有沟,通浦溆,而朝夕之潮至焉"①。范成大在《吴郡志》的人物卷中也提到陆龟蒙的水田,"有田数百亩,与江通……"②。

陆龟蒙墓

由此可见,当时陆龟蒙是隐居在吴淞江边的一个由江水冲积而成的沙洲上的,这个沙洲属于当时的甫里村,这个村是在甫里浦上的(甫里浦是吴淞江南面的一条纵浦)。后来,笔者在《吴郡文编》中的"甫里先生传"中又找到相关资料,它说:"甫里先生者不知何许人也?人见其耕于甫里,故云。"③然后附着一条解释:"甫里,淞江上村墟名。"④可见,陆龟蒙是隐居在吴淞江边的甫里村的。

当时陆龟蒙隐居的沙洲在大圩与大圩之间的边缘的小圩中。这种小圩有些也有几百亩,而且往往与大河大江相连,正是隐居之人的理想所在。但是,不像大圩田那样受到横塘、纵浦体系的保护,所以一旦发大水,小圩田里的水田就会被大水淹没,导致歉收或颗粒无收。这种状况在陆龟蒙的一些诗作中经常能得到反映,下文将提及。而在没有大水的日子,陆龟蒙的隐居小环境还是田园风光十足,诗情画意极浓的:"柳汀斜对野人窗,零落衰条停晓江。正是霜风飘断处,寒鸦惊起一双双。"⑤小洲上有柳,有鸟类。"波涛漱苦盘根浅,风雨飘多着叶迟。迥出孤烟残照里,鹭鸶相对立高枝。"⑥为了税收,连沙地也受到官方的

---

① [唐]陆龟蒙撰,王立群,宋景昌点校:《甫里先生文集》,卷之十六,迎潮送潮辞,河南大学出版社,1996年,第235页。

② [宋]范成大撰,陆振岳校点:《吴郡志》,卷二十一,人物,江苏古籍出版社,1986年,第319-320页。

③ [清]顾沅辑:《吴郡文编》,卷一百三十四,列传五,上海古籍出版社,2011年,第348页。

④ [清]顾沅辑:《吴郡文编》,卷一百三十四,列传五,上海古籍出版社,2011年,第348页。

⑤ [唐]陆龟蒙撰,王立群,宋景昌点校:《甫里先生文集》,卷之十二,冬柳,河南大学出版社,1996年,第169-170页。

⑥ [唐]陆龟蒙撰,王立群,宋景昌点校:《甫里先生文集》,卷之十二,岛树,河南大学出版社,1996年,第169-170页。

密切关注。"江边日晚潮烟上,树里鸦鸦桔槔响。无因得似灌园翁,十亩春蔬一藜杖。"①"渤澥声中涨小堤,官家知后海鸥知。"②这种潮水之地的灌溉是吴淞江潮水的自然顶托灌溉。"江草秋穷似秋半,十角吴牛放江岸。"③江边的沙洲很多,沙洲上的植被也丰富,所以可以在江岸上放牛。"四邻多是老农家,百树维桑半顷麻。"④说明当时陆龟蒙的周围邻居都是老农,更印证了他当时是居住在一个村落里,而这个村落的堤岸、田间也有栽桑种麻了。

陆龟蒙在隐居的地方有数百亩水田,而且在顾渚山下还有茶园,范成大在《吴郡志》的人物卷中谈到此事:"嗜茶,置园顾渚山下,岁取租焉。"⑤而宋代的朱长文更是在《吴郡图经续记》中对陆龟蒙隐居时的家产做了详细的记述:"有地数亩,有屋三十楹,有田奇十万步,有牛减四十蹄,有耕夫百余指。"⑥就是说,测算下来,当时陆龟蒙有"宅基地几亩,三十间房子,几百亩水田(古时二百五十步为一亩,十万步就是四百亩。笔者注。),十多头牛,还用了十多个雇工",这样的家产在现代人的概念中应该是一个大地主了。陆龟蒙有这么多家产,日子应该过得很滋润了。但在他写的《田舍》赋中却把自己居住的房子写得非常简陋:"江上有田,田中有庐,屋以菰蒋,扉以籧篨。芭篱槿微,方窦虚疏,檐卑欹而立佝偻,户偪侧而行次且。蜗旋顶隆,龟拆旁涂。夕吹入面,朝阳曝肤。左有牛栖,右有鸡居。将行瞪遮,未起啼驱。宜从野逸,反若囚拘。"⑦

而朱长文和范成大在他们的著作中也不约而同地介绍了陆龟蒙生活的不如意:"而田汙下,暑雨一昼夜,则与江通色,先生由是苦饥困,仓无斗升蓄积,乃躬负畚锸,帅耕夫以为具,盖遂终焉。"⑧"常苦饥,躬畚锸之勤。"⑨怎么可能呢?

---

① [唐]陆龟蒙撰,王立群,宋景昌点校:《甫里先生文集》,卷之十二,江边,河南大学出版社,1996年,第183页。
② [唐]陆龟蒙撰,王立群,宋景昌点校:《甫里先生文集》,卷之十二,新沙,河南大学出版社,1996年,第176页。
③ [唐]陆龟蒙撰,王立群,宋景昌点校:《甫里先生文集》,卷之十七,放牛歌,河南大学出版社,1996年,第251页。
④ [唐]陆龟蒙撰,王立群,宋景昌点校:《甫里先生文集》,卷之九,和夏初袭美见访题小斋韵,河南大学出版社,1996年,第115页。
⑤ [宋]范成大撰,陆振岳校点:《吴郡志》,卷二十一,人物,江苏古籍出版社,1986年,第319-320页。
⑥ [宋]朱长文撰,金菊林校点:《吴郡图经续记》,卷下,园第,江苏古籍出版社,1999年,第62页。
⑦ [唐]陆龟蒙撰,王立群,宋景昌点校:《甫里先生文集》,卷之十四,田舍,河南大学出版社,1996年,第205页。
⑧ [宋]朱长文撰,金菊林校点:《吴郡图经续记》,卷下,园第,江苏古籍出版社,1999年,第62页。
⑨ [宋]范成大撰,陆振岳校点:《吴郡志》,卷二十一,人物,江苏古籍出版社,1986年,第319-320页。

这么大的一个地主怎么会"仓无斗升蓄积","常苦饥",要亲自拿着农具,带着十多个佣工到田里去干活?真是不能理解。

  关于此,上文已有提及,关键还是因为陆龟蒙是隐居在小圩沙洲,不是在大圩里。大圩里的水田即使在吴淞江上游来水量大时,或者即使在连日暴雨的时候,也不会被淹,因为大圩里有众多的横塘、纵浦能够泄洪、排涝,大圩的圩岸都是又高又阔,可以围护水田,所以大圩里的田能够做到旱涝保收。但是像陆龟蒙隐居的私人化的小圩里的水田,由于没有众多的横塘、纵浦的保护,一旦吴淞江上游水量大、来水多,或者一旦出现连续几天暴雨,那么这些地势"低汙"的水田就会被全部淹没,颗粒无收。所以陆龟蒙的数百亩水田,一旦"暑雨一昼夜",则"与江通色",然后陆龟蒙就"由是苦饥困,仓无斗升蓄积"了。每当遇到这种情况,陆龟蒙只好自己带着佣工和家人自救。

  而到了大旱之年,往往又有另一种灾害,"凶年是物即为灾,百阵野鬼千穴鼠。平明抱杖入田中,十穗萧然九穗空"①。那就是野鸟和田鼠非常多,它们专吃庄稼,所到之处,往往造成"十穗九空"的后果。

  因此,陆龟蒙的隐居生活过得并不如意。但他却绝意仕进,安贫乐道,埋首诗文,潜心著述。我们知道陆龟蒙在隐居时,经常和皮日休吟诗唱和,留下了大量的诗歌,世称"皮陆"。范成大在《吴郡志》的"人物卷"中提到了他在这方面的生活:"多所论撰,虽幽忧疾痛,贽无十日计,不少辍也。""与颜荛、皮日休、罗隐、吴融为益友。""善为赋,绝妙。人有收得赋林,皆缀辑属对,差次比拟,凡数首有题而未就。其用工如此。""著《吴兴实录》四十卷,《松陵集》十卷,《笠泽丛书》三卷。"②由此可见,他勤于写作,成果也颇丰。

  为了能写出更多更好的诗文,陆龟蒙也经常出游,以扩大视野,增进文思。陆龟蒙出游不喜乘马,一般都是用船。"不乘马,升舟设篷席,赍束书、茶灶、笔床、钓具往来。时谓'江湖散人',或号天随子、甫里先生。自比涪翁渔父、江上丈人。"③他出游的船都是有船篷的,防雨。船舱里铺席子,可以坐、卧休息。他乘船出游时,总是带着一捆书,一个用来煮茶的茶灶(陆龟蒙嗜茶,唐时人们喝的茶都是煮的茶,不是泡的茶,所以要带茶灶。),放有文房四宝的几子,可以随

---

① [唐]陆龟蒙撰,王立群、宋景昌点校:《甫里先生文集》,卷之二十,刘获,河南大学出版社,1996年,第182页。

② [宋]范成大撰,陆振岳校点:《吴郡志》,卷二十一,人物,江苏古籍出版社,1986年,第319-320页。

③ [宋]范成大撰,陆振岳校点:《吴郡志》,卷二十一,人物,江苏古籍出版社,1986年,第319-320页。

时写诗作文,还有就是钓具,用来钓鱼。因为当时吴淞江里面的鱼类非常多,尤其是鲈鱼。陆龟蒙就是带着这些东西出游的,他出游的路线主要是沿着吴淞江去太湖,或者去苏州城里,或者是去吴淞江周边玩。这在他的好多诗中都可以得到印证,比如《奉和袭美(皮日休的字)太湖诗二十首》《江(吴淞江)行》《奉和袭美初夏游楞伽精舍次韵》《庆封宅古井行》《奉和袭美开元寺客省早景即事次韵》《和袭美褚家林亭》《新夏东泛有怀袭美》《江(吴淞江)南二首》《南泾渔父》《村夜二篇》《夜泊咏栖鸿》《岛树》《送友人之湖上》《晚渡》《北渡》《溪行》,等等。

陆龟蒙还写有专门的渔具诗,也写了很多与钓鱼有关的诗歌,比如渔具诗写有钓车、罩、鱼梁、沪、射鱼、钓筒、鸣根、禾参、叉鱼、种鱼、筶筘、钓矶,等等。比如,他的《自遣诗》中有一首是这样写的:"贤达垂竿小隐中,我来真作捕鱼翁。前溪一夜春流急,已学严滩下钓筒。"①他的《和袭美松江早春》诗有"柳下江餐待好风,暂时还得狎渔翁。一生无事烟波足,唯有沙边水勃公"②之句,都让我们领略了陆龟蒙钓鱼时的独特场景;而他的《食鱼》诗则表达了他偶得佳鱼时的高兴心情:"江南春旱鱼无泽,岁宴未曾腥鼎鬲。今朝有客卖鲈鲂,手提见我长于尺。呼儿舂取红莲米,轻重相当加十倍。"③尺来长的鲈鱼很少见,难怪陆龟蒙如此高兴。

陆龟蒙在与皮日休的唱和诗中,有这么一首很有意思,也算是对他隐居生活的一种总结,其诗文如下:"菰烟芦雪是侬乡,钓线随身好坐忘。徒爱右军遗点画,闲披左氏得膏肓。无因月殿闻移履,只有风汀去采香。莫问江边鱼艇子,玉皇看赐羽衣裳。"④这首唱和诗说了他隐居的地方是有许多的蒿草(菰烟)和大片的芦苇(芦花开时像雪一样)的,而他自己经常是随身带着钓鱼竿出行的,也会写写字(喜欢王羲之的书法),看看书(喜欢看《左传》),也会在有月光的晚上,去起风的沙洲上采撷香草。这样的日子真是逍遥。

但是,我们还是从陆龟蒙表面的"舒适、惬意""逍遥自在"中,看到了他内心的"孤独、寂寞""抑郁、无奈"。对此,范成大在《吴郡志》里有明确的记载:

---

① 王怡主编,吴江市档案局编:《道光吴江县志汇编》,[清]佚名纂《震泽县志续稿》,卷十一,集诗,广陵书社,2010年,第176页。
② [宋]范成大撰,陆振岳校点:《吴郡志》,卷十八,川,江苏古籍出版社,1986年,第255页。
③ [唐]陆龟蒙撰,王立群,宋景昌点校:《甫里先生文集》,卷之十七,食鱼,河南大学出版社,1996年,第283页。
④ [宋]范成大撰,陆振岳校点:《吴郡志》,卷四十九,杂咏,江苏古籍出版社,1986年,第637页。

"不喜与流俗交,虽造门不肯见。"①

陆龟蒙生逢晚唐乱世,绝意仕进,隐于吴淞江,淡泊名利,勤于著述,安贫乐道,体现了崇高的志向和情怀,被誉为苏州历史上著名的"三高士"之一。

### 陆德原——散财避祸的先行者

据清代的《吴郡甫里志》上的记载:"陆德原,字静远,又字志宁,长洲籍,元至元初举茂异,署为甫里书院山长。……按陈湖(即现在的澄湖。)陆氏宗谱,德原为鲁望九世孙,郡城竹堂寺先为宋阳和王别业,元为德原。为馆园亭最胜,好植竹。琅玕数十亩,寻舍为僧舍。"②也就是说元朝时期有名的大富豪陆德原是苏州长洲县人,字静远、志宁,在至元初被举为茂异,做了甫里书院的负责人。而按照澄湖陆氏宗谱查下来,陆德原是唐时隐居于甫里吴淞江边的著名诗人陆龟蒙的第九代子孙。宋朝时阳和王的别墅竹堂寺,到了元朝,成了陆德原的私家园林。该私家园林有几十亩,面积很大,里面亭台楼阁,竹林茂盛,极尽豪华。后来,陆德原把这处私家园林捐作寺庙了。

史志上有关陆德原散财之举的记载还有很多,尤其是在"兴学"方面,更是慷慨得很:"教授平生,留意学校中事,于郡则创邑学,并置学田十亩。子游学道书院,将废,又葺之。于里则创甫里书院,割私田四顷有奇,以供四方来学之费。兴学之教厥功甚伟。"③据此记载,我们可以看出陆德原为了兴学,散了很多财:在苏州城里拿出10亩地作为学田创设邑学;出资修复行将废败的子游学道书院;在甫里(即今角直)创立甫里书院,并拿出400多亩私田作为四方学子的学费开支。

那么,陆德原为什么这么慷慨?难道他真的有用不完的钱?陆德原到底有多富呢?对此,史志上也有明确的记载:"又别记,元时德原赀甲吴中,……名流咸与之游。"④也就是说,当时的陆德原是吴中首富。至于他是怎么成为首富的,因为与本篇宗旨无关,也就不再述及。总之,陆首富把财富看得很轻,不只大笔大笔地散财兴学,还将大部分财富送给了沈万三,自己做道士,和家人去澄湖里隐居。对此,史志上也有提及:"处暮年,召其治财者二人,以赀屋付之曰:'吾产

---

① [宋]范成大撰,陆振岳校点:《吴郡志》,卷二十一,人物,江苏古籍出版社,1986年,第319-320页。
② [清]陈维中纂修:《吴郡甫里志》,卷六,征聘,《中国地方志集成》之《乡镇志专辑》(第5辑),江苏古籍出版社、上海书店、巴蜀书社,1992年,第498页。
③ [清]陈维中纂修:《吴郡甫里志》,卷六,征聘,《中国地方志集成》之《乡镇志专辑》(第5辑),江苏古籍出版社、上海书店、巴蜀书社,1992年,第498页。
④ [清]陈维中纂修:《吴郡甫里志》,卷六,征聘,《中国地方志集成》之《乡镇志专辑》(第5辑),江苏古籍出版社、上海书店、巴蜀书社,1992年,第498页。

皆与汝,但恐为汝祸耳!',德原遂为黄冠师,居陈湖之上,间瑞云馆居之,改名宗静,又纳赀为道判。云所谓二人者,其一沈万三也,其一姓葛,亦大富,名不传。"①

陆德原为何会做出如此决定?据朱国桢的《涌幢小品》卷三十七《陈湖道士》条的记载,是陆认为财富积而不散,会酿祸,"陆富甲江左,秀出其门,甚见信用,一日叹曰:老矣,积而不散,以酿祸也。尽以与秀,弃为道士,筑室陈湖之上,曰开云馆,居之,竟以寿终"②。

其实,更深层次的原因是陆德原已经料到天下将大乱了。乱世拥有巨额财富无疑会招来破家亡身的祸害,所以他要散财免祸。关于这一点,乾隆年间的章腾龙编纂的《贞丰拟乘》卷上《古迹·沈万三宅》条里有明确的记载:"陆知世将乱,以家赀畀沈,去为黄冠。"③

对此,也是江南富豪、与陆德原过从甚密的著名画家倪瓒(倪云林)也做出了相似的决定:"家故饶赀,一旦舍去。……放舟五湖三泖间,以轻吟自适。"④倪云林祖上就是有钱人,而且是非常有钱的,但他也是全部舍去,然后和家人乘着一只大船在太湖、吴淞江与三泖湖(吴淞江支流古东江下游的大泖、圆泖和长泖三个大湖)之间往返优游,也算是仿效唐时陆龟蒙的隐居生活吧。他这样做的原因,竟然也是认为:"天下将多事矣!"⑤

两人做出了相似的决定,所以他们都没有遭到沈万三这般的抄家充军、发配边疆的厄运;也没有遭到另一个著名的富豪顾阿瑛那样的财富被夺、举家被迫迁往江北穷寒之地的厄运。这不能不让后人佩服陆德原的高超智慧。

在历史的长河中,像以上所述的吴淞江上的智慧隐者还是很多的,从他们的经历中,我们能够感受到吴淞江流域的"地灵人杰";而从他们的处世哲学和生存智慧中,我们也能够获得宝贵的启示,从而使我们艰辛而又多彩的人生之路能够得到更多光明的指引。

---

① [清]陈维中纂修:《吴郡甫里志》,卷六,征聘,《中国地方志集成》之《乡镇志专辑》(第5辑),江苏古籍出版社、上海书店、巴蜀书社,1992年,第498页。
② [明]朱国桢撰,王根林校点:《涌幢小品》,卷之十七,陈湖道士,上海古籍出版社《明代笔记小说大观》,上海古籍出版社、上海世纪出版股份有限公司,2005年,第3056页。
③ [清]章腾龙原本,[清]陈勰增辑:《贞丰拟乘》,卷上,古迹,沈万三宅,《中国地方志集成》之《乡镇志专辑》(第6辑),江苏古籍出版社,1992年,第414页。
④ [清]陈维中纂修:《吴郡甫里志》,卷十,游寓,《中国地方志集成》之《乡镇志专辑》(第5辑),江苏古籍出版社、上海书店、巴蜀书社,1992年,第621页。
⑤ [清]陈维中纂修:《吴郡甫里志》,卷十,游寓,《中国地方志集成》之《乡镇志专辑》(第5辑),江苏古籍出版社、上海书店、巴蜀书社,1992年,第621页。

# 第十五章　另类样本

笔者在研究吴淞江时,曾花大力气挖掘、制作古吴淞江流域的市镇图表,在这过程中,发现了一些奇特的水乡小镇,它们的形成、发展、兴旺和变迁过程等方面都各有特色,值得用心去研究。

在夹浦(古吴县与吴江交界处的一条吴淞江的支流)和界浦(古吴县与昆山交界处的一条吴淞江的支流)之间的原吴县境内的吴淞江段,从明朝中期开始,经历清朝到民国前期这数百年间的时间内,竟然出现了许多市镇,比如蠡墅、新郭、五龙桥、尹山、郭巷、大年桥、王渌泾、戈湾、王墓、高店、官浦、马巷、西车坊、车坊、南斜塘、斜塘、徐庄、毛塔、沈垫桥、五汍泾、外跨塘、南厍、唐浦、姚墓、唯亭、前戴墟、后戴墟、甪直,等等,这些市镇中,有的早已熟知,比如蠡墅、郭巷、车坊、斜塘、唯亭和甪直。有的则是第一次见到,比如五龙桥、王渌泾、五汍泾、沈垫桥等,不知其原址在何处？形成于何时？现状又如何？这种种的疑问引起了笔者浓厚的探索兴趣。于是,笔者充分利用空余时间,查方志史料,找其现址,寻访耆硕,实地踏勘,不辞辛劳,一次又一次地去调研,终于找到了吴淞江流域那些神秘水乡小镇的种种谜底:它们是因何形成的？又是因何兴旺的？它们是因何衰落的？又是因何消亡的？

吴淞江流域市镇都是因水而生的,在古代,人们出行主要是以水路为交通途径,以舟船为交通工具。即使到了民国时期,苏州地区已经有铁路和公路了,但主要的交通方式还是以水路为主。而在吴淞江流域,这个特点尤其明显。关于此,笔者在以往的一些文章中已经有所涉及。江南水乡古镇主要是从草市、军镇和寺庙集市等形式演变而来的,而那些草市、军镇和寺庙往往都是建立在水运交通要道上的。而这个水运交通要道对内是和周围的四乡五邻之间的河道、泾浜相通的;对外又是和一些更大的江河湖泊相通的。从这些江河湖泊,可以到达苏州城及周边的市镇,甚至进而和吴淞江、京杭大运河、长江、娄江、黄浦江相连通,从而形成四通八达的交通水网,到达全国各地,甚至是入海、出洋。

四通八达的交通水网既吸引了四乡五邻的百姓,也吸引了五湖四海的客商在集市交易,交易多了、频繁了,商业也就兴旺了,商业兴旺了,集市也就不断发展壮大,最后形成市镇,有的甚至成为灯火万家的大镇。其实归结到一点,那些神秘的水乡小镇都是因处于便利的、四通八达的水上交通节点,甚至是水上交通要道上而形成的,也是因之而兴盛的。并因之形成了各自特有的与水有关的传统龙头产业。但随着交通方式的改变——陆地交通取代水上交通,那些水乡小镇也就失去了交通优势,导致往来通商的贸易日渐减少,最终使得其商业日渐衰弱。而那些与水有关的传统龙头产业不能与时俱进,也就会被淘汰。如果没有新兴的产业出现,这些水乡小镇就会衰落成以农为主的自然村。而有些则在现如今的城市化的大潮中被整体地拆迁,导致其彻底消失。

在原吴县段吴淞江流域曾经出现的那市镇中,笔者选择几个小镇的变迁来印证以上观点。

## 第一节　江河湖汇五龙桥

笔者第一次见到"五龙桥镇"这个名称时,真的一愣:不知这个镇原址在何处?形成于何时?现状又如何?起初感觉有些无从下手,但转念一想:既然此镇是以桥来命名的,那么先找到那座五龙桥应该是不错的。

笔者通过查找明清时期的吴县、长洲、元和等县的方志史料,甚至还查了大量乡镇的方志史料,终于发现了五龙桥的踪迹。明朝的方志中不见它的踪影,只是在明末张国维编纂的《吴中水利全书》卷五·"撰水名·苏州府·吴县"条中读到了"五龙桥""献塘河"等字样,"……南受具区水,北流汇为献塘,又北过五龙桥入为盘门、运河,为古塘口,折而东,至分水墩,其东阔一百三十丈者,曰鲇鱼口。西阔八丈者曰面杖港,又为柳胥港,即夹浦……"但是笔者从没听说过苏州有一条"献塘"。

后来,笔者又在明代杨循吉编纂的《吴邑志》中找到了相关的记载:"跨献塘者有五龙桥焉,离盘门五里,在塘半途,东通宝带桥,西通跨塘,乃郡南之关钮也。"这下似乎清楚多了,那座"献塘"上的"五龙桥",就在盘门往南五里的地方。于是,笔者顺着那个大致方位来到现在的吴中区长桥一带,向年纪大的当地人打听,他们大多一脸茫然:"什么要糖?从没听说过。"笔者又问有没有听说过"五龙桥",有人就笑道:"五龙桥就在西塘河上啊!什么要糖?是西塘。你问西塘不就明白了吗?真是的!"受了这样的抢白,笔者明了他的言下之意:真是个"书呆子"!

**五龙桥险要图**

　　原来"献塘"就是西塘,这下好找了。得到明人指点,笔者很快就找到了那座五龙桥,就在现在的吴中区的太湖西路、澹台湖公园内,是四孔石桥,不是五孔,原来东面有一孔已经被陆地埋掉了。整座桥由花岗岩条石铺成(应该是后来重建的),正中最大的桥孔的南面两侧各有一联,东边的是"锁钥镇三吴下饮长虹规半用",西边的是"支条钟五水远通飞骑扼全湖",很有气势,也说明此处在古代确实是水上交通枢纽。桥东墩北侧的草丛中竖着一块石碑,碑上有"吴县市文物保护单位""五龙桥""一九九七年七月二十八日公布""吴县市人民政府立"等字样。很明显,这座桥就是方志史料上说的"五龙桥"。它的北边是一座新造的五龙桥,就跨在西塘河上。它的南边是一座前些年建造的水闸——大龙港枢纽。这个枢纽的南边就是澹台湖了,澹台湖南通吴淞江,西联京杭大运河,东过宝带桥,又是京杭大运河,沿着运河往北可通苏州城的环城河,再往东、往南又通吴淞江。而西塘河南与澹台湖相通,北入盘门与苏州城的市河相通。可见,五龙桥所处位置自古以来就是一个四通八达的水上交通枢纽,难怪会在这儿形成一个市镇!

　　找到了五龙桥和五龙桥镇的原址,笔者趁热打铁去附近的社区打听,希望能打听到一些有关五龙桥古镇的资料。社区里的工作人员介绍笔者去长兴路上的长桥街道问问。于是笔者又马不停蹄地去长桥街道,方志办的一位女同志就拿了一本前些年编的《长桥镇志》让笔者翻找。

在《长桥镇志》的第一章"建制·区划"的第三节"集镇"篇中,笔者有幸找到了有关五龙桥镇的一些零星记载:"五龙桥镇位于长桥镇政府驻地北25公里。清朝末叶始建镇,属吴县。镇区有五龙桥,为五孔石拱桥,建于宋淳熙年间(1174—1189),镇以桥名。民国时期为五龙桥镇镇公所驻地;解放初为枫桥区龙桥乡政府驻地;现为长桥镇所属集镇龙桥村委会驻地。龙桥镇已与苏州市区相连,为吴县城区的一部分。"①

这部《长桥镇志》是2003年12月出版的,那时吴县已经升格为地级市,还没被拆分,其市政府所在地就是古五龙桥镇的老街地方(西塘河东)。至于当时的吴县市政府为何要设在此地,有位长期在吴县地方任领导的目前已退休的官员一次在酒席上说:"吴中大地自古以来有四处风水最好的地方,龙桥这地方就是其中之一。龙桥这条街上,家家都生意好的。"虽是酒后之言,却也非空穴来风。

五龙桥

不过,古代的五龙桥镇由于处于四通八达的水上交通枢纽,每天都有来自五湖四海的商船在此聚集、贸易,因此其市面繁荣,商业兴旺。据《长桥镇志》上的记载:"从澹台湖,沿着西塘河往北,整条老街排满了各类商店。新中国成立

---

① 《长桥镇志》编纂委员会编:《长桥镇志》,第一章,建制、区划,第三节,集镇,苏州大学出版社,2003年,第38页。

前,镇上有地货行、鲜鱼行、米店、香烛店、建材商店及理发店等店铺。"①真是店铺林立,生意兴隆。而其中的鲜鱼行尤其多,那是因为五龙桥镇周围都是水,水产品丰富,水产品交易兴旺。每天一早,从京杭大运河、吴淞江、澹台湖,甚至是太湖那边赶来的渔民,都会划着各色各样的渔船来到五龙桥镇赶早市,于是就在五龙桥镇形成了著名的鱼市,鱼市上每天都有来自周边县镇,甚至是外地的客商在此交易。而喜欢吃时鲜的苏州城里人也会经常成群结队地来此购买水产鲜货。于是,五龙桥古镇因发达的水运而生,又因著名的水产产业而兴。

## 第二节 "五龙戏珠"五氵从泾

"氵从"是"潨"的简略,"潨"字,查《新华词典》查不着,要查《康熙字典》,读"cong",平声。《说文解字》对该字的解释是:"小水入大水曰潨。"当然,"氵从"这个简化字是造出来的,《新华词典》上没有。用拼音打字,在电脑上也打不出来。笔者初遇这个字,为了认识它,很是忙乎了一阵。

那么这个被称为"五氵从泾"的"水乡小镇"的原址在什么地方呢？现在又在哪儿？现况又如何？笔者最早发现它是在明代正德年间王鏊和吴宽等人编纂的《姑苏志》上,那时还是一个叫"五氵从泾"②的村子,在陆慕附近,当时陆墓在十八都,而它在十七都。这样就比较好找了。

在一个阳光明媚的星期天的下午,笔者带着相机就去陆慕,在陆慕兜了一圈,问了几个长者,知道了"五潨泾"古镇的大致方位,就向陆慕的东北方向前行。沿着元华路往东走,走到底,就是阳澄湖西边了。快要走到底的时候,路过一座桥,突然看到桥正中一块栏板上有"氵从泾桥"三字,那个"氵从"字是简化字。笔者心中一阵狂喜：真是踏破铁鞋无觅处,得来全不费功夫。

---

① 《长桥镇志》编纂委员会编：《长桥镇志》,第一章,建制、区划,第三节,集镇,苏州大学出版社,2003年,第38页。

② [明]王鏊,吴宽,祝允明,等纂：《正德姑苏志》,卷第十八,市镇村附,天一阁藏明代方志选刊续编一二,上海书店出版社,1990年,第93页。

淞泾桥

现在的五汜泾是一个村,但看上去很大。进得"五汜泾",发现它很安静。偶尔碰到一位刚从田间回家的农妇好奇地打量了笔者几眼,就开门进屋去了。笔者发现整个村子有几条河流汇集,河水清澈,树木葱茏,芦苇青青,野花盛开。河岸边的瓜豆棚架子随处可见。笔者一边欣赏,一边不停地拍照。就这样沿着河岸走过几户农家,看到前面不远处的河岸边,一位戴眼镜的老先生正在整理瓜棚架。他见笔者正拍个不停,就很热心地介绍起来:"这个地方为什么叫五汜泾呢?因为有五条河流汇集于此。五条河分别是北面的蠡塘河,东北面的内塘河,东面的白塊泾,南面的蠡塘江河、柴米港。而在五条河流汇合的地方有一小块陆地,我们当地人把那块陆地称为'夜明珠'。我们中国人常常把江河比喻为龙,五条河流就像是五条神龙,于是此地就有了'五龙戏珠'的比喻。所以'五漵泾'又被称为'五龙泾'。"

笔者问那位长者:"五汜泾是什么时候形成的?"

那长者沉吟了一下道:"应该是形成于清朝晚期。以前镇上有横街、竖街,是连在一起的,很大,市面兴旺。后来北边开运河,横街就没有了。现在南边还有竖街的一段街面,你可以去看看。"

笔者又问五汜泾镇是从什么时候降格为村的,那长者想了想,道:"具体时间不清楚,只是新中国刚成立时,这里还是镇的建制。"

笔者向他道谢,他又提醒笔者去前面拍几座始建于清朝的古桥,它们分别是:柴米港上的"含秀桥"(市文保单位),内塘河上的"福昌桥"和蠡塘河上的"安宁桥"。

笔者再次向他道了谢,就往南去拍桥。拍好桥,走过安宁桥,就到了蠡塘河西河沿的那段老街。街面上方搭了彩棚,两边有很多店铺,比如肉铺、日杂、理发、外贸服装,还有一个看不太清楚的"汊泾供销社",房子大多老旧,有些房子甚至已经搬空。市面显得冷清,几个当地人正在闲聊。一只小黄狗正躺在刺眼的阳光下打盹……

五汊泾沿河街道

蠡塘河,传说是春秋末期越国攻吴时,越国大夫范蠡开挖的,当时是用来运送军粮的。河面比较宽,从北向南贯穿五汊泾,很长,南与阳澄湖相通。在古代以水运为主要交通途径的年代,此地无疑是周围乡村贸易的最佳汇集地,因此集市在此地产生并兴旺起来也就不足为奇了。据《陆慕镇志》记载:新中国成立前,五汊泾镇上共有18家半茶馆,还有面馆、酒馆、南货店、药店、理发店、酒酱号、烟纸店、糖果店、鲜肉店、百货店、馄饨店和馒头店等。[①] 真是市面繁荣,商业兴旺。

但是,这种兴旺与五龙桥古镇是不同的。五龙桥古镇有来自五湖四海的商船汇集。而此地,主要是周边四乡五邻的商贸的汇集。所以此处集市的兴旺的档次和程度都不能与五龙桥古镇相比。

至于产业,原来五汊泾镇的主要副业是编笼竹。据《陆慕镇志》记载:五汊泾镇编笼竹的历史很悠久,几乎家家都编制笼竹——以特殊的编竹笼竹为原料。(原料产于浙江晓市等地)经过加工制作,编制虾笼和鳝笼。虾笼一般为24厘米,直径比较大,约8厘米。鳝笼一般为27厘米,直径比较小,约7厘米。

---

[①] 《陆慕镇志》编纂委员会编:《陆慕镇志》,第八章,商业,苏州大学出版社,2005年,第169-170页。

这种虾笼和鳝笼除了自己使用外,也外销。虾笼销往宜兴、金坛、溧阳一带。最远的甚至销到山东省。鳝笼销往浙江嘉兴、嘉善、常熟和吴县的光福、通安、浒关、望亭一带。① 但是这种传统产业在新的时代,随着乡镇工业的兴起,就渐渐没了市场。

五泒泾如果从明朝算起,也算是历史悠久了,也曾经形成市镇,兴旺一时。但随着交通方式的改变和产业的变革,五泒泾古镇还是衰弱了,从一个兴旺繁荣的镇变成了一个寂寂无闻的村。

## 第三节　众湖环抱王渌泾

初见"王渌泾",真是一头雾水,不知该镇原址在何处?形成于何时?现在又在哪里?一概不知,毫无印象,真是无从入手。

最后解开这道谜的是一个偶然事件,吴中区的一位领导发现笔者对吴中地方传统文化研究比较有心,也读过笔者发表在一些媒体上的文章,于是就托笔者的同学联系笔者,要笔者参与吴中某乡镇志的写作。于是,在见面时,笔者向他请教了这个问题,他略一沉吟,道:"王渌泾我没听说过,但王老泾我是知道的。是不是就是王老泾?只是在某个历史时期改了名称?"

听他这么一说,笔者茅塞顿开:是啊!有可能。查查王老泾的历史变迁,不就清楚了吗?笔者记得明末张国维所著的《吴中水利全书》中提到过"王老泾",属于郭巷,在现在郭巷镇的东边,历史算长了。后来,又改为"王渌泾""黄潦泾"等。现在"黄潦泾"已经被整体拆迁了,只留下一个"黄潦泾社区"。笔者去实地考察时,从郭巷街道的尹南路一路往东,发现了一些公交站名,比如长丰、黄潦村、通桥、赭墩、官浦,等等,大多已经拆迁,只剩下这样的一个公交站名。

---

① 陆复渊主编:《郭巷镇志》,第一章,建制、区域,第四节,行政村,苏州大学出版社,2005年,第40页。

**郭巷黄潦村公交站**

在黄潦泾社区某个单元的一楼,笔者看到三位老婆婆正在边整理灯芯草边聊天,见笔者走近,一齐好奇地打量笔者。笔者忙表明来意,请她们谈谈以前的黄潦泾。三位老婆婆很热心,也很健谈,其中一个抢着道:"以前的黄潦泾可大了,南桥、北桥,大得很。"笔者问:"什么南桥、北桥?"她们却说不清楚。

后来,笔者查方志,才明白原来黄潦泾分为南、北两大部分,原先有两座三节木桥加以连通,这两座桥分别叫南大桥和北大桥,或称南桥、北桥。村里水网密布,境内主要河道有黄潦泾港、油车具港、外河港、陈家浜、孙家浜、道士浜、赭墩浜等,总共有9溇,13浜。境外四周被各个湖泊包围:北有独墅湖、苏申内港线(吴淞江的一条支流),西通尹山湖、京杭大运河,东临镬底潭(又名车坊漾)、吴淞江和澄湖,南通赭墩湖,水上交通发达,是四方货物辐辏、贸易集散的重要节点,所以其一度成为集市,甚至形成市镇。①

黄潦泾境内以低洼水田为主,主要种植水稻、小麦、油菜和水八仙,当然,最著名的还是灯草种植,并由此形成了其独特的产业——蓑衣编织。黄潦泾的蓑衣编织自古有名。以前,家家户户的妇女都会划灯草,灯草芯可以用来作油灯芯(在没有电灯的年代),爱美的妇女还会用灯草芯来扎绒花,洁白的,很漂亮。而去芯后的灯草一剖为二,用来编织蓑衣。黄潦泾的蓑衣品相好,不渗水,质量一流,口碑好,畅销四方。

笔者又问三位老婆婆:"听说黄潦泾以前有三座清朝的庙?"朝北坐的那位

---

① 陆复渊主编:《郭巷镇志》,第一章,建制、区域,第四节,行政村,苏州大学出版社,2005年,第40页。

**黄潦村的几位老人**

老婆婆听了连连点头道:"是的,福成庵、观音堂、土地庙。现在都没有了,早就拆掉了。""什么时候拆掉的?""好像是六几年,'文化大革命''破四旧'的时候。"

后来,笔者又去查地方志,方志上有关福成庵的记载是这样的:"在南黄潦泾港西,清咸丰年前建。庵屋三间两横屋,壁砌刻碑一块。庵内原有尼姑主持。六十年代后期拆毁。"①而观音堂在方志上称"三官堂",在油车具港北中段,清同治二年(1863)建。原屋三间二厢房,天井中有民国元年(1912)所植银杏一棵。堂内供奉三官老爷(尧、舜、禹)、观音菩萨。20世纪60年代毁。土地庙又称海宫明王庙,清咸丰六年(1856)建,在西赭墩村前。原屋三开间前后落(东西带厢房)。神主姓缪,封号海宫明王,为周边17个半村供奉。1966年被毁。②这三座始建于清朝后期的寺庙以前香火一直很盛,形成了三个兴旺的寺庙集市,为"黄潦泾村"在清朝晚期升格为"王渌泾镇"立下了汗马功劳。可惜被毁于"文革",不知何时能恢复。

三位老婆婆还跟笔者提起神秘的白沙潭,说以前黄潦泾几条河流的汇合处形成的一个湖泊的湖底有一种细腻、洁白的沙子,那种沙子不黏,一粒粒都是独立的,在其他江河中从来没有见过,所以该湖叫白沙潭,不知那种沙子是怎么形成

---

① 陆复渊主编:《郭巷镇志》,第一章,建制、区域,第四节,行政村,苏州大学出版社,2005年,第41页。

② 陆复渊主编:《郭巷镇志》,第一章,建制、区域,第四节,行政村,苏州大学出版社,2005年,第41页。

至今还在的福成庵

的？现在，整个黄潦泾都被拆掉了，那个白沙潭也被填掉了，不存在了。

调研结束，在回苏城的路上，笔者很是感慨：这个清朝晚期形成的水乡小镇透着种种神秘，还都没被解开谜底，但现在随着其被整体拆迁而突然消失了，真是可惜。

不去考虑人为因素，笔者认为王渌泾镇的衰落也是因为其交通方式失去优势而导致其商业的衰败，进而也导致其市镇的衰败。同时，其与水有关的传统产业也因过时而失去生命力，所以后来就导致其衰落成一个行政村。而在当今的城市化进程中，它又被整体拆迁，彻底消失了。

通过对这三个吴淞江流域曾经兴旺一时的水乡小镇历史变迁的调研、分析，笔者发现一个市镇的形成、兴旺主要取决于发达的交通和繁荣的商业，而且都有其独特的龙头产业。而一个市镇的衰败，甚至消亡也主要是因为其交通方式改变而使其交通优势丧失，商业日渐衰败，龙头产业过时，失去生命力。这真是很有意思。

在现如今大家跃跃欲试、热衷创造"特色小镇"的时代背景下，如果能够静下心来，用心研究一下苏州历史上曾经出现过的那些辉煌一时的水乡小镇，那么，一定会对我们将要进行的"特色小镇"的创建工作有所补益。

## 第四节 "谜"雾重重车坊镇

车坊镇也是吴淞江边上一个著名的水乡古镇,素有"六湖一江"之称,湖有镬底潭、独墅湖、赭墩湖、澄湖、九里湖、黄泥兜等,江有吴淞江,还有苏申内航道等。境内河、湖、港、汊、泾、浜等星罗棋布,是个"开门见水,出门登舟"的地方。车坊镇形成于清朝末期,因其"东有油车,西有糟坊"而得名,盛产水八仙,其蔺草种植也有一千多年的历史了。车坊镇曾经是吴县的第三大镇,后来在城市化的进程中,于 2002 年 3 月,位于车坊西南面的马巷、蛟龙、官浦、通桥和夏浜 5 个村并入郭巷镇,隶属于吴中经济开发区;2004 年 10 月,苏州工业园区向南扩展,以吴淞江为界将车坊一分为二,吴淞江西划归园区娄葑镇,吴淞江东划归吴中区甪直镇,从此,车坊镇取消了独立建制。2012 年 12 月,园区将原先的乡镇改为街道,隶属娄葑镇的车坊地区和原斜塘合并成一个街道,车坊挂上了"斜塘街道"的牌子。从此车坊镇就不复存在了。

车坊虽然已经消失了,但这个曾经的江南水乡古镇的种种谜底没有一起消失,随着笔者对吴淞江研究的深入,这些谜底被一一揭开。

### "大仓"的局限性何在?

苏州有一些带仓字的地名,比如太仓、仓街、仓米巷、大仓、仓场头、仓登浦、南仓浜,等等,这些地名确实都是跟粮仓有关的,最早都是建有粮仓的地方,只是规模大小不同而已。太仓据说最早是吴王的粮仓,那应该是规模最大的。而仓街也是建有很多粮仓的,最早是张士诚守城时所建的粮仓,后来明朝沿用了这些粮仓。到了清朝,长洲和元和两县的官仓仍设在那里,这是众所周知的事。但是位于独墅湖东南边的"大仓"村这个地名的具体来历,恐怕知道的人就很少了。这要从明朝初年说起,明朝开国皇帝朱元璋因对苏州人帮助张士诚守城,害他打了十个月才把苏州城打下,损失较大一事一直耿耿于怀,所以从明朝一成立,就对苏州收取重税。这方面的史料很多,比如清朝的赵昕在《苏郡浮粮议》中对此就有明确的记载:"自明太祖怒吴民为张士诚固守,籍豪家租簿定赋有田一亩起征至七斗外者,故苏赋视他郡独重。"[①]后来在建文帝、永乐帝和宣宗皇帝时都有所变化,对此,在清朝康熙年间,布政使慕天颜在《请减苏松浮粮疏》

---

① [清]顾沅辑:《吴郡文编》,卷三十四,赋役二,上海古籍出版社,2011 年,第 15 页。

中就提及此事:"建文方诏减免,永乐仍复洪武旧制,宣德五年敕谕减租,每田一亩旧额一斗至四斗者减十分之二,自四斗一升至五斗者减十分之三。"①而要到正统元年(1436),周忱出任江苏巡抚,而况钟也出任了苏州知府后,才开始重视此事,为民请命,并在实际行动上减轻苏州百姓的赋税。"正统元年官田准民田起科,苏松减额粮八十余万石,从巡抚周忱之请也。当是时,苏州逋税七百九十万,松江逋亦甚多。忱与知府况钟曲算奏减之。"②

就是在那时,巡抚周忱做了一件很重要的事情,就是在苏州城外建了许多粮仓,在当时的长洲县共有六仓,分别为"青丘、席墟、荻溪、苏巷、济农"。其中"五仓在娄门内东城下,总名东仓。旧有四仓:在葑门外王墓村曰东仓,在阊门外九都曰西仓,在葑门外二十五都曰南仓,在娄门外二十四都曰北仓。宣德间周文襄公忱移建于此"③。这些济农仓主要负担这几个功能:1. 在苏州府上交赋税不够时,从这几个粮仓中取补;2. 苏州府一些行政费用也从中支出;3. 遇到歉收年份,由济农仓出费用帮助灾民恢复生产,度过灾年。清朝的蒋伊在《苏郡田赋议》中曾提及此事,他说:"周文襄于拨运外有余则入济农仓以备水旱赈贷及农乏食、兴夫、官府织造、供应军需之额、均徭、里甲杂派等费,运夫遭风被盗、诊岸导夫不等口粮俱取足于此。"④

那么,这些济农仓的粮食从何而来?《长洲县志》上也做了解释:"乃奉朝命以官钞平粜及劝借民间之米储积。"⑤就是说主要有两个方面来源:一是政府出钱平价收民间的余粮;二是政府劝借民间的余粮。

济农仓所起的作用是非常大的,"宣德六年遭旱,九年又大旱,发粟赈济,赖此全活者甚众"⑥。也就是周忱任江苏巡抚,况钟任苏州知府那些年,苏州的老百姓才能够从超重的赋税中缓过劲来,喘一口气。

这些济农仓中,"在葑门外二十五都的南仓"就是现在"大仓"这个地名的出处,从明到清,这个地方行政编制一直属于二十五都,明时属于长洲县,清时

---

① [清]顾沅辑:《吴郡文编》,卷三十四,赋役二,上海古籍出版社,2011年,第3-4页。
② [清]顾沅辑:《吴郡文编》(第一辑第二册),卷三十四,赋役二,上海古籍出版社,2011年,第3-4页。
③ [明]皇甫汸,张凤翼,等纂,[明]张德夫修,江盈科增修:《长洲县志》,卷之十一,仓场,中国科学院图书馆选编《稀见中国地方志汇刊》(第十一册),中国书店,1992年,第976页。
④ [清]顾沅辑:《吴郡文编》(第一辑第二册),卷三十六,赋役四,上海古籍出版社,2011年,第45-46页。
⑤ [明]皇甫汸,张凤翼,等纂,[明]张德夫修,江盈科增修:《长洲县志》,卷之十一,仓场,中国科学院图书馆选编《稀见中国地方志汇刊》(第十一册),中国书店,1992年,第976页。
⑥ [明]皇甫汸,张凤翼,等纂,[明]张德夫修,江盈科增修:《长洲县志》,卷之十一,仓场,中国科学院图书馆选编《稀见中国地方志汇刊》(第十一册),中国书店,1992年,第976页。

属于元和县。在清人沈藻采编的《元和唯亭志》中它被称为"杜仓",属于苏州府元和县上二十五都副扇之二十一图。现在大仓地方的百姓仍称其地名为"杜仓",可能是在方志史料传抄中,将"社"字写成了"杜"字,这两个字在外形上很相像,容易在传抄中出现混淆,所以原来的"社仓"就变成了"杜仓"。而"杜"和"大"这两个词的读音在吴方言中是一样的。它位于现在苏州城东独墅湖东南边的一个岛屿形状的陆地上,它南面是吴淞江的一条塘河,直通吴淞江;东面是镬底潭,镬底潭与吴淞江相通,又与澄湖相通;北面沿着独墅湖东岸走,没多远就是著名的王墓市,再往北走一段路,过金鸡湖就可以进入娄江,出海;西面与苏州城只隔了一个独墅湖。所以其地理位置优越,水利发达、水运便利。因此,不得不佩服周忱的眼光,选了这么好的一个地方作为官仓的所在地。

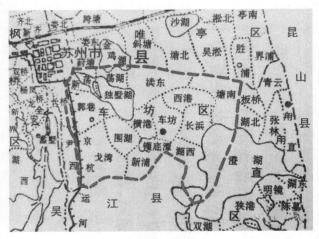

民国车坊乡行政图

那么这样一个官仓的所在地为什么在后来的发展中只是形成了一个村,而没能进一步形成市、镇呢?这自然是有它的局限性的,主要表现在以下几个方面。1.最初设计的就是一个官仓,所以其发展空间有限;2.地理位置的局限性。它的北面是明清时期著名的王墓集市,东面是因江海随粮王庙(后文将详述)而兴起的高垫(又称高店)集市,南面离著名的尹山集市又很近,所以在这样的环境下,大仓就很难再发展成为集市了;3.没有独特的优势。仅有的水运优势,与周边的几个比较著名的集市都是差不多的,而在其他方面,比如手工业、商业等方面都没优势,所以它就没有了进一步发展成为市、镇的条件。

### 高垫集市究竟毁于何时?

高垫这个地名也是很悠久了,在明朝正德年间的《姑苏志》中属于苏州府长洲县三十一都，它的兴旺远远超过大仓。它位于现在的镬底潭西侧，南面是吴淞江的一条塘河，西面离独墅湖很近，东面是镬底潭和吴淞江，它所处位置的水系比大仓更发达，水运也更便利。而且它更具优势的是有一个江海随粮王的庙，因庙而形成的定期集市非常兴旺。那么，这个江海随粮王是何许人也？据说在明朝崇祯某年，本地闹饥荒，百姓都奄奄一息。这时正好有一个姓金的官员押送官粮（也许这个官粮就是从后来叫大仓的那个南仓运出的。）经过，看到这个悲惨的场面，动了恻隐之心，就擅自把官粮发放给饥民，百姓被救了，但那官员因私放官粮，犯了欺君之罪，自知难逃死罪，投河自杀了。当地百姓听说后，纷纷为他祈祷、祭祀，并集资为他建了一座庙。后来，朝廷查清事实真相，尊重民愿，封他为"托天候"，后改封为"江海随粮王"。于是，当地百姓每到他的生日（农历八月十六日），就去庙里祭祀，于是就形成了以农历八月十六日为定期出现的寺庙集市。

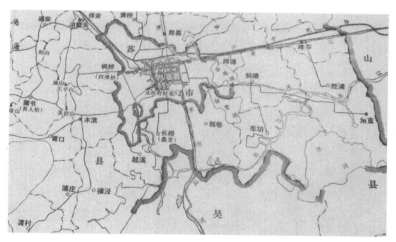

**吴县段吴淞江流域**

这类集市在吴淞江流域很多，都是因一个香火旺盛的寺庙而形成的寺庙集市，这样的集市越来越兴旺，就有可能形成比集市更大、更高一级的市镇，进而形成城镇，就是现在著名的江南水乡古镇。但是，笔者仔细翻查史料、志书，却没有找到高垫成为市镇和城镇的资料。这是很奇怪的现象。其他因寺庙而兴的集市很多，比如甪直因保圣寺集市兴而成为市镇，最终成为城镇；比如尹山也因为尹山寺集市兴而成为市镇，也一度成为尹山镇（虽然后来衰落了）。对此，笔者多方探求，终于找到了最可能的原因，就是太平天国占领苏州时，战火对苏州城乡的毁灭性破坏。曾经经历过太平天国之乱的清代著名诗人袁学澜在其诗集《适园丛稿》中对此有零星的透露，他说自己在同治三年（1863）秋天，奉李鸿章淮军旨令,负责办理葑门路团练,随淮军回苏(原来袁学澜逃难在上海),在车坊镇设立办事机构。同时也为淮军办理粮饷,然后跟随淮军攻打苏州城,于这年的十月二十五日收复苏城。

在收复苏城的一路上,袁学澜看到从葑门、青洋地到夹浦桥、官塘往南大四十多图(行政区划的名称)的这一大片地方都受到了战争的毁坏,于是,就向政府请求,免去这一片地方的租税。而高垫就属于这一片区域。这样的破坏是毁灭性的。经过这样的毁灭性破坏后,就像苏州城曾经的商业繁华地阊门后来被观前所取代一样,高垫后来也就被东面更靠近吴淞江的车坊所取代,因为车坊的商业兴盛起来了,比如有榨油的作坊,还有制作糟酒、糟油的作坊。油车是专门用来榨菜籽油的,糟坊是用来做酒的作坊,这些手工作坊的兴盛带动了商业的兴旺,于是集市就形成了,进而形成了城镇。

## 寻找蛟龙潭

"文革"时,车坊的好多乡村的行政编制的名称都做过修改,都改成很"革命"的,很有"战斗性"的,很有"时代特征"的名字,比如"建华""战斗""红旗""向阳"等,还有"蛟龙",这个很特别,与众不同。笔者记得当时有一个姓张的同学就是属于蛟龙大队的,那人书法很好,也擅长篆刻,人也和善,乐于助人。笔者那时想跟他学篆刻,还去他家里玩过。记得要走很长的路,过几个渡口,才到他家。他家在吴淞江边的一个村子里。

笔者曾经很好奇地问他,那地方为什么叫蛟龙,他似真似假地告诉我:他们那里本来有一个很大的湖,湖和吴淞江相通,有一次,东海的一条龙沿着吴淞江游到这里,发现这个湖非常好,就留了下来。自从那龙来了以后,他们那儿就一直风调雨顺了。后来,他们那里的人都叫那个湖为"蛟龙潭",所以他们这个地方就叫蛟龙大队了。

这当然是传说,笔者认为这"蛟龙"有可能是鳄鱼,在古代,沼泽地带常有鳄鱼出没,就被当地人误以为是龙了,所以就有了"蛟龙潭"的由来。只是,这个蛟龙潭是否存在?如果存在,现在又在何处?

为此,笔者到曾经的蛟龙大队去询问一些上了年纪的人,他们都对此说不出个所以然来。笔者又翻阅方志史料,终于在《正德姑苏志》中找到了出处,在其第十卷"水"部里提道:"黄天荡之东为独墅湖、为王墓湖、为朝天湖,三湖连缀,中微隘如川,其实一水也。又东为尹山湖,为赭墩湖(一名蛟龙潭),为车坊漾,漾比诸湖为深,故又名镬底潭。"①

原来蛟龙潭就是赭墩湖,这下终于弄明白了。但是,这个赭墩湖又在哪里呢？北宋水利专家郑侨在其《水利大略》中首次提到"赭墩淹"②,就是说那时还不是"赭墩湖","赭墩湖"这个称谓要到明朝的方志史料中才出现,比如在明朝的《隆庆长洲县志》中就称其为"赭墩湖"③了。吴淞江流域的好多湖泊都是在唐宋期间形成的,唐朝后期,气候转冷,海面下降,陆地东扩,三江河道延伸,导致清水流速减缓。宋初,上源筑塘,塘浦圩田堰闸体系遭破坏,导致三江清水骤减,无力冲刷浑潮入海,导致海潮倒灌,海沙淤积在三江河道,久而久之,古东江和古娄江淤塞成陆,吴淞江也变窄变浅,于是,吴淞江流域一遇大水,就形成内涝,许多低洼地带就形成了湖泊。这种积水地带有诸如"淹""漾""荡""瀼"等之类的不同称呼,而"赭墩湖"最早的称呼是"淹",意思就是"被大水淹没的低洼之地"。但是,郑侨没有说清楚这个"赭墩淹"具体在什么位置。经过多方寻找,笔者终于在2001年出版的新编《斜塘镇志》中找到了它的详细资料:"赭墩湖位于吴县东南部,属郭巷、车坊两个乡共同管辖,北靠独墅湖,东临镬底潭,原有水面1 327亩,水深2.5米左右,湖底比较平坦,历来是我县渔民捕鱼的天然水域。1969年由两个乡沿湖的农民进行围垦,造田872亩,种植粮食;由于产量低,成本高,郭巷乡于1976年,在县水产局的具体指导下,在该湖的西半部,开挖了486亩规格化精养鱼池,建立了郭巷乡水产养殖场。该湖的东半部,由车坊乡夏浜村和车渔村经营,他们在郭巷乡水产养殖场的带动下,也都开挖了鱼池,采用'一脚踢'承包给农民或渔民经营。这种承包办法,产量和效益虽然提高较快,但对鱼池的再建设,舍不得花资金,不愿再投入,因而带来了后劲不足的弊端。"④

至此,笔者终于知道了赭墩湖(也就是蛟龙潭)的具体位置是在什么地方了,也终于弄明白这个历史悠久的蛟龙潭是怎么消失的了——先是"文革"中的"围湖造田"硬生生地把一个湖泊改造成了大片的农田,"文革"后又变成了成片的鱼塘,现在则成了一片荒地了。

---

① [明]王鏊,吴宽,祝允明,等纂:《正德姑苏志》,卷第十,水,天一阁藏明代方志选刊续编(一二),上海书店,1982年,第744页。

② [清]顾沅辑:《吴郡文编》,卷二十三,水利一,上海古籍出版社,2011年,第375页。

③ [明]皇甫汸,张凤翼,等纂,[明]张德夫修,江盈科增修:《长洲县志》,卷之二,水利,天一阁藏明代方志选刊续编(二三),上海书店,1982年,第58页。

④ 《郭巷镇志》编:《郭巷镇志》,第六章,水利,电力,第一节,水利,方志出版社,2001年,第123 - 124页。

## 官浦村与吴越王钱氏所开小官浦是否有关?

**吴淞江支流**

官浦村位于吴淞江北岸,绕城高速郭巷互通南侧,有吴淞江路与东方大道相通,其村确实有一条河流直通吴淞江,就是官浦。至于这个"官浦"成于何时,已无考。只是笔者仔细研读宋代诸家的水利书,如郑亶、郑侨、单锷、赵霖、范仲淹、叶清臣等名家的水利书中,都没有发现有"官浦"这个名字,那么,在宋代,肯定还没有"官浦"这条河流。而在明朝的《长洲县志》中,笔者竟然发现了这个"官浦",志书中说:"其已塞而应通者凡五十,曰白蚬江支河、官浦支河、朱泾支河、吴庄河、瓜泾港……"①那么,它的出现显然与五代时期吴越国钱氏所开的"小官浦"无关。因为清光绪年间的《续修华亭县志》的卷二十一《古迹》中说:"钱氏有国,浚枙湖及新泾塘,由小官浦入海。"②就是说"小官浦"是在五代时期由吴越王钱氏所开,而"官浦"是明朝以后才见诸史料的,显然两者是没有相互关系的。虽然1974年复旦大学对东江故道进行了考察,发现澄湖中存在着一条自北部湖区向南偏西延伸的深槽,宽十多米,深在四米以上。而在白蚬湖中也发现有一条南北向的深槽,宽二三十米,深达十米以上,深槽旁边还有残存石

---

① [明]皇甫汸,张凤翼,等纂,[明]张德夫修,江盈科增修:《长洲县志》,卷之二,水利,天一阁藏明代方志选刊续编(二三),上海书店,1982年,第58页。

② [清]杨开第修,[清]姚光发,等纂:《光绪重修华亭县志》,卷二十一,名迹,《中国地方志集成》之《上海府县志辑》(第4辑),上海书店,1991年,第741页。

堤存在。这两个湖中的深槽大致可以自北而南连成一线。这次考察证明了东江古道的存在,但不能证明车坊的"官浦"与开挖于钱氏吴越国时期的"小官浦"的运行线路是相连的,毕竟两者的形成年代不同,所以笔者取两者无关的观点。

"摇城"何以未能成为市镇?

"摇城"位于苏州城的东南面,离苏州城三十里左右,对此,唐开元时期的张守节在其所著《史记正义》中是这样说的,"在苏州东南三十里,名三江口。一江西南上,七十里至太湖,名松江,古笠泽江。一江东南上,七十里入白蚬湖,名上江,亦曰东江。一江东北下,三百余里入海,名曰下江,亦曰娄江"①。这个地方有条大姚浦是吴淞江的支流。方志史料上均将"姚"称作"摇",此"摇"即为"摇城"之"摇"。史书上说"后七世,至闽君摇,佐诸侯平秦。汉高帝复以摇为越王,以奉越后"②。其部分遗址位置就是在现在的澄湖西边的大姚村,也是古吴淞江三江分流的三江口,也就是说古代的松江、东江和娄江是在"摇城"遗址这个地方分流的。又说"摇城者,吴王子居焉,后越摇王居之。稻田三百顷,在邑东南,肥饶,水绝"③。那么,位于古吴淞江三江口的有稻田30 000亩的吴淞江流域早期的大规模人类居住、生活的吴王少子及越王摇封地摇城为何未能在后来的发展中进一步成为市镇呢?这主要还是在北宋末年至南宋初年间(约1107—1170),此地大部分陷落成湖,形成了陈湖(就是现在的澄湖),陈湖形成后,侵田为湖的现象十分严重,湖岸不断塌方,挤压了人类居住、生活的空间,没有了进一步发展的空间,于是就未能进一步发展成市、镇。对此,笔者有专文叙述,此处不再赘述。

## 第五节 命运多变王墓市

在苏州,曾经有一些带"墓"字的地名,比如陆墓、陈墓、王墓等,都和历史上的名人墓葬有关,陆墓之墓是唐朝德宗贞元年间宰相陆贽之墓,陈墓之墓是南

---

① [唐]陆广微撰,曹林娣校点:《吴地记》,江苏古籍出版社,1999年,第82-83页。
② [汉]司马迁著,李全华标点:《史记》,卷四十一,越王勾践世家第十一,岳麓书社,1988年,第349页。
③ [东汉]袁康,吴平辑录,俞纪东译注:《越绝书全译》,卷二,越绝外传记吴地传第三,贵州人民出版社,1996年,第47页。

宋孝宗皇帝的宠妃陈妃之墓，王墓之墓据说是东晋王羲之之墓。由于总觉得"墓"字不吉利，这三个地名先后都做了修改，陆墓改成了陆慕，陈墓改成了锦溪，而王墓改成了旺墓和西泾。其中的陈墓（锦溪）现在已经是著名的江南水乡古镇了，而且正在申报世界文化遗产；其中的陆墓（陆慕）在城市化的进程中被拆掉了，后来又说要保护，但迟迟没有行动，结果至今仍是一个到处是残垣断壁、好像是被人遗弃的废镇；其中的王墓一直是一个古老的集市，而到了明朝中期就成为一个著名的大市（集市之市。笔者注。），而到了晚清末期又衰落成一个村。后来一直是一个行政村，直到苏州建设工业园区，才把它全部拆迁掉了。

  这三个苏州历史上有名的带"墓"字的市镇，其结果竟是如此的不同，探究它们的演变过程，将是一件非常有意义的事。在此，笔者主要对"王墓市何以形成较早，如此繁荣的集市竟然没有进而形成城镇？"这一问题进行一番深入的探究，这应该是一个在江南水乡古镇的形成、发展、演变的历史上很值得研究的问题，极具样本意义。

  历史上的王墓市（集市之市，不是现在的城市之市。笔者注。）位于苏州城外独墅湖东岸，据清代沈藻采编撰的《元和唯亭志》中的记载，明朝卢熊所著的《苏州府志》引用《虚舟客话》里的说法谈到了"王墓"名称的由来："郡城东有水乡曰王墓，父老相传为晋右军王逸少之墓。"[1]又说："右军与弟书云，坟墓在临川者，行将改移就吴，吴中终是所归。"[2]逸少，是王羲之的字，王羲之曾任东晋右军将军，故人称王右军。《姑苏志》记："黄天荡之东，为独墅湖，为王墓湖，为朝天湖，三湖连缀，中微隘如川，其实一水也。"[3]王羲之墓所在地称为"王墓"，村名为"王墓村"，村旁大湖名为"王墓湖"。地因墓名，村因墓名，湖因墓名。[4]

---

[1] 俞文浩主编，《斜塘镇志》编委会编：《斜塘镇志》，第四编，文化，第三章，古迹，第一节，墓葬，三，王羲之墓，北京方志出版社，2001年，第313页。
[2] 俞文浩主编，《斜塘镇志》编委会编：《斜塘镇志》，第四编，文化，第三章，古迹，第一节，墓葬，三，王羲之墓，北京方志出版社，2001年，第313页。
[3] 俞文浩主编，《斜塘镇志》编委会编：《斜塘镇志》，第四编，文化，第三章，古迹，第一节，墓葬，三，王羲之墓，北京方志出版社，2001年，第313页。
[4] 俞文浩主编，《斜塘镇志》编委会编：《斜塘镇志》，第四编，文化，第三章，古迹，第一节，墓葬，三，王羲之墓，北京方志出版社，2001年，第313页。

传说中的王羲之墓

## 考古发现——人类居住和活动历史有断层

新编的《斜塘镇志》第四编"文化"之第三章"古迹"的章节中有关于王墓的考古发现资料,那是在 2001 年,在苏州工业园区进行二期的地基填高建设时,将独墅湖东部水域及陆地原斜塘镇石港、旺墓(就是古时的王墓,新中国成立后改为旺墓和西泾)、东安三村范围作为取土的围垦区。在 9 月份,围垦区独墅湖水域的水抽干后,发现了部分文物和古井,苏州市文物管理委员会和苏州市博物馆组成考察队,于 10 月进驻现场,对文物进行挖掘、整理,历时两个月才完

考古发现古井群

成。此次考古发现了 600 多口古井,这些古井的时间跨度从 5 500 年前的崧泽

文化遗址延续到 800 多年前的北宋,但以春秋战国和两汉时期的古井为主,而新石器时代的古井也有四五十口。崧泽文化时期的古井大约深 1.5 米;夏、商时期的古井又大又深,最深的达 6.85 米;战国时期的古井是用铁制工具挖掘的(考古队在井底发现了挖井用的铁钎),井圈多用木桩围成;汉代的古井以预制的陶圈,层层叠起形成井壁;唐朝时期的古井的井壁砌有青砖,青砖制作精细,薄而略带弧形,两侧留有阴阳榫,相嵌形成圆形井壁。

　　同时,考古队在靠近独墅湖东岸 1 平方公里内还发现了 3 条古河道和古村落遗址。3 条古河道环绕古村落,古村落遗址虽经湖水和风浪的长期侵蚀,破坏严重,但其范围和轮廓依稀可辨,从新石器时代到宋代的各个文化遗层仍较清晰,古村落面积达 1 万平方米。

**考古发现河道**

　　考古还发现了大量的崧泽文化和良渚文化时期的陶器和唐代的青砖,陶器有陶壶、陶罐和陶制井圈;青砖为 22cm×15cm×1.5cm 规格的呈青色的井壁砖。

第十五章　另类样本

**考古发现陶井圈**

这次考古发现意义重大,不仅证明了自新石器时代开始到北宋年间的四五千年的时间内,苏州城外独墅湖东部地区一直有人类居住、生活,而且证明了该区域是人类活动比较频繁的区域;同时还证明了古"王墓"市的悠久历史;同时还证明了王墓历史在北宋时期有断层,这个断层印证了独墅湖的形成时期和方式:此地的人类居住和活动的历史怎么会到了北宋就戛然而止了呢?据史料记载,那是因为独墅湖是由宋朝时期的一场大地震而形成的。这样就能解释清楚古王墓的文化考古发现是怎么会出现断层的了。当然,也为吴淞江流域市镇的形成、发展、演变过程的研究提供了考古依据和历史佐证。

### 古王墓市的形成原因——土地肥沃,物产丰富,商品交易兴旺

古王墓处于吴淞江流域,上文提到在北宋以前独墅湖还没出现,笔者查阅北宋的水利资料,发现在北宋年间的水利专家的著作中还不见王墓湖、独墅湖等湖泊的名称,北宋水利专家郏侨的著作中仅提到黄天荡、尹山淹(即后来的尹山湖。笔者注。)、赭墩淹(即后来的赭墩湖。笔者注。)、金泾淹(即后来的金鸡湖。笔者注。)等[1],"荡"只是浅水的湿地,"淹"是指被水淹没的陆地,两者都不能被称为湖。在周边的湖还没出现之前,古王墓这片地方是范围很广的陆地,从上文提及的考古发现就可以得到印证,从新石器时代一直到北宋时期,这地方都是有人类居住和频繁活动的。吴淞江流域在六朝时期得到了大幅度的开

---

[1]　[宋]范成大撰,陆振岳校点:《吴郡志》,卷十九,水利下,江苏古籍出版社,1986年,第283页。

发,初步形成了有效的塘浦圩田体系,经济得到了极大的发展。也就在六朝时期,吴淞江流域的草市形成,就是乡村间的农贸集市。古王墓市应该也是在那时就形成了,只不过那时的王墓市范围还比较小。

而到了北宋初年,小农经济得到了快速发展,以前完善的塘浦圩田体系遭到了大幅度的破坏,导致北宋年间吴淞江流域经常发生水旱灾害,吴淞江水也经常泛滥,淹没农田,这样经常被吴淞江水泛滥淹没而形成的田就是北宋著名水利专家郏亶在其水利著作中提到的著名的最肥沃的"白涂田"①,所以王墓在北宋以后更是土地肥沃,灌溉便利,物产丰富。当时除了广泛种植水稻外,还普遍种植麦、桑、麻等作物,各种经济作物的种植也是非常普遍,比如芦苇等,还有著名的水八仙(荸荠、塘藕、菱、芡实、水芹、茭白等。笔者注。)等。又因为周围都是水,所以水产也是丰富的,除了鱼类,还有甲壳类(如虾、蟹等。笔者注。),还有两栖爬行类(如龟、鳖、鼋等。笔者注。),水禽类(如野鸭。据专家考证全国的野鸭种类只有46种,而在吴淞江流域出没的野鸭有23种之多,竟然占了一半,可见那时吴淞江流域的野鸭之多!这从陆龟蒙的一些诗中也可以得到印证。笔者注。),贝类(如螺、蚬、蚌、蛤之类。笔者注。),等等。物产更丰富,商品交易更频繁,商业也就更兴旺了,这个草市就慢慢兴旺起来。

### 在明代,地处水陆要冲,促进了王墓市的繁荣

独墅湖出现后,王墓市的人类居住和活动的范围就往东移,而到了北宋末年、南宋初期,大量的北方难民因战乱纷纷逃离家园,迁移江南,有很多人就在王墓这个地方落脚,居住下来,填补、增加了古王墓市因地震而减少的人口。在高教区北边,就在原王墓河边上,至今还保存着一座建于南宋的门面朝北的土地庙,这座庙就是南宋初落脚于此的北方难民因思念老家而建的。这就是很好的一个证明。而且由于此地西与苏州城只隔着一个独墅湖,南面与运河相近,东面连着吴淞江,处于水路要冲,在明朝时甚至还是政府的一个水上交通驿站。这样的交通要道自然会使得王墓市的贸易更加发达,商业更加繁荣。

---

① [宋]范成大撰,陆振岳校点:《吴郡志》,卷十九,水利下,江苏古籍出版社,1986年,第269页。

斜塘土地庙

说起苏州的商业发展，其实在唐宋时期就已经兴旺起来了，据《吴文化概论》中的记载：自六朝时初步发展起来的草市那时已经得到了很大的发展，而苏州城里也已经有夜市了，唐杜荀鹤的《送人游吴》中就有记载："夜市卖菱藕，春船载绮罗。"①描绘了当时夜市的兴旺。而在五代至北宋时期，吴地战乱很少，工商业更是得到更加全面、深入的发展，尤其是丝绸和纺织手工业的发展更是明显。到了宋代，苏州地区的手工业更是发展迅速，在崇宁年间（1102）朝廷在苏州设"造作局"，专门制造牙、角、犀、玉、金银、竹藤、裱糊、雕刻等物。在宋朝，吴地的宋锦在全国已处于领先地位。手工业的发展也带来了商业的繁荣。

在宋元时期，由于地理位置优越，加上造船业先进，海外贸易也空前发达起来。对此，《吴郡图经续记》中有记载，"舟航往来，北自京国，南达海徼……故珍货远物毕集于吴之市"②。各地的丝绸、瓷器和农副产品等都汇集到苏州，通过吴淞江的支流浏河远销到日本和南洋诸国；日本的家具、漆器，朝鲜的折扇，南洋的玳瑁、珠宝也涌进苏州市场。苏州在北宋末年就已经成为外贸商港，也已经是全国闻名的繁华都市。

而在明清时期，苏州更是成了商业大都会，长江中下游的航运中心。各地商贾纷纷在此建立会馆（见于现存明清碑刻的会馆计有28个。笔者注。）。外地商人带来了四面八方的货物，同吴地本身的丝绸、果品、手工业制品等汇集起来，随后将它们销往各处，如"闽广外洋的果糖番货，由海道经吴淞江抵于娄门、

---

① 徐静主编：《苏州文化读本》，第四篇，二，蚕桑丝绸，古吴轩出版社，2014年，第50页。
② ［清］朱长文撰：《吴郡图经续记》，卷上，江苏古籍出版社，1999年，第10页。

蓢门,再转运运河、长江分流去北方、内陆、川鄂。内地的北货和江南的丝绸、百货、手工制作的奇巧各物,汇集于此,舶海南去,甚或远载去朝鲜、日本、交趾、南洋"①。很明显,在明清时期,由海道经吴淞江抵于蓢门的货运大多是经过王墓这个水上交通驿站的,发达、繁忙的航运进一步促进了王墓市的兴旺。据明代正德年间的《姑苏志》的记载,当时长洲县已有"五市""四镇",其中的"五市"为"大市、黄埭市、相城市、王墓市和尹山市","四镇"是"甫里、陈墓、许市(就是浒墅关。笔者注。)和陆墓"②,当时王墓就是一个县级著名大市,但还没到镇的级别,而陈墓和陆墓都已经是镇了。那么,古代的市和镇到底有什么区别呢?有学者认为,"市"的规模比"镇"小得多。一般来说,"市"的规模大约在100户到300户之间,500户到1 000户的为数较少。而"镇"的居民大多在1 000户以上,大的"镇"的居民有几千户,特大的"镇"的居民达到甚至超过10 000户。③

那么,现在我们明白了,在明朝,王墓已经是一个县级大市了,人口有几百户。而那时候的车坊、斜塘、郭巷等还都是一个村。④

### 王墓何以未能因"市"成"镇"?

#### (一)明清苏州府曾经有多少市镇?

在明清时期吴淞江流域的好多集市都成了市镇,然后进一步成了城镇,甚至是规模可观的城镇。据著名学者樊树志在其著作《明清江南市镇探微》中的统计,明代苏州府有市、镇共69个(嘉定县明代属苏州府,有九市六镇,不统计在内。笔者注。)。其中吴县有一市六镇,月城市(即阊门外上塘、下塘。笔者注。)、横塘镇、新郭镇、横金镇、木渎镇、光福镇、社下镇。长洲县有五市五镇,大市(在城内乐桥。笔者注。)、黄埭市、相城市、王墓市(斜塘南)、尹山市、甫里镇、陈墓镇、浒墅镇、陆墓镇、周庄镇(明正德年间的《姑苏志》中还没有周庄的名字,所以应该是在明正德以后形成的。笔者注。)。昆山县有四市六镇,半山桥市(县西北隅)、周市、陆家浜市、红桥市、丘墟镇、泗桥镇、石浦镇、安亭镇、蓬阆镇、甪直镇(当时的甫里镇归长洲县管辖,而甪直镇归昆山县管辖。笔者注)。常熟县有九市五镇,县市、杨尖市、河阳市、奚浦市、徐家市、唐市、李市、支塘市、

---

① 吴万铭主编:《娄蓢镇志》,纺织出版社,2001年,第152页。
② [明]王鏊,吴宽,等纂:《正德姑苏志》,卷第十八,乡都,天一阁藏明代方志选刊续集(一二),上海古籍书店,1982年,第90-91页。
③ 樊树志著:《江南市镇:传统的变革》,复旦大学出版社,2004年,第167-173页。
④ [明]王鏊,吴宽,等纂:《正德姑苏志》,卷第十八,乡都,天一阁藏明代方志选刊续集(一二),上海古籍书店,1982年,第94-95页。

练塘市、福山镇、许浦镇、梅李镇、安庆镇、常熟镇。吴江县有十市四镇,县市、江南市、新杭市、八斥市、双杨市、严墓市、檀丘市、梅堰市、盛泽市、庵村市、同里镇、黎里镇、平望镇、震泽镇。太仓州有十市四镇,诸泾市、半泾市、新市、璜泾市、隆市、甘草市、直塘市、吴公市、涂崧市、陆河市、双凤镇、沙头镇(即沙溪)、新安镇、茜泾镇。

  清代,苏州府的市、镇继续发展,因此到了清末,苏州府又新增了100余个市镇,共计有市、镇180余个。其中吴县新增五龙桥镇、蠡墅镇、西跨塘镇、蒋垛上镇、九龙桥下镇、浦庄镇、和桥镇、徐庄镇、黄芦镇、泽塘镇、东区镇、枫桥镇、大塘湾镇、二图镇、东渚镇、渡村镇、前湾镇、夏泾镇、镇夏镇、东蔡里镇。长洲县新增向街镇、白马涧镇、萧家湾镇、金墅镇、望亭镇、东桥镇、黄埭镇、永昌泾镇、芮埭镇、渭泾塘镇、石桥镇、蠡口镇。元和县新增陆巷镇、唯亭镇、徐庄镇、王渌泾镇、沈垫桥镇、淀泾镇、跨塘镇、南斜塘镇、韩镇、西车坊镇、章练塘镇、郭巷镇、尹山镇。吴江县新增八斥镇、黄溪镇、檀邱镇、新河镇、芦墟镇、溪港镇。常熟县(含昭文县)新增西唐市、西张墅、西徐市、任阳市、白茆新市、归家市、东张市、老吴市、何家市、赵市、珍市、沈市、小吴市、东周市、碧溪市、西周市、横塘市、邓市、王墅、福山镇、田庄镇、西塘桥镇、鹿苑镇、港口镇、冶塘镇、石泉镇、大和镇、旺儿桥镇、平墅镇、洞港泾镇、横泾镇、强芜镇、石牌镇、王渠镇、支塘镇、窑镇、项桥镇。昆山县新增金家庄市、南陆家桥市、旧泽市、天福庵市、周巷市、千墩镇、杨及泾镇、吴家桥镇、张浦镇、上明田镇、陆家港镇、大墅镇、昆山镇、夏驾桥镇、谢麓镇、度城镇、歇马桥镇、珠溪镇、徐公桥镇。新阳县(昆山县分出)有集街市、后市、真义镇、巴城镇、石牌镇、北陆家桥镇、南星淔镇。太仓州新增三家市、九曲市、老闸市、方家桥市、时思庵市、冯家桥市、归家庄市、王秀桥市、伍胥庙市、隆市、小市、庙桥市、璜泾镇、浮桥镇、六尺镇。镇洋县(由昆山和太仓州分出)有新塘市、牌楼市、毛家市、陆渡桥市、亭子桥市、西码头市、南码头市、朱泾市、浏河镇、柴行镇、葛隆镇。

  从上面的名单中,我们可以发现一个很重要的信息:明朝的尹山市到了清朝就成了镇,而在明朝时与尹山市并列的王墓市到了清朝却未能进一步发展成为镇。这是什么原因呢?

### (二) 明清苏州市镇形成的类型

  从城镇形成的类型来看,明清苏州城镇形成的类型主要有以下几类:一、农产品交易的集散地。像枫桥镇、平望镇和同里镇等都是由粮食交易(主要是大米。笔者注。)的集散地逐渐形成的。而盛泽则是由蚕丝贸易集散地慢慢形成的;二、由优势手工业发展而形成的。如唯亭镇、黄埭镇、周庄镇等都是由手工编织业的兴旺而发展起来的。陆墓镇则是因窑业兴旺而形成的,我们知道明清皇家建筑所需的大量金砖都是由陆墓的御窑所烧制、提供的。光福因刺绣业而成镇,车坊因油车和糟坊兴而成镇,等等;三、因发达的交通业而形成的镇。比如南浔镇处于越头吴尾,京杭大运河边,又是处于太湖流域蚕桑基地,所以在南宋末年就已经形成为一个规模很大的镇,主要是进行湖丝的贸易,而到了明清时期就已经成为太湖流域最大的湖丝贸易集散中心。比如浒墅镇,也是因为位于京杭大运河进入苏州的咽喉要道,成为繁忙的贸易航运中心而迅速崛起,形成著名的大镇。

(三)王墓市何以未能成镇?

从这份名单中,我们发现从明朝中期到清朝中期这300多年的时间里,苏州新增了100多个市镇。而王墓自始至终都只是市,没能成为镇。那么,到底是什么原因导致了王墓市未能成为镇,最后反而衰落成一个村了呢?

1. 吴淞江水患严重,导致其航运大江地位的削弱

王墓市本来也是处于航运的交通要道,本来也有条件发展成为城镇的,但是为什么就没有最终形成镇呢? 这主要还是在明朝以后,吴淞江流域的水利设施毁坏日趋严重,水利建设难以奏效,使得吴淞江流域的水旱灾害频发,导致吴淞江的淤塞也越来越严重。这个原因是多方面的,笔者在以往的一些文章中已经有所涉及,比如明初对苏州和松江两府课以重税,导致吴淞江流域百姓逃税严重,纷纷逃离家园,使得田地被抛荒,水利设施毁坏严重;比如,百姓对吴淞江流域的江面及支流的水面、湖面的人为侵占严重,导致吴淞江流域的淤塞日趋

**通独墅湖(古代此处为王墓湖)的一条河道**

恶化；比如明朝嘉靖年间的倭患导致吴淞江流域的江面和支流的一些重要地段被人为地布置了很多木桩、建造了许多坝闸，且筑起了很多堡垒，这些都导致吴淞江的江面和支流变得越来越浅，越来越窄，从而导致了其航运大江地位的日趋削弱。

2. "以黄夺淞"使吴淞江的命运遭到彻底改变

而影响最大的要数明朝永乐年间，户部尚书夏原吉倡导的"以黄夺淞"工程了。

在明朝永乐初年，户部尚书夏原吉奉命对吴淞江流域进行整治。通过考察，他督促民工疏浚了吴淞江的一些支流，比如当时属于嘉定的刘家港（在元代开挖，接通至和塘，由于地势低，上游来水多，所以其河道被冲刷得越来越开阔，在明初已成为吴淞江流域的一条入海的大江了。笔者注。），径通大海；比如常熟的白茆港（元末张士诚据吴时曾对此进行大力疏浚。笔者注。），径入大江，都是大河，水流迅急。当时夏元吉疏浚了吴淞江南北岸的安亭等浦，引太湖诸水入刘家、白茆两港，使其直注江海。

同时，夏原吉认为没有必要再对吴淞江下游进行清淤，因为一是很难做到，二是即使勉强做到了，也不会有什么效果，很快又会被淤塞，不如将吴淞江下游改道，对此，他是这样说的："自夏驾浦抵上海县南跄浦一百三十余里，潮汐壅障，菱芦丛生，已成平陆，欲即开浚，工费浩大，且渰沙淤泥，难以施工。……又松江大黄浦，乃通吴淞江要道，今下流壅遏难流，旁有范家浜至南跄浦口，可径达海。宜疏浚令深阔，上接大黄浦，以达茆湖之水。"①

夏原吉采用叶宗行意见，开通范家浜，上接大黄浦，下接南跄浦口（即今吴淞口。笔者注。），引导淀山湖一带淀泖（指淀山湖与三泖湖。笔者注。）湖水由大黄浦入范家浜东流，在复兴岛附近同吴淞江汇合折向西北至吴淞口入长江。为此，开挖范家浜河道 12 000 丈，河面阔 30 丈，新河道地势低，泄水通畅，水流湍急，不浚自深，河口不断扩大为"横阔头二里余"的黄浦江。天顺二年（1458），开通吴淞江宋家浜河段（今靠近外白渡桥的苏州河段。笔者注。），形成今吴淞江下游新河道。成化八年（1472），筑杭州湾海塘，青龙港口堵塞，古东江下游完全封闭。这样一来，杭州、嘉兴等处的余水都汇入黄浦江。同时，黄浦江上游淀山湖和三泖湖来水充沛，导致黄浦江里的清水量大势猛，从而将黄浦江不断冲刷，使之河道愈加深阔，水势超过吴淞江数倍，已然成为太湖水下泄的主通道。至嘉靖元年（1522）黄浦江水系全面形成。夏元吉的"以黄夺淞"水利

---

① ［清］顾沅辑：《吴郡文编》，卷二十四，水利二，上海古籍出版社，2011 年，第 386 页。

建设至此完全成型,从此以后,吴淞江就渐渐变成了黄浦江的支流。

3. 王墓市衰弱成一个行政村

从明朝吴淞江流域"以黄代淞"趋势形成之后,太湖水东泄入海通道就由原来的吴淞江一条到明以后的以黄浦江、娄江和白茆塘为主了,吴淞江独特的航运优势渐渐减弱,导致了通行吴淞江的贸易船只也相应减少。到了清朝晚期,东泄的太湖水只有十分之一点五进入吴淞江,其中十分之八都进入了黄浦江。"今湖水下注以十分计之,八分由庞山湖东南行,迤逦归黄浦,一分有半归吴淞,半分由运河归娄江。长桥通水者三十九孔,全入庞山湖。虽由瓜泾至分水墩之水,当吴淞正冲,亦半入吴淞、半入庞山湖未已也。吴淞迤东大小港汊,节节南渗,莫不以黄浦为归。"①于是位于苏州府城和吴淞江之间航运要道上的王墓市的交通优势也日渐减弱。随着因娄江而兴起的斜塘集市的崛起和最后斜塘镇的形成,王墓市的优势就完全丧失,被斜塘镇取代。其集市的功能也渐渐丧失,到了清朝晚期,苏州先是遭到太平天国战争的破坏,商业大都会的地位遭到削弱;然后是上海的迅速崛起,取代了苏州商业大都会的地位,从此苏州的商业一落千丈,王墓市也就因此而衰落成了一个行政村。

通过对王墓市这个样本的分析,我们可以得出结论:吴淞江流域的市镇都是因水而兴的,四通八达的水网体系成就了灌溉便利、土地肥沃的经济环境,通江达海的发达航运催生了繁荣的商业,而繁荣的商业又催生了市镇的产生、发展和演变。但同样有些市镇却因水而衰,就像王墓市一样,随着吴淞江流域水利建设的越来越力不从心,导致其丧失了太湖流域最大、最主要的泄洪和航运通道的地位,王墓市也就没能从一个著名的县级大市(集市)发展成镇。

---

① [清]金友理撰,薛正兴校点:《太湖备考》,续篇卷一,水议,江苏古籍出版社,1998年,第602-603页。

# 第十六章 个案解读——由"门摊"引出的历史谜案

通过对大明王朝经济兴衰路线图的深入研究,笔者得出了一个令自己都难以置信的结论,那就是:明朝以惩罚、祸害苏州始,又以被苏州暗算,直至衰亡终。这样的结论的得出恐怕没人会相信,但笔者自认为这是在翔实史料研究的基础上得出的科学结论。笔者平时喜好看历史方面的著作,也正在对吴淞江课题做系统、深入的研究,在研究"江南市镇发展过程中商业税收的变迁"这个课题时,发现了一个奇怪的税种——门摊,这个发现源自笔者在《吴郡甫里志》上看到了万历年间苏州甪直的一位名叫金应征的退休官僚所写的那篇要求废除"征收'门摊'之税"的《议革门摊碑记》。

## 第一节 一个奇怪的税种

### 明朝万历年间,甪直惊现门摊之税

在文中,金认为"门摊"之税,按规定,是在城市里征收的,而不应该在偏僻的乡村(甪直当时虽然很大了,但还不是建制镇。)征收,因为甪直"其土瘠,谷粟之外无他产。其民习耕捆织之外无他业"[1]。虽然有贸易、有经商,但不过是"转输邑市之货,规蝇头利而已"[2]。不能跟"通衢巨镇商贾辐辏比"[3]。以前甪

---

[1] [清]彭方周纂修:《中国地方志集成·乡镇志专辑》(第6辑),《吴郡甫里志》,卷二十一,艺文,江苏古籍出版社,1992年,第113页。

[2] [清]彭方周纂修:《中国地方志集成·乡镇志专辑》(第6辑),《吴郡甫里志》,卷二十一,艺文,江苏古籍出版社,1992年,第113页。

[3] [清]彭方周纂修:《中国地方志集成·乡镇志专辑》(第6辑),《吴郡甫里志》,卷二十一,艺文,江苏古籍出版社,1992年,第113页。

直是没有所谓的门摊之税的,"旧无所谓门摊者"①,只是在几年前,收税的小官吏"藉口巡拦之名添报铺行而里始骚然矣!已革去。税局而夤缘为奸者又借铺行之名添报门摊"②。这段话的意思是:门摊之税是由当地的税局私自设定、征收的,先是向有店铺门面的坐商收取,因遭众人反对而被废除。后来又恢复,不只向坐商收取,而且还向那些行商征收,甚至是向那些摆摊的流动小商小贩征收。这样就造成了"遂使负贩之徒家无担石而籍名于官。僦居之民,室无数椽而派征于里"③。于是"司催者叫嚣豕突而鸡犬为之不宁;被征者咨嗟窜徙而妻孥为之愁叹。滑吏倚干没为奸;豪甲藉编报以周利"④。所以"闾阎之民重不堪矣!"⑤这些话道出了在明朝万历年间,甪直被征收门摊之税的起因及由此所造成的恶劣影响:那些收税的贪官污吏和称霸一方的保长、甲长为了谋取更多的私利,竟然私自向从事贸易的坐商和行商(有店铺门面的和流动的小商小贩)收取门摊之税,导致那些小商小贩动不动就被罚款、吃官司,或者是被派征徭役,于是那些无力交纳门摊之税的小商小贩就只得逃避,这样也就导致其妻子儿女担惊受怕,忍饥挨冻,如此一来,老百姓的负担也就变得越来越重了。

于是甪直乡里有头有脸的乡绅父老来求金应征,请金向上级政府反映这个情况。金很帮忙,积极向苏州府反映。苏州府接到金的反映后很重视,马上派人去甪直调查,发现情况属实。按惯例,当时只在苏州的六个城门(苏州府城本来有八个城门,但自宋朝以来,有几个城门经常会被埋塞。在明朝,也有两个城门埋塞不通)收取门摊之税,而其他地方是不收门摊之税的。在一些重要的税关和大的市镇也只是收取商业税。所以,当时在甪直(还不是建制镇)收取门摊之税是没有法律依据的,是不合法的。于是,苏州府就毅然把它废除了。

### 何为门摊之税?

那么什么是门摊之税呢?据方志史料记载,门摊之税最早出现在元朝,刚

---

① [清]彭方周纂修:《中国地方志集成·乡镇志专辑》(第6辑),《吴郡甫里志》,卷二十一,艺文,江苏古籍出版社,1992年,第113页。
② [清]彭方周纂修:《中国地方志集成·乡镇志专辑》(第6辑),《吴郡甫里志》,卷二十一,艺文,江苏古籍出版社,1992年,第113页。
③ [清]彭方周纂修:《中国地方志集成·乡镇志专辑》(第6辑),《吴郡甫里志》,卷二十一,艺文,江苏古籍出版社,1992年,第113页。
④ [清]彭方周纂修:《中国地方志集成·乡镇志专辑》(第6辑),《吴郡甫里志》,卷二十一,艺文,江苏古籍出版社,1992年,第113页。
⑤ [清]彭方周纂修:《中国地方志集成·乡镇志专辑》(第6辑),《吴郡甫里志》,卷二十一,艺文,江苏古籍出版社,1992年,第113页。

开始只在北方按户收取，每户门摊银五两——内色银四两，俸钞一两。后来在南方也征收，主要是在湖、广地区，针对那些私自酿造酒醋的商户征收的商税，平均每户收一两四钱，征收时按照各户的田亩多少分摊不同数额。这笔钱交了以后，就可以私自酿造酒醋。后来，到了明朝，朱元璋曾在京城和全国几个大城市里征过门摊之税，那时是作为营业税来征收的。到了明仁宗时，也征过门摊税，那时是为了弥补因郑和七下西洋所造成的财政拮据而临时征收的，但也都只是在贸易发达、商业繁荣的大城市里征收，不涉及市镇乡村。后来到了弘治、隆庆、万历年间，江南商业繁荣，各色各样的市镇如雨后春笋般涌现，商税也就成了政府的一块重要税源。那时，可能也征收门摊之税，但只是在省治、府治等所在城市里征收，像在万历年间，苏州府只是在苏州城所开六门征收门摊之税，而不涉及其他地方。

那么又为什么同样是在万历年间，还未成建制镇的甪直却被征收了门摊之税呢？而且不只向坐商、行商收取，甚至还对摆摊的那些小商小贩也收取门摊之税呢？那是什么原因呢？难道是那些"滑吏""豪甲""想钱想疯了"？

要解开这个谜并不容易，笔者追究门摊之税，竟然追溯到了明初，通过层层梳理，逐层剖析，最后居然发现了另外一个历史谜案！

## 第二节 官田之害引出赋役改折之变

朱元璋刚建立明朝时，实施的是"重农抑商"的政策，主要着力田赋的征收，而对商税并不看重。当时商税在整个国家的赋税中所占比例极少，几乎可以忽略不计。这本来是不错的，可是朱元璋在那时的苏、松两府征税时，制定了一个当时看来十分解气但却遗祸后世子孙的赋税征收政策。

### （一）明初苏州府官田赋税过重

熟悉历史的人都知道，元末，吴地豪族大姓、文人士大夫和普通百姓等，都支持定都于苏州的张士诚政权。在朱元璋攻打张士诚时，他们都帮张士诚守城，害得朱元璋打了十个月，才把苏州城打下来。这令朱元璋大为恼火，于是大明政权刚建立，就没收张士诚集团和苏、松两地豪族、大姓的田产，将其归入官田，并以此向苏、松两地征收重税。当时苏州府总共有田 96 600 顷，相当于 9 660 000 亩，而其中只有 1/15 是民田，其余的都是官田。那么，这个官田的赋税重到怎样的程度呢？据史料记载：洪武初年，每亩"粮重至七、八斗"①。洪武十三年（1380），"所有官田七斗五升起课者俱减至四斗四升止；四斗三升、六升起课者，俱减至三斗五升止"②。而当时民田每亩只收"五升至一斗起课而已"③。官田的赋税竟然是每亩七、八斗！而当时临近的常州府的官田的赋税是每亩一斗，相差竟然是七、八倍！可见其赋税之重。

### （二）官田赋税过重导致了严重的逃亡现象

这样重的赋税让租种官田的老百姓根本完成不了，为了不受官府追比，为了不吃官司，为了不受牢狱之灾，他们只好逃税了，而且往往是举家出逃。当时，他们大多逃往中部山区，比如江西、湖南、湖北等地。这股逃亡潮始于宣统、正德年间，终于成化、弘治时期。成化时期，巡按直隶御史梁昉在奏折中曾提及此类逃亡现象："其民迫于饥寒，困于徭役，往往隐下税粮，虚卖田地，产业已尽，征赋犹存，是以田野多流亡之民。"④导致这种逃亡现象出现的原因除了赋税重以外，各种科派的明显增加也是原因。"正德以前，百姓十一在官，十九在田……自四五十年来，赋税日增，徭役日重，民不堪命，遂皆迁业。"⑤这一时期的流亡类型是这样的，"今去农而为乡官家人者，已十倍于前矣；今去农而蚕食于官府者，五倍于前矣；今去农而改业为工商者，三倍于前矣；昔日原无游手之人，今去农而游手迓食者，又十之二三矣。大抵以十分百姓言之，已六七分去农"⑥。宣德七年（1432），江南巡抚周忱到苏州，当时苏州一府就"逋税七百九十万石"⑦，周忱也发现了苏州府的百姓大量逃亡现象，他在谈到这些流民的去向时，觉得苏、松诸府百姓多有文化知识，有经济头脑，会经商，所以"出其乡则足以售其巧。苏、松人匠丛聚两京，乡里之逃匿粮差者，往往携其家眷相依同住，或创造房屋，或开张铺店。或投倚于豪门，或冒匠窜两京，或冒引贾四方，举家舟居，莫可踪迹也"⑧。

那一时期从苏州流出去的逃亡之民不仅没有给大明王朝造成什么损害，反而还促进了他们流入之地的经济、商业等方面的发展，这主要是因为苏州地区

---

① ［清］顾沅辑：《吴郡文编》，卷三十六，赋役四，上海古籍出版社，2011年，第45页。
② ［清］顾沅辑：《吴郡文编》，卷三十六，赋役四，上海古籍出版社，2011年，第45页。
③ ［清］顾沅辑：《吴郡文编》，卷三十六，赋役四，上海古籍出版社，2011年，第45页。
④ ［清］夏燮撰，王日根、李一平、李珽，等校点：《明通鉴·中》，岳麓书社，1999年，第879－880页。
⑤ 郑天挺著：《明史讲义》（第三编），中华书局，2017年，第627页。
⑥ 郑天挺著：《明史讲义》（第三编），中华书局，2017年，第627页。
⑦ ［清］顾沅撰：《吴郡文编》，卷三十六，赋役四，上海古籍出版社，2011年，第45页。
⑧ ［明］陈子龙、徐孚远、宋徵璧，等撰：《明经世文编》，卷二十二，周忱《与行在户部诸公书》，中华书局，1962年，第171－176页。

的流民的总体素质比流入之地的百姓的素质要高得多。

### (三) 苏州府的赋税改折

再回头来看看周忱在苏州是如何解决这个顽症的。首先,他和苏州知府况钟想办法减免了苏州府约80万石的税粮,但没有从根本上解决问题,苏、松两府的官田的赋税依旧过重,所以逃税现象仍很普遍,欠税情况仍很严重。

百姓交赋税就是交税粮,要自己运粮交到政府指定的地方,因此在运输途中会出现损耗,这个损耗被称为"耗米",仍要算在纳粮百姓头上。在周忱当江南巡抚时,苏州一府当时的粮税是:正米200余万石,耗米70余万石。而其中的耗米是由官田和民田均摊的,称为平米①,这样也就间接地增加了民田百姓的税收负担。于是,周忱就先从这个"平米"着手,将每年的羡余存入济农仓,"以备水旱赈贷及农乏食与夫官府织造供应军需之类,均徭、里甲杂派等费,运夫遭风被盗、修岸导河不等口粮,俱取足于此"②。这个粮"虽加于民,余利亦归之民。自耗米之外,更无扰民色目也"③。这段话要细细分析,它透露出了很多信息。

周忱的办法是取之于民,用之于民。不像以前,耗米都是归国家的。而且还起到了救急和减轻百姓税收负担的作用。周忱的办法是有效的,其对苏州百姓的帮助也是极大的,所以受到苏州百姓的拥戴。但笔者感兴趣的是周忱存入济农仓的耗米所起的独特作用,就是文中提到的可以用来抵作"官府织造、供应军需之类均徭,里甲杂派等费,运夫遭风被盗、修岸导河不等的徭役"④,等等,这分明是一个"小金库"!周忱借此用来改折银两冲抵一些赋税和徭役。但周忱私设"小金库"是为了苏州的老百姓,也是为了大明王朝赋役的稳定。

明朝的赋役分别指田赋和徭役,其中的田赋就是指税粮,而徭役分别指里甲正役和杂役两种。原来里甲费是按户征收的,而杂役包括力差、银差和听差,起初只是银差要缴纳银两充役,而其他的都是实役。但周忱改革,都把它们归入改折范围,"税粮之外,每石加征若干,以支供办,名里甲银"⑤,里甲费也改折银两了,以后杂役都可以折银充役。这样的改革减轻了百姓的负担,也使得百姓觉得更加便利,自然受到苏州百姓的欢迎,于是其他地方也纷纷仿效。

后来,在嘉靖年间,苏州知府王仪又把苏州府的所有官田和民田混算,对田

---

① [清]顾沅辑:《吴郡文编》,卷三十六,赋役四,上海古籍出版社,2011年,第45页。
② [清]顾沅辑:《吴郡文编》,卷三十六,赋役四,上海古籍出版社,2011年,第45-46页。
③ [清]顾沅辑:《吴郡文编》,卷三十六,赋役四,上海古籍出版社,2011年,第46页。
④ [清]顾沅辑:《吴郡文编》,卷三十六,赋役四,上海古籍出版社,2011年,第45-46页。
⑤ 顾起元:《客座赘语》,卷二,条鞭始末,中华书局,1987年,第62页。

赋重的官田用粮分摊，对田赋较轻的民田重新丈量，分出不同等级，同时还将苏州府应交的赋税在周忱的基础上又减免了30多万石。王仪的改革，使苏州府的官田更趋私有化。这样的改革，对大明王朝来说，其产生的副作用会慢慢显现出来。

## 第三节　银子是万能的——赋役改折导致白银货币化

上文提到，周忱和王仪在苏州的改革，用银子不仅可以缴纳田赋，而且可以冲抵徭役，这样的改革真是前所未有，也是革命性的，其对大明王朝未来命运的影响也是深远的。

### "赋役改折银两"从苏州迅速推广到全国

在明朝初期，朱元璋禁止民间使用金银，发行"大明宝钞"，就是纸币。纸币在南宋时期就已经有了，在元代更是被滥用，导致信用丧失。朱元璋除了发行宝钞外，也铸造铜钱，作为流通货币。起初，宝钞发行限量，还是有信用的，也能直接去银库兑换现银。但后来发行越来越多，没有节制，就导致钞值日跌，通货膨胀，宝钞也就没有了信用。于是，在杭州等商业较发达的城市里，商人们在做买卖时，私下以金银定价，不用宝钞。对此，朝廷虽屡加禁止，但禁而不止。

这只是在经商领域，商人偷偷使用银两，还没涉及赋役。大明王朝的赋役改折银两始于苏州府，而促使苏州府下决心进行赋役改折银两的原因还是苏州官田赋税过重，百姓纷纷逃亡，地方欠税严重。前文已提到，不再多说。而此项变革真正在全国推广，却是因了"金花银"（在京一些官员的俸禄和皇亲国戚的某些俸禄）的征收。明成祖朱棣迁都北京后，北京各卫（明初曾经在全国各地设了很多卫，比如金山卫、威海卫、天津卫，等等。）官员仍要到南京领取俸米，极为不便。到了宣德年间，巡抚苏州的江南巡抚周忱奏请重新额定官田中的极贫的佃户所上交的两税（夏、秋两税），并确定都可以用银两来交，而其中的属于"金花银"的赋税，则按四石米折一两银子解京。[①]（这个交税标准到了嘉靖年间的王仪当苏州知府时，又有变化，税粮还是"一石交银二钱五分"，但"金花银"改

---

① ［清］赵昕修，苏渊纂：《康熙嘉定县志》，卷之七，赋役，《中国地方志集成》之《上海府县志辑》（第7辑），上海书店，1991年，第557页。

为"二石折银二钱五分"①。)

周忱在苏州的这种对"金花银"的改折明显对大明王朝有影响,到了正统元年(1436),经都察院右副都御史周铨和江西巡抚赵新等人建议,明英宗下令南畿、浙江、江西、湖广、福建、广东和广西的税粮共400余万石,以米麦一石折银二钱五分为率,共折银100余万两,解京充俸。② 于是,"金花银"由原先的"以米支付"改为"以银支付",形成制度。当时,它的征派,主要限于江南、湖北、褔建和广东、广西等几省。

后来,田赋改折逐渐由南方扩大到北方,成化二十三年(1487)起,"北方二税皆折银"③,并逐渐扩大到小麦和丝绸等,如弘治九年(1496),令"南直隶各府州县运纳夏税小麦,免征本色,每石折银五钱"④。这样,全国各地的赋税都可以用银两来折现了。

### 军屯屯粮也折收银两

从正德到嘉靖年间,江南的一些地方又相继实行"官民一则"的改革,比如苏州知府王仪将苏州的官田、民田扒平,俱照亩起科。这不仅直接导致了官田的私有化,也波及军屯的屯粮征收的改折。成化二十二年(1486),北方的大同城北屯粮"岁征黄米一石,折银二钱"⑤,平房等处屯粮"岁征粮一石,折银二钱"⑥。弘治二年(1489),南方的成都右等卫所的屯田,也准许"每粮一石折银二钱六分"⑦。此后,屯粮折银日益增多,以致"沿边屯田废弛尤甚"⑧。

从此以后,从南到北,不断进行均徭改革,到张居正秉政,实施"一条鞭法",更是规定"赋役合一,按亩折银,统一征收"⑨。役银大量转入地亩,于是,不仅农民所应承担的田赋可以用银两来代交,连徭役也渐渐以交银代替了。

### 工匠也可以交银免役

农民的赋役改折后,接下来自然就轮到工匠的赋役改折了,那就是工匠的

---

① [清]顾沅辑:《吴郡文编》,卷三十六,赋役四,上海古籍出版社,第46页。
② [清]张廷玉著:《明史》,志,食货,中华书局,1974年,第1895－1896页。
③ [清]张廷玉著:《明史》,列传,中华书局,1974年,第4898页。
④ 万明主编:《晚明社会变迁》,第三章,商务印书馆,2005年,第150页。
⑤ 万明主编:《晚明社会变迁》,第三章,商务印书馆,2005年,第153页。
⑥ 万明主编:《晚明社会变迁》,第三章,商务印书馆,2005年,第152页。
⑦ 万明主编:《晚明社会变迁》,第三章,商务印书馆,2005年,第153页。
⑧ 万明主编:《晚明社会变迁》,第三章,商务印书馆,2005年,第153页。
⑨ 万明主编:《晚明社会变迁》,第三章,商务印书馆,2005年,第154页。

以银代役。成化二十一年(1485),大明朝廷奏准,轮班工匠可以以银代役,"每名每月南匠出银九钱,免赴京","北匠出银六钱,到部随即批放,不愿者仍旧当班"①。到嘉靖四十一年(1562)更规定:"自本年夏季为始,将该年班匠通行折价类解,不许私自赴部投当。"②就是说在成化二十一年(1485)时,官办机构的工匠,籍贯在南方的,只要每人每月交九钱银子,就可以不去北京当差。而籍贯在北方的工匠,只要每人每月交六钱银子,工部就批准他不用到北京当班。而到了嘉靖四十一年(1562),更是规定自那年夏天开始,所有该入京当班的工匠都可以以交银子来代替服役了。

### 关税、盐茶税收也折收银两

后来,大明政府在关税和盐茶课的税收中,也逐步折收银两。像苏州的浒墅关等关卡原来是钞关,商税征收是收纸钞的,不收银钱。成化元年(1465),钞关开始钱、钞兼收。而到了嘉靖八年(1529),朝廷又令各地钞关"俱许折银"③,于是这项规定就成了定制。同样,对外贸易的关税,明初由市舶司负责征收,抽取实物税,而到了隆庆五年(1571),也改为以银交纳。

明代的食盐由官府垄断经营,专职煮盐的灶户要向官府交纳一定数量的食盐即盐课;而贩卖食盐的商人,则先要输送一定数量的粮食到边防所在地(就是变相的输送军饷),来换取盐引(就相当于准许买卖食盐的营业执照),再到指定的盐场支盐,运到指定的区域出售。成化年间,各地陆续推行盐课折银改革。到弘治年间,福建折银就已经占到该地盐课的54.95%,两浙达到49.83%,山东达到47.24%。嘉靖年间,盐课已基本折银。到万历年间,全部折银已成定制。贩卖食盐的商人换取盐引的粮食,在弘治五年(1492)户部尚书叶淇实行改革后,也改折银两,"每引输银三四钱有差"④。

茶叶在明代由官府实行专卖。明初规定,茶农出售茶叶,"依例三十分抽一分"⑤,商人买茶,也要像买盐的商人一样花钱买"引"(执照),然后才能销售茶叶。后来钞法施行,又改纳钞给引。成、弘年间实行茶法改革,有些地方的茶课改折银两,商人买茶也由纳钞改为纳银了。

---

① 彭勇著:《明史》,第六章,第三节,人民出版社,2019年,第216页。
② 万明主编:《晚明社会变迁》,第三章,商务印书馆,2005年,第159页。
③ 万明主编:《晚明社会变迁》,第三章,商务印书馆,2005年,第163页。
④ 万明主编:《晚明社会变迁》,第三章,商务印书馆,2005年,第160页。
⑤ [清]张廷玉著:《明史》,志,食货四,中华书局,1974年,第1939页。

### 财政支出也白银货币化

随着财政收入的货币化,大明王朝的财政支出也相应地转向了货币化。如皇室的开支,田赋中每年征收的金花银100多万两,除10多万用作武官俸禄外,其余全部供其使用。皇室使用的上供物料,明初按实物征收,后来"乃议征银,需用时再召商买办"①。宗室的禄米,成化元年(1465)已有郡王"不收本色,勒要银两"②现象发生。此后,禄米折银越来越多。

明初官俸以粮食支给,后来改为米钞兼支,最后改为以白银支付。其中,军官俸禄的折银开始于正统初年,文官俸禄折银出现在景泰年间。军费的开支,明初多由屯田收入支给,成、弘以后随着大量屯田的废弛,盐商输军饷制度的被破坏,军费便多由国库以白银支付,形成边饷的"年例银"制度。至于政府的其他开支,成、弘以后,也都呈现货币化的趋势,都以银作为计算单位。

### 用法权形式承认白银货币化

于是,在隆庆元年(1567),"令买卖货物,值银一钱以上者,银钱兼使;一钱以下者,止许用钱"③。这是大明王朝首次以法权形式承认白银货币的合法地位,白银作为主币的货币形态从此固定下来。

从明初的禁止使用金银,到隆庆元年(1567)的以法权形式确定,可以用白银,在这期间的近200年时间里,起初就是因为苏州府的官田赋税太重,而引发赋税的银两改折,然后渐渐扩大到徭役的银两改折,继而再扩大到官办工匠和民办工匠的徭役的银两改折,继而再扩大到关税和盐、茶等朝廷垄断行业经营的银两改折,最后再扩大到朝廷财政支出的银两改折,于是到了明朝中后期,所有的一切都可以用银子来支付了,于是大明王朝的白银货币化就形成了。

## 第四节 蝴蝶的翅膀——白银货币化的后果

亚马孙丛林中的一只蝴蝶轻轻扇动一下翅膀,辽远的海洋上可能就会生成一场危害极大的风暴。这就是人所皆知的"蝴蝶效应"。对大明王朝来说,苏州

---

① [明]沈榜著:《宛署杂记》,卷十三,无字·铺行,北京古籍出版社,1980年,第103页。
② 万明主编:《晚明社会变迁》,第三章,商务印书馆,2005年,第167页。
③ 彭勇著:《明史》,第六章,第三节,人民出版社,2019年,第215页。

府始于宣统、正德年间和嘉靖年间的两次赋役改折，就是扇动了一两下蝴蝶的翅膀，其对大明王朝未来命运发展的影响无疑是深远的，那就是导致了大明王朝——从明初的"以粮为纲""禁用金银"到明中后期的"银子至上""唯'银'是图"，这不仅改变了大明王朝的执政方向，而且丢掉了中华民族历朝历代的"儒法兼施"的执政模式，从而使得整个大明王朝从上到下都变成了"唯利是图"观念的信奉者和践行者，从而进一步瓦解了原有的社会结构，进一步促进了社会的市场化和人口流动的频繁化，进而也最终使得大明王朝被由流民组成的起义军推翻。

白银货币化后，大明王朝从上到下到底都发生了哪些本质的变化？下面先让我们来看看农村地区发生了哪些本质的变化。

## "以粮为纲"变成了"以银为纲"

明初，政府是"重本抑末""重农抑商"的，百姓交的赋税都以粮为主。但是，在明中期，白银货币化后，全国各地的农户，在种植粮食之外，开始广泛种植获利更高的经济作物，从事商业性的经营。比如太湖流域，在唐宋以后一直是全国重要的粮食产地，范仲淹说"东南之田，所种唯稻"①，范成大说"苏湖熟，天下足"②。而到了明中后期，"乡民以种稻为薄，故为他种以图利"③。这个"图利种植"包括"种棉"和"栽桑"，大致近海高地地区（太仓、昆山一些地方和松江府）以种棉为主，环湖（太湖）低洼地区（主要是杭嘉湖地区）以栽桑为主，其中太仓州"地宜稻者亦十之六七，皆弃稻袭花"，"郊原四望，遍地皆棉"④；嘉定县"其民独命于木棉"，"种稻之田约止十分之一"⑤；昆山县也是"多种木棉"⑥。杭嘉湖地区则尽逐蚕桑之利，"浙之嘉湖南浔等处，遍地植之"⑦。

而福建南部因种荔枝、甘蔗、龙眼等水果比种植水稻利润来得大，所赚银子多，也都纷纷将稻田改种甘蔗、荔枝和龙眼等水果作物。烟草传入后，又广泛种植烟草。广东也是这样，由于做糖的利润大，也纷纷改种甘蔗。而闽、粤、赣、

---

① ［清］顾沅辑：《吴郡文编》（第一辑第二册），卷二十三，水利一，上海古籍出版社，2011年，第363页。

② ［宋］范成大撰，陆振岳校点：《吴郡志》，卷五十，杂志，江苏古籍出版社，1986年，第660页。

③ ［清］黄印撰：《锡金识小录》，卷一，田土之利，成文出版社，1974年，第50页。

④ 樊树志：《明清江南市镇探微》，复旦大学出版社，1990年，第137页。

⑤ ［明］韩浚，张应武，等纂修：《万历嘉定县志》，卷十九，上海博物馆藏明万历刻本，齐鲁书社，1987年，第114页。

⑥ 樊树志著：《明清江南市镇探微》，复旦大学出版社，1990年，第137页。

⑦ 王家范著：《明清江南史丛稿》，三联书店，2018年，第15页。

皖、浙等山区，除了大量种植松、柏、桐、漆等经济林外，还广泛种植茶叶和染料作物蓝靛等。同时还伐薪烧炭、开矿冶炼……

这股风潮很快由江南蔓延到全国各地，受了利益驱使和银子的诱惑，人们纷纷弃种粮食作物，而改种回报更多的经济作物，从而使得原来的一些主要产粮区不仅变得无粮可交，而且自己的口粮也要靠外粮来维持。比如原是"天下粮仓"的苏松二府在明中后期，其口粮就主要依靠湖广（两湖）之米了，每到夏、秋两季粮食收获季节，外粮纷至沓来，从而在苏松地区形成了一些著名的米市，比如枫桥米市等。

## 家庭手工业的日趋发达

经济作物的广泛种植，使得农产品都进入了商品市场，这也必然导致对那些经济作物进行加工的家庭手工业的发展和兴旺。如松江府、太仓、昆山等地的植棉区，许多农户除出售棉花外，还对棉花进行加工，纺纱、织布，以提高产品价值。其中的松江府就是"家纺户织，远近流通"①。而杭嘉湖地区的栽桑区，农户除出售桑叶外，还养蚕，再出售蚕茧、蚕种，有的还缫丝、织绸等。如湖州，"蚕月，夫妇不共榻，贫富彻夜搬箔摊桑……官府为停征罢讼。竣事，则官赋私负咸取足焉。是年蚕事耗，即有秋亦告匮，故丝绵之多之精甲天下"②。

## 农村贫富分化严重

明朝中后期的白银货币化促进了农村经济的商品化、市场化，从而使得农民纷纷卷入商品经济的大潮中，其中那些有商业头脑、有经营能力的农户，通过努力耕作，有效经营，扩大生产而上升为富农或地主，大部分农民则贫困破产，由自耕农下降为佃农、雇工甚至是奴仆。比如在万历年间的广东惠州，"千金之子比比皆是，上之而巨万矣，又上之而十万，又上之而十万、百万矣。然而，千金则千万不能一也，十万、百万可知。乃若朝不谋夕者，则十而九矣"③。

而地主阶层此时虽然仍从事耕织，但其收入以地租为主要经济来源。后来，看到从事工商业获利丰厚，可以赚取更多的白银，一些大地主也纷纷涉足工

---

① [明]徐光启著，石声汉点校：《农政全书》，卷三十五，蚕桑广类，上海古籍出版社，2011年，第969页。
② [明]王士性撰，吕景琳点校：《广志绎》，卷四，江南诸省，中华书局，1981年，第70页。
③ 万明主编：《晚明社会变迁》，第三章，商务印书馆，2005年，第195页。

商业活动,"乡落大姓,居货而贾者,数不胜记"①,有的则"多蓄织妇,岁计所积,与市为贾"②。从事工商业的地主的收入就呈现出多项化的倾向,其中做得好的就开始将大本营迁往城市。比如在苏州寒山隐居的赵宧光,其祖先就世居常熟璜泾,有几代曾经做过世袭粮长,所以在当地积累了足够的权势和财富。后又凭一家之力创建了赵市,然后对市场进行管理,除了收租外,也从事工商业活动。这样,到了赵宧光父辈那时,就举家搬迁到苏州城定居。这是一个非常显著的例证。

### 佃农被解放

明朝中后期,一般的租佃关系,已经普遍采取契约的形式,分成租制虽仍然存在,但在经济发达的苏、松地区已经盛行定额租制,从而使佃农对地主从人身依附关系为主向着以土地依附关系为主的方向过渡。这样,佃农在经营上就有了更多的、更大的主动性,从而提高了劳动积极性。

后来又出现了货币地租,这使得地主和生产没有了直接的联系,从而使佃农有了更多的经营自由。而在万历年间,东南省份某些地区的一些佃农还获得了永佃权,佃农只要交足地租,就有永久租佃的权利,地主不得增租撤佃。获得永佃权的佃农,与地主完全没有了人身依附关系,从而就有了更为独立、自由的社会经济地位,也为其自由流动提供了前提条件。

### 形成许多手工业市镇

再来看看城市里出现了哪些本质的变化。

白银货币化后,商品经济进一步发展,全国各地涌现出了大量新的市镇,这些市镇中,不仅有以商品集散或转贩贸易为主的商业性市镇,比如京杭大运河上的浒关、南浔等。还形成了许多以经营手工业为主的市镇,以太湖流域为例,比如震泽、南浔、乌青、菱湖、新市、石门、塘栖、临平等市镇以缫丝业为主;濮院、王江泾、王店、双林、盛泽等则主要经营织绸业;新泾、朱泾、枫泾、朱家角、南翔、罗店、外冈、钱门、唐市等则以棉纺织业闻名遐迩。此外,浙江嘉兴府桐乡与崇德二县共辖的石门镇还有发达的榨油业,而嘉善县千家镇却是因陶瓷的发达而兴起,等等。

---

① [明]赵锦修,张衮纂:《嘉靖江阴县志》,卷之二,市镇,《天一阁藏明代方志选刊》本,上海古籍出版社,2012年,第16页。
② [明]于慎行:《谷山笔尘》,卷四,相鉴,中华书局,1984年,第39页。

同时,在当时作为省治、府治的一些城市,手工业的比重也有显著的增加。比如在苏州府城,"绫、锦、纻丝、纱罗绸绢,皆出郡城机房,产兼两邑(吴县、长洲),而东城为盛,比屋皆工织作,转贸四方,吴之大资也"①。

到了明朝末年,苏民"多以丝织为业,东北半城,大约机户所居"②。正是手工业的发展,才使得像苏州这样的老的商业城市,能够得以持续发展。

## 雇佣劳动关系出现

雇佣劳动的经营方式,在纺织、榨油、矿冶和造纸等行业中的表现最为明显。比如在苏州的丝织业中,机户雇佣机工从事丝织生产,"大户张机为生,小户趁织为活。每晨起,小户百数人,嗷嗷相聚玄妙口,听大号呼织,日取分金为饔餐计。大户一日之机不织则束手,小户一日不就人织则腹枵,两者相资为生久矣"③。这些"小户"就是机工,他们"皆自食其力之良民",由于已丧失一切生产资料,而只能靠出卖劳动力为生。"大户"就是机户,他们拥有资金,购买织机,开设机房即手工工场,雇佣机工进行生产。"机户出资,机工出力"④,由此形成了松散的雇佣与被雇佣关系。

## 全民经商

明初,朝廷曾设有官店,但数量有限,其主要功能是为朝廷刺探情报,征收商税。而从景泰初年起,其数量不断增加,经商取利的性质也越来越明确。到了正德年间,明武宗还在商贾辐辏的城市和地区开设皇店,由皇帝派专人经营。⑤ 于是,皇亲国戚群起效尤,纷纷开店营利。到了弘治时期,寿宁侯张鹤龄、建昌侯张延龄、庆云侯周寿就"私制店房,侵夺民利"⑥。正德初年,勋戚往往"置买店房"⑦。宗室诸王为了获取厚利,更在各地大开店铺。如万历时,福王就开有盐店、马店、炭厂、竹厂等,潞王和其他藩王也都开有盐店,临洮府的肃王,所开房店铺面竟然有3 300多间,大官僚严嵩、徐阶等,也都开有店号。

上层如此,中层也不例外,那些排在"四民之首"的文人、学士等,一向"重义

---

① 王家范著:《明清江南社会史散论》,上海人民出版社,2019年,第60页。
② 王家范著:《明清江南社会史散论》,上海人民出版社,2019年,第61页。
③ 万明主编:《晚明社会变迁》,第三章,商务印书馆,2005年,第194页。
④ 万明主编:《晚明社会变迁》,第三章,商务印书馆,2005年,第204页。
⑤ 万明主编:《晚明社会变迁》,第三章,商务印书馆,2005年,第209页。
⑥ 万明主编:《晚明社会变迁》,第三章,商务印书馆,2005年,第209页。
⑦ 万明主编:《晚明社会变迁》,第三章,商务印书馆,2005年,第209页。

轻利",而到了明朝中后期,也都纷纷弃儒服贾,弃文从商,投入经商的大潮之中。如宁波人孙春阳,万历中"应童子试不售,遂弃举子业为贸迁之术"①,移居苏州城里的皋桥,开出一家南货铺,经营到清代,竟然发展成为一家颇具规模的、制度健全的名店,"子孙尚食其利"②。还有,比如常熟人毛晋,明末应试不第,回乡以刻书、贩书和买卖字画为业,生意红火,于是常熟里中竟然出现了这样的谚语:"三百六十行生意,不如鬻书于毛氏。"③

中层如此,下层更是全民经商。流入市镇、城市的农民做起了小商小贩,地主涉足工商业,军人离岗开店做起了小业主,就连和尚、道士等也都开起了小店铺……真正形成了全民经商,唯利是图的局面。

因苏州官田赋税过重而带来的沉重负担迫使明朝朝廷实施赋役改折,宣统、正德年间和嘉靖年间的两次始于苏州的赋役改折效果明显,然后就迅速在全国各地得到推广,这导致明朝在中后期实现了白银的货币化,而白银货币化给大明王朝未来命运发展所造成的最致命的损害不是"重本抑末"农业结构的被摧毁,也不是因大量市镇的兴起而出现了市民阶层,也不是上至皇亲国戚、下至黎民百姓的"舍本逐末"、全民经商、唯利是图,而是由此种种所引发出来的愈演愈烈的自由的,或者是不自由的大规模的人口迁徙、人口流动。

## 第五节 大规模流民终结大明王朝政权

大明王朝从某种程度上来说是始于苏州的人口流动,终于由苏州的赋役改折所引出的人口流动。明初开始,苏州的人口流动是政府强制的,当时张士诚集团的权贵、支持张士诚集团的苏州地方上的豪族、大户、富室等,大部分都被朱元璋的大明政府强制迁徙到苏北、安徽凤阳等地,这是最早的人口流动。而第二波的人口流动是在宣德、正统年间到成化、弘治年间,它首先也是从苏州开始的,起因是苏州的"官田"赋税过重,百姓根本就完不成这么重的赋税,只好举家逃税,于是就出现了大规模的逃亡现象,当时苏州的逃亡人口主要流入中部山区。其详细情况在前文中已有叙及,不再多说。

而成化、弘治年以后的人口流动则完全是由白银货币化所造成的。而白银

---

① [清]钱咏撰:《履园丛话》,卷二十四,杂记下,中华书局,1997年,第640页。
② [清]钱咏撰:《履园丛话》,卷二十四,杂记下,中华书局,1997年,第640页。
③ 陈梧桐、彭勇著:《明史十讲》,第四讲,经济结构的变动,中华书局,2016年,第89页。

货币化就肇始于苏州的两次赋役改折。白银货币化后,农村经济进一步商品化和市场化,而家庭手工业和市镇手工业得到快速发展,从而促使农村和城市工商业不断繁荣和兴旺,这也必然推动城市的发展,并引起社会消费的变化。在这方面最有说服力的一个例证,就是苏州自明初以后到明中后期的社会消费上的渐趋奢华的变化过程。这在明代长洲人王锜的书中有详细的记载:"吴中素号繁华,自张氏之据,天兵所临,虽不被屠戮,人民迁徙实三都、戍远方者相继,至营籍亦隶教坊。邑里萧然,生计鲜薄,过者增感。正统、天顺间,余尝入城,咸谓稍复其旧,然犹未盛也。迨成化间,余恒三四年一入,则见其迥若异境,以至于今,愈益繁盛,闾檐辐辏,万瓦甃鳞,城隅濠股,亭观布列,略无隙地。舆马从盖,壶觞罍盒,交驰于通衢。水巷中,光彩耀目,游山之舫,载妓之舟,鱼贯于绿波朱阁之间,丝竹讴舞与市声相杂。凡上供锦绮、文具、花果、珍馐奇异之物,岁有所增,若刻丝累漆之属,自浙、宋以来,其艺久废,今皆精妙,人性益巧而物产益多。至于人才辈出,尤为冠绝……此固气运使然,实由朝廷休养生息之恩也。人生见此,亦可幸哉。"①

很明显,白银货币化后,市镇得到快速发展,不断繁荣、兴旺,导致了社会消费生活的渐趋奢华和多样性,这就更迫切要求投入大量劳动力,以充实工业、商业、文化教育事业、行政和市政工程管理、餐饮娱乐及其他各种服务业。而工商业和市镇发展所需要的人力,绝大多数由农村提供。

而"白银货币化"导致大明王朝从上到下,全民经商,唯利是图。统治集团竞相积聚财富,"求田问舍",其结果,必然加速农村的土地兼并和社会财富的集中过程,从而加大贫富差距,导致两极分化,进一步加剧农民的贫困破产,迫使大批农民或者离开土地,或者离开农村,另谋生路,成为流民。这在明末的陕西表现得最为明显,因为陕西的封王多,那些宗室皇族纷纷兼并土地,造成了陕西的大规模流民的出现。

而手工业的迅速兴起和商业营销的旺盛,势必要求增加劳力投入,以满足其生产和销售的需要,这部分新增加的劳动力,主要依靠农业人口供应。

白银货币化局面的形成,导致更多的农村人口离开土地,离开农村,流向城市。这些流动人口就成了晚明时期规模浩大的流民,这样的流民虽然在明朝中后期,促进了经济的发展,但也在明朝末期造成了致命的祸害,其中的一支流民队伍(以陕西流民为主)最终推翻了大明王朝,终结了大明王朝276年的统治。

---

① [明]王锜撰,李剑雄校点:《寓圃杂记》,卷第五,吴中近年之盛,上海古籍出版社编《明代笔记小说大观》,上海古籍出版社、上海世纪出版股份有限公司,2005年,第325-326页。

# 后 记

吴淞江是流经姑苏大地的一条历史悠久的江,也是一条人文底蕴深厚的江。笔者是喝吴淞江水长大的,老家就在吴淞江边上,对吴淞江怀有深厚的感情。平时,笔者留心收集与吴淞江有关的各种文字和图片资料,也经常去吴淞江沿线做实地调研,从而对吴淞江有了深入、全面的了解,内心就产生了要为吴淞江写书的冲动。

从2015年开始正式动笔写,到现在终于能集成一本书,期间经过了整整五年的时间,这当中的"酸甜苦辣"只有自己知道:当为了找一个待调研的历史事件的遗迹而独自在荒草过腰、垃圾遍地的"无路之路"上艰难行走时;当为了查一处史料证据而无处寻觅时;当为了印证某条塘浦的变迁而连续长时间奔波时,不知自己这样做到底图的啥?笔者常常会动摇,想放弃……但最后,还是坚持了下来,因为笔者心中始终有这样一个信念:要为这条流经家乡的河流著书立传。

现在第一本书终于完稿了,首先要感谢苏州职业大学吴文化传承和创新研究中心,是他们独具慧眼,在本书的写作、修改等方面鼎力相助,让《吴淞江文化研究》这一填补吴文化研究领域的空白的研究尽快问世。同时,也要感谢苏州大学出版社,是他们的认真和细致,让我能够把不足通过修改做了弥补。

有关吴淞江的研究才刚开始,前面的路还很长,笔者会继续努力,不断出新的研究成果。也希望各界朋友能仍一如既往地支持笔者,帮助笔者——"一路上有你,我会做得更好!"